本书为国家社会科学基金资助项目（17BFX006）成果

终身监禁制度研究

楼伯坤◎著

ZHONG SHEN JIAN JIN
ZHI DU YAN JIU

法律出版社
LAW PRESS·CHINA
北京

图书在版编目(CIP)数据

终身监禁制度研究 / 楼伯坤著. -- 北京 : 法律出版社, 2024
ISBN 978-7-5197-8830-8

Ⅰ. ①终… Ⅱ. ①楼… Ⅲ. ①刑罚-司法制度-研究-中国 Ⅳ. ①D924.134

中国国家版本馆 CIP 数据核字(2024)第 036804 号

终身监禁制度研究
ZHONGSHEN JIANJIN ZHIDU YANJIU

楼伯坤 著

策划编辑 李 军
责任编辑 李 军
装帧设计 贾丹丹

出版发行 法律出版社
编辑统筹 法律应用出版分社
责任校对 王语童
责任印制 刘晓伟
经　　销 新华书店

开本 710 毫米×1000 毫米 1/16
印张 19.5 **字数** 310 千
版本 2024 年 4 月第 1 版
印次 2024 年 4 月第 1 次印刷
印刷 北京虎彩文化传播有限公司

地址:北京市丰台区莲花池西里 7 号(100073)
网址:www.lawpress.com.cn
投稿邮箱:info@lawpress.com.cn
举报盗版邮箱:jbwq@lawpress.com.cn
销售电话:010-83938349
客服电话:010-83938350
咨询电话:010-63939796

书号:ISBN 978-7-5197-8830-8
定价:89.00 元
凡购买本社图书,如有印装错误,我社负责退换。电话:010-83938349

序　言

一

终身监禁,通常指的是终身监禁刑。这在我国《刑法修正案(九)》出台以前,人们的认识是基本一致的。虽然我国刑法并没有"终身监禁刑"的刑罚种类,但这并不妨碍将我国的"无期徒刑"与终身监禁刑等同起来理解。

然而,这种平静地对刑罚种类的认知局面被《刑法修正案(九)》的立法打破了。2015 年 8 月 29 日,第十二届全国人大常委会第十六次会议表决通过了《刑法修正案(九)》,该修正案对《刑法》第 383 条的贪污罪作了重大修改,除对贪污罪的犯罪成立条件从单纯数额型转成了数额加情节型外,对刑罚内容也作了新的规定。其中,《刑法》第 383 条第 4 款规定:"犯第一款罪,有第三项规定情形被判处死刑缓期执行的,人民法院根据犯罪情节等情况可以同时决定在其死刑缓期执行二年期满依法减为无期徒刑后,终身监禁,不得减刑、假释。"这就是说,对犯贪污罪(受贿罪可以援引适用),数额特别巨大,并使国家和人民利益遭受特别重大损失的,当被告人被判处死刑缓期二年执行时,可以同时决定实行终身监禁。这是在倡导废除死刑背景下我国刑法立法的新规定,旨在对贪污罪、受贿罪限制死刑适用的情形下，给予最严厉的处罚。正因为是新的规定，它在规范的适用对象与刑罚体系的对应性上出现了不完全协调的情况，使“终身监禁”成为一个难题。这种难点，从刑法理论上来说，主要涉及三个方面：第一，《刑法》第383条第4款条文的文字表述是“减为无期徒刑后，终身监禁”，说明“终身监禁”与“无期徒刑”是不能画等号的，它们不是一回事；第二，“终身监禁”可以通过“不得减刑、假释”来实现，但是否为了对罪犯“终身监禁”就一定要采用禁止减刑、假释的制约措施，尚不明确；第三，如果删除“终身监禁”四个字，立法规范的含义并没有变化，那么是否可以考虑为立法用语精练而删除这四个字呢？

面对这种新情况，我国刑法学界进行了广泛的研究，但分歧依然存在。这如同死刑存废问题一样，短时间内还看不到有趋同的迹象。为此，笔者认为有必要对终身监禁制度进行具体、细致的研究，从理论上将其梳理清楚，确定域内域外刑法上“终身监禁”的全部类型，以为识别我国《刑法》第383条第4款的“终身监禁”提供基础性条件。这既是本书研究的动因，也可以被视为是推动我国刑罚理论与实践往前走的一种新努力。

二

我国刑法中的“终身监禁”是为死刑的限制适用而设的，是为死刑限制适用搭建的“平台”。

死刑，作为最严厉的刑罚方法，一直受到人们的广泛关注。自从贝卡里亚1764年在《论犯罪与刑罚》一书中提出死刑废除论以来，保留与废除死刑的争论已经持续了200多年。这种争论至今也未消停。但多年以来，国际社会废除死刑和限制死刑适用的努力，在不断取得进步。中国2011年的《刑法修正案(八)》和2015年的《刑法修正案(九)》一共废除了22个罪名的死刑。这表明，在死刑立法罪名和死刑司法适用最多的中国，对死刑的态度也有了巨大的转变，将部分原先的死刑罪名取消了死刑配置；对继续配置的死刑罪名，根据犯罪类型在死刑执行方式上作出限制，即控制死刑立即执行的适用范围，转而适用死缓。

在正常死刑执行方式的框架里，有死刑立即执行和死刑缓期(二年)

执行两种法定形式。本来意义上，死刑立即执行是没有给罪犯继续生存的机会的，判决一经生效并核准，罪犯就要被执行死刑。只有在“少杀慎杀”的刑事政策调控下，出于死刑限制适用的需要，才出现了本来应当适用死刑（立即执行）的案件通过两个环节朝着一个共同目标发展：一个环节是，在可以选择适用死刑立即执行或者死刑缓期执行的时候，选择了死刑缓期执行，通过死缓制度的功能将不符合“故意犯罪、情节恶劣”情形的死缓犯不予以执行死刑，以贯彻“少杀”政策，彰显人权保障；另一个环节是，在适用死刑缓期执行时，按照死缓制度本身的设计，它具有两种可能性，一是在死缓考验期中如果出现了故意犯罪并且情节恶劣，就要核准执行死刑；二是在死缓考验期中没有出现故意犯罪，或者虽然有故意犯罪但情节不恶劣，就依法减为无期徒刑。因此，在这个意义上的终身监禁，其对象是应当判处死刑立即执行的犯贪污罪、受贿罪的人，其后果是将被判处死刑（立即执行）的罪犯直接（也是从有利被告原则考虑）运用死缓制度、无期徒刑制度宣告为终身监禁。

当然，在中国刑法中也有另一种作为无期徒刑实际后果的终身监禁，即被判处无期徒刑或者被判处死缓后被减为无期徒刑，虽然没有“不得减刑、假释”的限制，但因罪犯在服刑期间的实际表现差，未能获得减刑、假释的机会，而被“永久羁押”，直至生命终结。这种实际永久羁押的终身监禁也是终身监禁制度的组成部分，但不是本书重点关注的内容。

三

本书致力于站在中国刑法立场对终身监禁制度进行学术创新与特色打造，主要在于以下三个方面。

第一，追求学术思想的新颖性。一是认为基于死刑替代措施的终身监禁只是一种制度应用的创新，其只不过是具有“二分可能性的”、“无期徒刑”（终身监禁刑）与“限制减刑、假释”的结合体。二是主张终身监禁的制度创新应当从《刑法》总则的设定开始，将“不得减刑、假释”的具体对象视不同情形规定在《刑法》总则中。三是倡导死刑改造与无期徒刑改造双向结合，既要从死刑的角度改造“死刑缓期二年执行”的“缓期期限”,也要从无期徒刑的角度改造与“减刑、假释”配套适用的强制性条件与可选择性条件。四是强调终身监禁实施效果的评价应当符合国际刑罚发展总体轻缓化趋势。根治贪腐犯罪的基本途径仍是建立科学、有效的权力监督机制和良性刑事政策。

第二,致力于学术观点的创新,揭示终身监禁的“中国特色”。首先,以追求实际结果为目标的终身监禁只适用于死刑限制适用的场合。用终身监禁替代死刑(包括死缓)只是制度层面的一种设计,是一种功利选择,而不是在本质上它们具有可替代性。其次,从刑法谦抑主义的立场来看,“终身监禁”的功能是有限的,其对于贪污罪和受贿罪的控制也只是权宜之计。从长远来看,需要变更终身监禁制度的设定基点,把它从死刑替代的位置上退下来,完整地融入无期徒刑的体系中,成为与可减刑、可假释的无期徒刑相对应的终身监禁。再次,鉴于终身监禁对罪犯所带来的特别严重的后果,应当为终身监禁设置一个独立的“量刑辩论程序”,并由立法予以保障。最后,为死刑犯罪不同情形设立缓期年限不固定的死缓制度,将终身监禁合理地嵌入其中,并运用赦免理论构建一套特赦之外的使终身监禁罪犯重获自由的制度。

第三,打造研究方法上的特色,在方法论上运用“现象学”原理区分直接直观与经验感知,从终身监禁的法律规定中发现问题;在论证方法上采取纵横结合的方法,在纵向上将终身监禁制度放在整个刑罚体系中,在横向上把中国终身监禁制度与国外终身监禁刑进行比较,找出可资借鉴的国际经验和解困之道;在研究视角上以“效果”为观察点,运用“人”与“案”的诱导式反应原理,对感知主体与对象进行交叉研究;在研究手段上,采用新媒体理论和技术软件等跨学科的综合研究法探求终身监禁制度的问题,为设计科学的、符合中国国情的终身监禁制度提供支撑。

四

本书是在笔者主持的国家社科基金项目“基于死刑限制适用的终身监禁制度研究”(项目号:17BFX006;成果鉴定等级:良好)的基础上,对本人执笔完成的相关阶段性成果进行分析提炼、后续深化逐步形成的。

在课题项目的研究过程中,得到了课题组成员的积极配合和大力支持,他们参与了资料收集、整理和专题调研、集体研讨等活动,付出了辛勤劳动。在此对他们表示衷心的感谢。课题组成员的基本观点,在阶段性成果中已经得到了反映。出于对学术思想和研究观点负责,本论著只体现笔者对该命题从酝酿选题开始至最终成果报告的思考所得,阐明笔者作为主持人的观点。因此,除了对相关课题组成员的阶段性成果予以引用的外(均已注明出处),本书由本人执笔完成,并对全书观点负责。

对于终身监禁的话题,笔者是从研究"死刑的司法控制"问题时引出来的,前后经过了大约 15 个年头。最初是针对"死缓罪犯服刑 14 年就回家"的现象展开的。

2007 年,笔者在中国刑法学研究会的年会论文集里发表了《死刑司法控制的制度设计——以完善无期徒刑为视角》一文,[①]该文在 2011 年被评为中国法学会"马克昌杯"全国优秀刑法论文(2006—2011)一等奖。在这篇论文里,笔者就无期徒刑与死刑的关系问题进行了深入研究,提出在立法上要减少死刑罪名、扩大死刑限制适用的范围、对死刑适用条件的解释立法化、将死缓制度作为死刑适用的必经程序法定化。鉴于无减刑、无假释的绝对无期徒刑或称为终身监禁的弊端,笔者主张采用延长使用减刑、假释时无期徒刑实际执行刑期的方案,[②]并在此基础上,主张将"无期徒刑"一分为二,确立可以减刑、假释的无期徒刑和不得减刑、假释的无期徒刑,对不得减刑、假释的无期徒刑实行终身监禁。这种对无期徒刑"二分立法"的方案,得到了立法机关的认可,并在 2011 年的《刑法修正案(八)》第 4 条对《刑法》第 50 条所作的修改内容中得到了体现。然而,这种理论观点被立法采纳的过程是非常艰辛的。

2013 年,在"第五届当代刑法国际论坛"上,笔者提出了将"执行型无

---

① 李洁、张军、贾宇主编:《和谐社会的刑法现实问题——中国刑法学年会文集(2007 年度)》,中国人民公安大学出版社 2007 年版,第 1177 ~ 1185 页。

② 楼伯坤:《死刑司法控制的制度设计——以完善无期徒刑为视角》,载李洁、张军、贾宇主编:《和谐社会的刑法现实问题——中国刑法学年会文集(2007 年度)》,中国人民公安大学出版社 2007 年版,第 1182 页。

期徒刑”改为“终身监禁”的观点。[①] 执行型无期徒刑，是指判决宣告为死刑缓期二年执行，经过二年，没有故意犯罪，或者虽然有故意犯罪但尚未达到情节恶劣的程度，而被改为无期徒刑的执行刑；在未被减为无期徒刑前，至少服刑25年，并不得假释。这种把终身监禁与普通无期徒刑区分开来的思想，被《刑法修正案(九)》采用了，并将之适用于贪污受贿犯罪。但笔者提出的在《刑法》总则中对有关减刑、假释条款进行总体修改的意见，尚未得到采纳。

2017年，笔者又撰写了《无期徒刑二分立法背景下终身监禁制度的出路》一文，进一步提出要强化对《刑法》总则规定的立法，将“执行型无期徒刑改为终身监禁”，做到名副其实，给限制减刑、假释的无期徒刑所产生的实际上相当于终身监禁的效果一个确定的说法；也便于与处在死刑之下的“无期徒刑”一个类似刑罚效果的区分；以免出现在刑法上存在两种无期徒刑的逻辑混乱现象。同时提出，对《刑法》第81条增加规定“被判处终身监禁的和被判处死刑缓期二年执行的罪犯，不得假释。但实际执行30年以上，没有故意犯罪，并具有重大立功表现的，经特定的假释委员会决定，可以假释。假释的考验期为10年。在假释期间重新犯罪的，撤销假释，执行终身监禁”。[②] 迄今，这些新的主张尚未被立法采纳，还需要继续探索和推进。

因此，可以认为，当前我国对终身监禁制度的研究也还是初步的，还需要进行不断的努力。而随着刑法理论研究的深入，立法上废除死刑和刑罚轻缓化进程也一定会加快，目前需要适用死刑或者终身监禁的罪名，在不久的将来会分别被终身监禁和无期徒刑所替代，逐步实现刑罚功能的优化，充分体现刑罚的人权保障价值。

是为序！

2024年2月于杭州

---

① 楼伯坤：《对中国无期徒刑二分立法的改造——以替代死刑为目标》，第五届当代刑法国际论坛会议论文集，2013年8月。

② 楼伯坤：《无期徒刑二分立法背景下终身监禁制度的出路》，载赵秉志主编：《刑事法前沿问题探究》(上册)，中国法制出版社2017年版，第535页。

目录

第一章　绪　论

第一节　问题的提出

在我国传统刑法学界的认识上，终身监禁（life imprisonment）是外国刑法学使用的概念，指的是“终身监禁刑”（life sentence）的执行状态，在我国的对应称呼就是“无期徒刑”（英文译为 life imprisonment）。外国的“终身监禁刑”有绝对的终身监禁和相对的终身监禁之分，我国刑法中的“无期徒刑”也有“绝对的无期徒刑”和“相对的无期徒刑”之分，这都是通过刑罚执行形成的结果。因此，这本来就没有太多的特殊性需要予以特别关注。但是，当我国根据反腐败斗争的需要，通过《刑法修正案（九）》对《刑法》第 383 条贪污罪①的罚则作了修改后，情况就大不一样了。

根据《刑法修正案（九）》的规定，《刑法》第 383 条共有 4 款内容：第 1 款是贪污罪的刑罚设置从纯粹数额型改为含数额的情节型，即“对犯贪污罪的，根据情节轻重，分别依照下列规定处罚：（一）贪污数额较大或者有其他较重情节的，处三年以下有期徒刑或者拘

---

① 由于我国《刑法》规定受贿罪的法定刑是依照贪污罪处罚的，因此，本书论及终身监禁时提及的贪污罪都是包括受贿罪的，实指贪污罪、受贿罪。

役,并处罚金。(二)贪污数额巨大或者有其他严重情节的,处三年以上十年以下有期徒刑,并处罚金或者没收财产。(三)贪污数额特别巨大或者有其他特别严重情节的,处十年以上有期徒刑或者无期徒刑,并处罚金或者没收财产;数额特别巨大,并使国家和人民利益遭受特别重大损失的,处无期徒刑或者死刑,并处没收财产"。第 2 款是贪污罪数额计算的方法指引,"对多次贪污未经处理的,按照累计贪污数额处罚"。第 3 款是对贪污罪从宽处罚的规定,"犯第一款罪,在提起公诉前如实供述自己罪行、真诚悔罪、积极退赃,避免、减少损害结果的发生,有第一项规定情形的,可以从轻、减轻或者免除处罚;有第二项、第三项规定情形的,可以从轻处罚"。第 4 款是对贪污罪犯限制适用减刑、假释的规定,"犯第一款罪,有第三项规定情形被判处死刑缓期执行的,人民法院根据犯罪情节等情况可以同时决定在其死刑缓期执行二年期满依法减为无期徒刑后,终身监禁,不得减刑、假释"。这第 4 款规定的新内容,没有放在《刑法》总则第 50 条限制减刑和第 81 条限制假释的条款中,而是放在贪污罪这一具体犯罪的条款中。

上述修订立法的布局安排,至少说明了这样几个问题:第一,"无期徒刑"不得减刑和假释,只适用于贪污罪、受贿罪;第二,贪污罪、受贿罪"不得减刑、假释"只在《刑法》分则中规定,不涉及对《刑法》第 50 条第 2 款、第 81 条第 2 款的竞合和解释;第三,"终身监禁"是通过"不得减刑、假释"来保障的;第四,"无期徒刑""不得减刑、假释"的对象是死缓犯。然而,这是从立法条文字面上解释得出的结论,但其背后所追求的则是解决长期以来理论界针对"非暴力犯罪应当废除死刑而贪污受贿犯罪不宜废除死刑"之间的矛盾所采取的一种折中方法。

与立法对终身监禁制度的确立有鲜明的时间点不同,在刑法理论上,在 2015 年《刑法修正案(九)》规定终身监禁之前和之后的一段时间,我国刑法学界对终身监禁相关问题的研究,或集中于死刑替代措施,或围绕终身监禁的基本概念和适用,或针对终身监禁与死刑、无期徒刑的关系等方面,“鲜有从制度性层面对终身监禁进行系统性研究”。[①] 回顾历史,在“终身监禁”立法确定之前,刑法理论界主要讨论的是在中国设立终身监禁的必要性,以及终身监禁的功能和价值,目的在于探索哪一种方法能够成为替代死刑的措施。而在“终身监禁”立法确定之后,刑法理论界则主要是研究《刑法》第 383 条中的“终身监禁”在该条文内部、该条文与关联条文(如《刑法》第 386 条)之间的关系,以及由此引发的对整个刑罚体系的冲击。

对于后一方面的研究,是本书需要涉及的主要内容,从第二章开始展开研究。对于研究对象的选择和确定,除规则层面需要对适用《刑法》第 383 条第 4 款进行理解和把握外,更重要的是从制度层面对“终身监禁”进行系统化的理论研究。这种研究,需要从宏观层面入手,先对规定内容进行制度化的评述。概括起来,我们可以从四个层面进行分析论述。

一、废除死刑是国际社会刑罚发展的趋势

死刑作为剥夺生命的刑罚,其残酷性常被认为是刑罚之最,是最严厉的刑罚方法。由于它极端的严厉性,死刑的存废一直受到国际社会的高度关注,成为刑罚适用的争论热点。国际社会关于死刑废除的呼声一直很高。据可查证的文献记载,废除死刑的呼声最早是由功利主义法学家意大利的贝卡里亚和英国的边沁提出的,贝卡里亚在其《论犯罪与刑罚》一书中提出了废除死刑的观点;而边沁在他 1775 年的《死刑及其考察》、1831 年的《论死刑》等论著中系统地提出了死刑会被废除和应当被废除的观点。[②]

自此以后,人们对死刑的存废经过了 200 多年的争论,虽然观点尚未统一,估计在短期内也难以统一,但死刑应当减少的思想在不断深入人心,死刑废止的立法实践也在逐步进展。1948 年 12 月联合国《世界人权宣言》第 3 条规定:“人人有权享有生命、自由和财产安全。”表明了对死

---

① 马微:《终身监禁制度研究》,武汉大学 2017 年博士学位论文,第 1 页。

② 边沁认为,死刑作为一种刑罚手段不具有比终身监禁更大的边际效益。参见郑海珍:《边沁功利主义死刑观》,载《安庆师范学院学报(社会科学版)》2010 年第 4 期。

刑限制及废除的倡导。在2014年10月10日的“世界反对死刑日”,时任联合国秘书长潘基文表示,继续适用死刑是一种有损人类尊严的“残酷做法”。《国际刑事法院罗马规约》也以明文规定明确废除死刑。[①] 这些国际公约和条约明确了一种在国际社会对待死刑的态度。中国也在此做了积极的努力。自1998年中国加入了联合国《公民权利和政治权利国际公约》后,为履行成员方义务,于2004年通过《宪法修正案》将“国家尊重和保障人权”写入了宪法,与国际社会共同推进死刑废除的进程,国际社会限制和废除死刑的趋势更加明显。

(一)死刑的立法规定和司法适用客观上在减少

在长期的死刑存废争论中,虽然部分国家并未明确废除死刑,但在客观上也一定程度地放弃或限制了死刑的立法规定及司法适用。在我国,虽然受1983年“严打”政策的影响,死刑罪名立法和死刑司法适用在一段历史时期内曾出现扩张趋势,但自2007年最高人民法院将死刑的核准权收回到最高人民法院起,正式标志着我国阶段性的死刑扩张政策宣告结束。2011年至2015年我国通过《刑法修正案(八)》和《刑法修正案(九)》废除了22个死刑罪名,实现了对死刑的立法限制,表达了一定的立法导向。在国外,如韩国,虽然在刑法中保留了死刑,但自1997年至今的20多年未曾执行一次死刑,因此被认为已在事实上废除了死刑。

(二)当前国际上废除和不适用死刑的国家还在增加

据资料记载,世界上第一次死刑废除运动的高潮出现于19世纪60年代,委内瑞拉1863年颁布的废除死刑的法令引发了一次废除死刑的高潮。第二次死刑废除的高潮出现在第二次世界大战结束前后,自意大利1944年提出废除死刑后,英国、奥地利、葡萄牙、西班牙等国相继加入了废除死刑的行列。截至2006年4月,废除和不适用死刑的国家是123个;[②]到

---

① 参见蔡军、牛燕:《正义观的历史演变与我国死刑的废除》,载《公民与法(法学版)》2015年第7期。

② 参见喻海龙、陆弈霖、刘玉萍:《死刑存废争论及我国对死刑废除的态度》,载《政法学刊》2015年第5期。

2012 年达到了 150 多个;[①]到 2021 年达到了 170 多个,[②]在联合国成员国总数中占比 88.1%。废除死刑和不适用死刑国家数量的快速增长,表现出了国际社会对缩减死刑的基本态度。

(三)死刑的弊端被人们揭露得越来越深刻

1.死刑不符合人道主义要求

人道主义的核心在于主张人本身是最高的价值。德国著名哲学家康德曾经提出“人本身就是目的”的人道主义理论,他认为人不能被作为这样或那样的意志随便适用的手段。陈兴良教授也提出,刑法的人道性是指刑法的制定与适用都需要符合人的本性,做到尽可能的宽缓。[③] 死刑作为直接剥夺人的生命的刑罚,极具残酷性,与人道主义的要求相违背。

从刑罚权的角度看,国家是否有权处分自然人的生命,一直是有疑问的。按照卢梭社会契约论的思想,人们既然有为了自身利益而决定将部分权利让渡给公共机构的意思自治,就意味着发出和存在这个“意思”的主体是不能被消灭的。至少从逻辑上不可能存在决定权主体将自身的生存权(存在资格)让渡给公共机构的问题,否则,不仅存在逻辑错误,也与现实社会人们的活动规律相违背。

2.死刑冤假错案的权利难以救济

由于司法工作人员业务水平的参差不齐、刑事侦查技术的水平所限,加之重大案件客观情况的错综复杂,死刑出现冤假错案的可能性是存在的。要是没有死刑的适用,那么诸如聂树斌、呼格吉勒图等人到了沉冤昭雪的那一天,尽管失去的自由也难以补回来了,但总比不再重获自由要好一些。因此,死刑的极端性,对于冤假错案的纠正是障碍。

---

① 数据来源:https://baike.baidu.com/item/%E4%B8%96%E7%95%8C%E5%8F%8D%E5%AF%B9%E6%AD%BB%E5%88%91%E6%97%A5/12978752?fr=aladdin#2,最后访问日期:2021 年 5 月 23 日。

② 数据来源:https://xw.qq.com/cmsid/20211008A06C5A00,最后访问日期:2022 年 3 月 27 日。另有资料表示截至 2022 年 11 月 17 日,全球废除死刑或放弃使用死刑的国家超过 144 个,载 https://weibo.com/2209621235/4836835149220016,最后访问日期:2023 年 6 月 18 日。

③ 参见陈兴良:《刑法的价值构造》,中国人民大学出版社 2006 年版,第 357 页。

(四)在刑罚轻缓化的格局中死刑已成为被改革的对象

在阶级社会,作为社会公共机构的统治集团为了顺应社会发展、维系社会稳定,调整刑罚结构,使刑罚向轻缓方向发展也是正确之举。死刑作为最为古老的一种刑罚,具有强烈的重刑主义色彩,在刑罚发展道路上,对于限制及废除死刑适用的讨论,是刑罚朝轻缓化方向发展的必经之路及应有之义。在国际社会,各国和地区民众人权意识的普遍高涨和民主法治思想的逐步深入人心,对刑事政策产生了极其深刻的影响,使刑罚的轻缓化成为国际社会刑罚发展不可逆转的趋势。当前,刑罚轻缓化的整体格局已经形成,在死刑存废争论的背景下,死刑也已成为其中的改革对象,需要限制死刑适用。由此可见,刑罚的轻缓发展往往是从废除和限制死刑开始的。这也是国际社会评判一个国家和地区刑罚是否具备轻缓化特征的标准。

二、中国还不具备全部废除死刑的条件

(一)全部废除死刑在国际社会通常需要一个较长的过程

国际社会对死刑的存废至今也还在争论中,尚未完结,保留死刑和废除死刑的观点仍然针锋相对。这些观点,在不同的时期、不同的国度和不同的学者间,都是会有很大的差别。但是,无论差别有多大,有一点是相同的,即在国际社会,死刑的废除是有一个复杂过程的。这个过程也包括中国废除死刑的道路。

1. 保留死刑的观点

国际上关于保留死刑的观点,主要依据刑事古典学派的报复刑论的学说,主张死刑不能废除。该学说的主要理由可以概括为三个方面:第一,对罪该处死的人适用死刑,是伦理正义的绝对观念的必然要求,是等量、均衡的报复的需要;如果对极其严重的犯罪也不能适用死刑,那对于被害人来说就是不人道的。第二,死刑的严厉性及其威慑力是最大的,这是其他任何刑罚手段所无法比拟的。第三,特别是对于那些犯罪成癖并给社会造成极端严重危害的人,要阻止其再犯罪,死刑就是最后的手段;如果没有死刑,就没有其他手段可以阻止其再犯罪了。

笔者认为，由于各国国情不同，在法律上运用刑罚来处置犯罪所选择的路径和方法也是应当有所区别的。各国的死刑刑事政策应当从本国的国情出发，以本国的国情作为选择刑罚手段的依据，而不能“一刀切”。在对待死刑问题上，即使联合国《公民权利和政治权利国际公约》规定了对各成员方约束死刑的义务性要求，也是存在例外的。该公约第 6 条规定：“在未废除死刑的国家，判处死刑只能是作为对最严重的罪行的惩罚，判处应按照犯罪时有效并且不违反本公约规定和防止及惩治灭绝种族罪公约的法律。这种刑罚，非经合格法庭最后判决，不得执行。”这说明，尽管死刑的适用有许多不尽如人意的地方，但是死刑的废除也要考虑各国的国情。死刑作为一国惩治犯罪、维护社会秩序的手段，特别是在犯罪发生率较高的国家，其作用还是很明显的。因此，基于国情出发而适度保留死刑，是合理和可行的。

鉴于该部分内容不是本书的重点，故在此只作概括性介绍，不再展开论述。

2. 废除死刑的观点

由于死刑问题不单是一个法律问题，它涉及社会政治和基础民权的方方面面，社会科学的各种学科都会从各自学科的不同立场和视野出发，提出自己的学说观点。因此而提出的废除死刑的观点，也是比较广泛而多维的。综合来看，基本都是围绕功利主义学派代表人物边沁所提出的理论框架展开的。其主要观点大致涉及以下几个方面。

(1)死刑违背社会契约

社会契约论是由法国思想家卢梭提出的一种学说，其主要观点是：一个理想的社会应当是建立在人与人之间的关系之上的，而不是建立在人与政府之间的关系之上的。政府本来是没有代表个人行使权利的权力的，一个完美的社会应当是这样的：政府的权力是被人民的“公共意志”所控制的，这种公共意志应当是通过由公民团体组成的代议机构作为立法者来产生的。代议机构的权力是由社会中的每一个成员放弃一部分天然自由而形成集体意志，实现平等的契约自由。根据社会契约的理论，意大利刑法学家贝卡里亚进而认为，社会中的任何人均没有权利放弃自己的生命权，也不可能通过契约将之交与他本人的统治者，因为人的生命权是天赋的，是一种特殊的权利。他认为，人们为了共同生活而被迫牺牲自己的一部分自由，但并不是无限制的，而是尽可能少地交出自由，更不可能将处置自己生命的权利交出。因而死刑是违背社会契约的，属于权力的滥用。

（2）死刑并不具有最大的威慑作用

毋庸置疑，刑事立法确定死刑的地位，主要是基于死刑所具有的威慑力。但是在国际社会中，并没有任何证据证明那些保留死刑的国家和地区的社会治安状况就一定是好的，特别是不能证明那些较多适用死刑的国家和地区比那些较少适用死刑甚至废除死刑的国家和地区的社会治安状况就好。因此，无论是从特殊预防的角度还是一般预防的角度，都不能得出死刑比包括终身监禁刑（无期徒刑）在内的其他刑罚具有更大的威慑力。

就威慑力而言，死刑所影响的对象是犯罪人。然而，通过分析犯罪人的心理可以发现，当一些特别严重的暴力犯罪的罪犯了解到其所犯罪行已经适用死刑无疑时，就会产生扩张性犯罪的意图，加剧危害结果的发生。可见，对于那些明知会被判死刑的犯罪人来说，死刑的威慑作用在其心理层面已经不复存在了，至少这种威慑力没有立法者预想的那么强了。

（3）死刑至少不是文明的刑罚

死刑是否属于野蛮的刑罚，社会各界会有不同的说法。但死刑废除论者从死刑起源对人类的影响出发，认为死刑产生于原始复仇习惯，是刑罚报应主义的产物，因而是野蛮的、不利于社会的文明进步和发展的。著名刑法学家贝卡里亚提出："体现公共意志的法律憎恶并惩罚谋杀行为，而自己却在做这种事情；他阻止公民去做杀人犯，却安排一个公共的杀人犯。我认为这是一种荒谬的现象。"①由此我们至少可以得出这样的结论：死刑不是文明的刑罚。

① ［意］切萨雷·贝卡里亚：《论犯罪与刑罚》，黄风译，北京大学出版社2014年版，第81页。

(4)死刑不能实现刑罚的特殊预防目的

预防犯罪,是对回归社会有重新犯罪可能性的罪犯而言的。死刑则是以剥夺犯罪人的生命为条件的,死刑一旦执行,不仅是对犯罪人生命的剥夺,同时也是对其再犯罪能力的剥夺。因此,死刑与刑罚的特殊预防功能是相悖的。凡是被判处死刑的人(除了适用中国特有的死缓制度的人尚有不确定性),都意味着其不再有回归社会的可能性,这同时也就意味着没有在自由社会中再犯罪的可能性。因此,死刑废除论者认为,死刑执行所具有的对犯罪人"双重能力"的剥夺特点表明了其不是一种必要的、具有合理功能的刑罚。

(5)死刑并不是刑事被害人权利救济的必要途径

死刑的核心是剥夺生命,将活人变成死人。然而,人死不可复生,在司法活动中,死刑一旦被误判,受刑人的生命就消失了,没有挽回的余地。如果采用终身监禁的方法,即使误判,虽然也会对罪犯的权利造成损害,但因错误判决造成的损害还有被挽救的余地,受刑人的自由也可部分地得到恢复。

需要特别指出的是,死刑废除是否会影响被害人权利的保护?这是基于权利平等提出的命题。有人担心,如果废除了死刑,那被害人及其家属的权利就消失了。其实不然。因为,如果一人被无辜谋杀,对杀人者是否应被判处死刑,是需要根据案件发生的特定时间、特定环境和特定国家等因素来确定的,否则,笼统地说"杀人者偿命",那么就会犯一个逻辑错误,即这种观点没有承认处于社会中的人的权利的自然性、客观性和规律性。因为现实地看大多数死刑废除论者是天赋人权和权利客观性的支持者,他们认为人的生命权是与生俱来的,没有任何人可以因任何事由剥夺他人的生命权(包括刑事被害人和刑事被告人的生命权);对罪犯可以给予刑罚处罚的前提条件确立,并不等于确立了可以剥夺其生命权。

(二)当前中国的实际状况还不具备全部废除死刑的条件

1. 中国还不具备废除暴力犯罪死刑的条件

在中国,尽管减少和逐步废除死刑已得到了一定程度的支持(此处不考虑民意和专业人士及决策者的比重问题),但对于严重暴力犯罪(如故意杀人罪)应当保留死刑,这是绝对多数中国民众的意见。

所谓暴力犯罪,是指刑法规定的行为人以暴力手段或表现为暴力性质手段作为构成要件的内容,且对他人合法权利造成侵害或威胁的犯罪。其中,严重暴力犯罪,指的是在犯罪工具、手段及危害后果等方面比一般暴力犯罪更为恶劣和严重的犯罪。一般认为,我国《刑法》第17条第2款中列举的8种犯罪,即故意杀人、故意伤害致人重伤或者死亡、强奸、抢劫、贩卖毒品、放火、爆炸、投放危险物质罪,被笼统地认为是严重暴力犯罪。当然,对于贩卖毒品的犯罪是否属于暴力犯罪是需要讨论的。但《最高人民法院关于贯彻宽严相济刑事政策的若干意见》将重大抢夺、重大盗窃等行为也定义为严重暴力犯罪,因此在我国的司法实践中,严重暴力犯罪的范围并不限于上述8种罪名。本书囿于研究主题,所讨论的"严重暴力犯罪"仅限于法定刑包含死刑的罪名。

废除暴力犯罪死刑,无论在观念上、立法传统上还是国际环境(与其他国家和地区平衡)上,都还不具备条件。

(1)废除暴力犯罪死刑不符合中国的民众观念

自古以来,"杀人偿命"的报应主义观念在我国老百姓的观念中根深蒂固,对于故意杀人等严重暴力犯罪,就受害人一方而言,往往只有将犯罪人执行死刑才能使其得到一定安抚;对于社会而言,也只有死刑才能缓解和消除严重暴力行为对社会民众造成的恐慌。因此,对严重暴力犯罪适用死刑,不仅在一定程度上展示刑罚的威慑作用,警示社会上的危险分子,还能提升社会民众的安全感和对司法机关的信任感。

(2)废除暴力犯罪死刑与中国的立法传统脱节较大

废除死刑应当作为建设理想和谐社会的目标,这是必须坚持的。但死刑立法或者死刑实践的传统,也应当得到兼顾。在我国,死刑最早出现在夏朝,延续至今,长期以来被统治者用来作为惩治犯罪、维系社会稳定的重要手段。一旦死刑被废除了,尤其是暴力犯罪的死刑被废除,就会产生严重犯罪的成本降低的问题、犯罪人所需要付出的代价可能会比其获得的收益少的问题,这就可能会激发实施严重暴力犯罪的人选择更加恶劣、极端的手段危害社会。例如,为了逃避追捕或毁灭罪证而继续杀人,或是为了保证犯罪的成功率而选择极端暴力行为,肆无忌惮地实施严重危害社会的行为。从社会安全角度来说,是不利于保障人身及财产安全的,与刑罚防控犯罪的目的背道而驰。因此,死刑在暴力犯罪中的留存,有利于综合治理社会治安,促进严重暴力犯罪的数量下降。据统计,2022年起诉杀人、抢劫、绑架等暴力犯罪人数为近20年来最低,严重暴力犯罪起诉人数占比由1999年的25%下降至2022年的3.9%。[①] 这从一个侧面反映了死刑对于震慑严重暴力犯罪的发生是具有积极作用的。

(3)中国的外部环境也未达到可完全废除死刑的程度

以国际社会为视角,虽然废除死刑被视为当今国际刑事司法刑法改革的潮流,也不断有国家加入废除死刑的队伍中去,但每个国家的国情都存在差异,能否废除死刑,应当结合本国的实际情况来选择。从国际社会的现实状况看,保留死刑并不意味着可以滥用死刑,在多数国家废除死刑的国际环境下,仍有国家保留死刑,也是平衡国际社会刑罚实效、维系国际社会秩序稳定的一种选择。

2. 中国还不具备废除全部非暴力犯罪死刑的条件

非暴力犯罪是与暴力犯罪相对应的概念,其区分类别多样,如经济犯罪、职务犯罪、行政犯罪、危害秩序的犯罪、危害国家安全的一部分犯罪等。对于非暴力犯罪,我国也不具备完全废除死刑的条件。

(1)中国还不具备废除经济犯罪死刑的条件

所谓经济犯罪,是指在经济活动领域中实施的,为谋取非法经济利益而违反刑法规范的、严重破坏市场经济秩序、应承担刑事法律责任的行为。在我国刑法中,严重经济犯罪是与严重暴力犯罪一样被配置死刑的。因此,废除经济犯罪的死刑,并不是一种特殊要求,它是在整个缩减死刑的框架里的一项具体内容。

我国当前的状况尚未达到经济犯罪废除死刑的要求。第一,当前我国法治体系尚未健全、民众法治观念还不强。第二,我国当前处于社会经

---

① 参见陈慧娟:《最高检:2022年严重暴力犯罪起诉人数为近20年来最低》,载《光明日报》2023年2月16日,第3版。

济发展的高速期,利益格局发生了变化,社会民众的诉求复杂多样,社会矛盾错综复杂,经济犯罪的发案率较高。第三,经济犯罪对社会的危害形式虽可能没有暴力犯罪那样直观,但经济犯罪对社会稳定发展的冲击力并不亚于暴力犯罪,暴力犯罪通常侵害的是个人权益,而经济犯罪可能危及整个社会运行基础和一个行业、一个区域,其具有危害面广、危害时间长等特点,对社会民众的人身及财产权的危害有时候甚至比暴力犯罪还严重。因此,当前我国还不具备废除全部经济犯罪死刑的条件,个别罪名保留死刑也是现实的需要。

(2)中国还不具备废除职务犯罪死刑的条件

职务犯罪,是一个解释内容具有多样性的复杂概念。一般意义上,职务犯罪就是指国家工作人员利用职务上的权力和影响来谋取私利的行为。具体来说,职务犯罪,指的是从事公务的人员或者国家机关、国有公司、企业、事业单位、人民团体,利用职务上的便利获取非法利益,或者滥用其职权、不履行或不认真履行职责,给社会造成危害,依照刑法应当受到刑罚处罚的行为。

职务犯罪行为因其主体的特殊性,往往影响力大于一般犯罪行为。一方面,职务犯罪行为违背了国家机关和其他国有单位对公职职务的要求,破坏了国家工作人员的廉洁性,使权力机关在社会民众心中的公信力受损;另一方面,职务犯罪也侵害了社会主义市场经济管理秩序,损害了市场经济的公平、公正,不利于社会的稳定与发展。

当前,我国正处于反腐败斗争的关键时期,职务犯罪呈现了主体扩大、行为跨国等新的特点,反腐败的任务越来越重,所涉腐败犯罪的危害越来越大,直接威胁执政党的执政环境和生存发展。在这样的环境下,如若废除严重职务犯罪的死刑,将会影响整个反腐败的体系结构,不利于发挥刑事法律在反腐败斗争中应有的威慑力及警示力。因此,我国尚不具备废除职务犯罪死刑的条件。

(3)中国还不具备废除行政犯罪死刑的条件

所谓行政犯罪,是指违反行政法规,危害正常的行政管理秩序,触犯行政刑法,应当承担刑事责任,接受刑罚处罚的行为。[1]

在法学理论上,行政犯罪通常简称为行政犯。行政犯,也称为"法定犯",是与自然犯相对应的概念。自然犯,是指侵犯人类自然权利的犯罪,此类犯罪的行为本身就具有反社会和反道义的属性,即使没有法律的规定,也容易被识别出是一种犯罪。自然犯是从犯罪的本质属性角度对犯罪所作的一种分类。与此对应的行政犯,则是指该种行为从一般观念上并不是犯罪,但法律把它确定为犯罪。法定犯是从犯罪违反刑法规定的形式条件所作的一种分类。

在现代刑法立法上,行政犯得到了很大发展,所列罪名越来越多。我国《刑法》第三章、第六章的犯罪基本上都是行政犯,包括毒品犯罪在内,且都还规定有死刑。有些还将传统自然犯设计成自然犯与行政犯的"混合结构模式"。在行政犯扩张的背景下,提出和实施废除行政犯的死刑,尚不现实。一方面,价值评价还需要深入细致;另一方面,在个别行政犯中保留死刑也确实存在与暴力犯罪同样的理由。因此,在中国刑法中还存在死刑的情况下,要让行政犯的死刑一个不留,是有困难的。当然,在死刑废止的道路上,行政犯罪最终废除死刑的节奏会比暴力犯罪快一些、早一些,是可能的,也是应当的。但目前还不具备这样的条件。

3. 在立法上减少(或不增设)死刑罪名的关键因素是民意暂时得到了决策者的妥善处置

所谓民意,是指人民群众共同的意愿。具体来看,民意又可以划分为宏观上的民意与微观上的民意。对于死刑存废问题上的民意,从宏观角度来看,主要体现为社会公众对一国的刑罚体系中有无设置死刑必要性的观点和看法;从微观角度来看,则主要体现在公众对于某一具体刑事案件中适用死刑必要性的观点和看法。

具体而言,在宏观方面,我国民众自古以来受传统"杀人偿命"报应主义观念的影响,一般对保留死刑是持赞成态度的,认为死刑有必要存在于我国的刑罚体系之中,也需要死刑为他们提供安全感。如果立法者废

---

① 参见贾宇、舒洪水:《论行政刑罚》,载《中国法学》2005 年第 1 期。

除死刑,势必会收到大量来自民众的反对呼声。在微观方面,我国民众对于具体案件中死刑适用问题的态度较为清晰。司法实践中凡是处理“命案”,社会公众都会给予较高的关注度和出现“被害人的代入感”,对于刑事案件司法机关适用死刑的态度往往呈现“一边倒”的态势,或者是希望对犯罪分子适用死刑且法院实际适用了死刑后的赞赏,或者是希望对犯罪分子适用死刑而法院未实际适用死刑后的谴责。从现实发生的案件来看,我国还存在民意影响司法裁判的情形。

因此,无论从宏观上还是微观上,我国民众对于“废除死刑”基本是持否定态度的。近年来,在刑法理论界的呼吁下,《刑法修正案(八)》首次取消13个死刑罪名,这表明我国立法者也在有意减少死刑的覆盖罪名,但通过观察可以发现,取消的死刑罪名大多是死刑从未适用过或很少被适用的冷门罪。因此,笔者认为,立法者有限减少死刑罪名的立法行为实为在我国实际国情、民众意愿与国际废除死刑大趋势之间寻求的平衡。

三、终身监禁被用来为控制死刑适用提供制度保障

在保留死刑的前提下,如何控制死刑的适用,这是一个刑事政策问题。因此,为了减少死刑的实际适用就需要创设一个将其“架空”的机制,这个机制就要具有担当死刑适用效果的功能。

尽管对于具体影响死刑适用效果的因素有哪些,理论上还是有很多争论的。但是其中死刑的威慑力应当是一种重要因素,它是刑罚机能的体现。因此,无论该机制名称叫什么,具有“类似于死刑”的效果,是这个制度所应当具备的基本功能。

来自武汉大学刑事法研究中心和德国马普外国刑法与国际刑法研究所合作的一项调查显示,刑事司法专业人士中支持死刑的比例要远高于普通民众,民众和专业人士大多赞成将死刑的范围限定于“最严重的犯罪”,他们对现阶段可判处死刑的非暴力犯罪,并没有广泛要求适用死刑。通过对这两类人员的调查结果表明,如果存在一种令人满意的无期徒刑,死刑的支持度将会有所下降;如果找到可替代死刑的刑罚,而这一刑罚又

无损人格尊严，可能会加速废除死刑的进程。[①] 同时，为了打造这种“令人满意的无期徒刑”，我们通过对中国刑法中的无期徒刑进行研究后认为，应当对无期徒刑进行“二分立法”，在立法上划分“可减刑、假释的无期徒刑”和“不得减刑、假释的无期徒刑”。[②]

当然，人们对于“可减刑、假释的无期徒刑”和“不得减刑、假释的无期徒刑”替代死刑效果的认同感是不一致的。调查显示，当替代死刑的无期徒刑是可提前假释的无期徒刑（终身监禁）时，支持保留死刑的公众比例是41%，专业人士的比例是80%；当替代死刑的无期徒刑是不得假释的无期徒刑加上对被害人家属的赔偿时，则支持保留死刑的公众比例是1/4，专业人士的比例是1/3。[③] 可见，终身监禁对于应被判死刑的人是否需要被适用，是有重要影响的。

四、中国终身监禁制度的立法设计和司法应用都还不成熟

在立法设计上，有学者认为：“终身监禁的概念与内涵是十分丰富的，无论是其法律性质、价值维度还是其司法适用都是较为充实的，我国《刑法修正案（九）》中首次增设了终身监禁，但是其内容和规定都显得较为粗糙。”[④]这种粗糙具体有以下四个方面。

（一）“终身监禁”在立法地位上尚没有明确的定位

“终身监禁”的文字，在立法条文中显得可有可无。按照《刑法》第383条的规定，如果删除“终身监禁”这四个字，条文的含义并没有变化。因此，该“终身监禁”的文字，具有宣示意义，它的功能主要在于向公众表明我国刑法中有“牢底坐穿”的处罚规定。但是，就立法技术所要求的文字精准、简练，逻辑严密、顺畅而言，终身监禁是有语义重复的。

---

① 参见武汉大学刑事法研究中心和德国马普外国刑法与国际刑法研究所主编：《中国死刑态度调研报告》，台北，元照出版有限公司2010年版，第269～270页。

② 参见楼伯坤：《对中国无期徒刑二分法的改造——以替代死刑为目标》，载赵秉志主编：《当代刑罚制度改革研究》，清华大学出版社2015年版，第259页。

③ 参见武汉大学刑事法研究中心和德国马普外国刑法与国际刑法研究所主编：《中国死刑态度调研报告》，台北，元照出版有限公司2010年版，“序”。

④ 马微：《终身监禁制度研究》，武汉大学2017年博士学位论文，第1页。

(二)《刑法》总则中未规定"终身监禁"导致条文间关系不清

按照《刑法》第50条第2款的规定,该条是针对累犯和暴力性犯罪的死缓犯的,对它们限制减刑;而《刑法》第81条第2款,它针对的是累犯和暴力性犯罪被判处10年以上有期徒刑、无期徒刑的犯罪分子,并没有规定死刑缓期执行的犯罪分子。除对"死刑缓期二年执行期满后减为无期徒刑"的"减为"是否等同于刑罚执行制度的"减刑"的含义有争议外,对于《刑法》第81条"判处无期徒刑"的范围里是否包括"减为无期徒刑"的对象,并不明确。

(三)《刑法》分则中的终身监禁与总则中的减刑、假释条文不衔接

《刑法》第383条从实质上已经将《刑法》第50条的"不得减刑"的适用前提考虑进去了,但并没有与《刑法》第81条"不得假释"的适用对象相衔接。

(四)在司法应用上还存在标准不一、尺度难以把握的问题

我国迄今已经判决了15起终身监禁的案件,但实践中被提出来讨论应否需要适用终身监禁的案件肯定不止这15起,有的案件最终决定的时候,没有被判处"终身监禁",或判处死刑立即执行,或判处无期徒刑而不限制减刑、假释。应通过类案检索和案例指导的形式,逐步统一适用的条件、标准和尺度。

第二节 研究终身监禁制度的价值和意义

一、研究终身监禁制度的理论价值

(一)创新刑罚制度、优化刑罚适用体系

1. 创新刑罚制度

在我国刑罚创制、刑罚适用、刑罚执行和刑罚消灭的四大制度中,终身监禁制度的设立,起到了延伸死缓执行考察期的功效,终身监禁将刑罚适用制度和刑罚执行制度有机结合,具有创新性。

在我国,刑法中的缓刑制度是将刑罚适用制度和刑罚执行制度有机结合的产物。缓刑制度,是指对触犯刑法且经人民法院审判后宣告构成

犯罪,应当接受刑罚处罚,但暂缓所判刑罚执行的一种制度。我国的缓刑适用于被判处拘役、3 年以下有期徒刑的犯罪分子,在对其宣告构成犯罪以及判处一定的自由刑后,通过社区矫正的方式来落实刑罚的执行。

我国《刑法》总则规定的死刑缓期执行制度,是对应当判处死刑但不是必须立即执行的犯罪分子,设置 2 年的考验期,并根据考验期的表现决定后续刑罚的走向。在考验期内有故意犯罪,并且情节恶劣的,就执行死刑;如果犯罪分子没有情节恶劣的故意犯罪的,则刑罚将变更为无期徒刑;若是犯罪分子还具有重大立功表现的,则刑罚将变更为 25 年有期徒刑。

而终身监禁是将"永久性关押"作为一个目标设定的。因此,为了进一步完善死刑制度的适用和执行,《刑法修正案(九)》首次将终身监禁明确纳入刑罚制度,作为立法机关对死刑缓期执行制度的深入改造,通过排除减刑、假释制度的适用,对被判处死刑缓期执行的贪污受贿犯罪案件的罪犯延长刑罚执行时间。

2. 优化刑罚体系

传统刑罚体系是由刑罚种类构成的,是刑罚种类的划分及各刑种所构成的体系。我国的刑罚体系从轻到重,依次为管制、拘役、有期徒刑、无期徒刑、死刑(缓期执行、立即执行)。《刑法修正案(九)》实施以前,通说认为我国的刑罚体系呈现出"死刑过重,生刑过轻"的结构特点,影响了刑罚体系的平衡性,这一点在贪污受贿案件中表现得更为明显。

终身监禁制度的创立,主要是以刑罚效果(刑罚执行的影响力)为依据划分的类别所构成的,仅适用于被判处死刑缓期执行的贪污受贿案件的罪犯。这一制度明确规定了对该类罪犯不得减刑、假释,使我国刑罚适用细化为死刑立即执行、死刑缓期(二年)执行、无期徒刑(终身监禁)、无期徒刑(可以减刑、假释)、有期徒刑、拘役、管制的结构体系,有利于改变饱受诟病的"生刑过轻"局面,合理安排刑罚体系的层次和梯度,彰显刑罚差异化效果。

(二)深化死刑替代措施的理论研究、丰富死刑执行方式

1. 深化死刑替代措施的理论研究

截至 2018 年,全球范围内明确废除一切死刑的国家及地区已达 107

个,这一数据不包括对普通罪行废除死刑和在实践中不适用死刑的国家和地区。在死刑废除全球化浪潮中,我国无法不对此作出积极回应。

虽然废除死刑的国家及地区对于终身监禁能否适用减刑、假释制度存在分歧,并由此也产生了各种不同的学说。但是,有一点是不可否认的,即终身监禁已被用来作为最优选、最常见的死刑替代措施。我国晚近10余年对死刑替代问题的理论研究,受域外的影响比较大,最初是将其作为独立刑种来加以研究的,认为终身监禁独立于目前的死刑和无期徒刑。然而,在刑事司法实务中,随着我国《刑法修正案(八)》和《刑法修正案(九)》的出台,立法机关在减少死刑罪名的同时,更多考虑的是死刑"刑罚效果"的等量替代,即通过完善死刑制度,从轻到重依次设置了一般死缓、限制减刑的死缓、终身监禁的死缓和死刑立即执行四个层级。《刑法修正案(八)》和《刑法修正案(九)》的实施顺应了我国当前死刑民意的要求,也在一定程度上为废除死刑、限制死刑的适用作出了应有的努力,推动了我国死刑替代的理论研究从"刑种的替代"到"刑罚效果的替代"的转变,加紧了理论与实践的结合。

2. 丰富死刑执行方式

终身监禁制度的立法,使死刑执行方式出现了"三分法"(死刑立即执行、死刑缓期二年执行和死刑缓期无期限执行),通过增设死刑立即执行的条件,实现限制死刑适用的价值追求。

在一定程度上,我国的终身监禁是由"'死缓'+'无期限'"所构成的。死缓是"实现不执行死刑",也就是达到不涉及生命的刑罚效果;"无期限"是指"终身羁押",也就是罪犯在通过死刑缓期执行二年的考验期后,将在监狱中度过余生。我国的终身监禁依附于死缓制度,实质是对死缓制度的延伸,被视为在一般的死刑缓期执行和死刑立即执行中嵌入一个"中间刑",在丰富死刑的适用条件的同时,也使死刑执行方式更加灵活。当然,对于这种处在"中间位置"的终身监禁,是否可以被称为"刑"是值得探讨的。

(三)开辟中国特色的死刑废除道路

在确有必要保留部分死刑的情况下,通过制度创新,以贪污受贿罪为对象，摸索其适用范围、方法和程序，为形成具有中国特色的终身监禁制度提供理论支撑。

1. 在“少杀、慎杀”的死刑政策下开启了立法废除具体犯罪死刑的先河

考察中国刑法立法史，在 2011 年《刑法修正案（八）》出台前，在中国的刑法上只有增加死刑，而没有减少死刑的先例。具体来看，新中国成立初期，由于当时的法制尚不健全，死刑主要是通过单行刑法被规定在反革命罪、贪污罪等少数罪名中；1979 年《刑法》是新中国第一次将涉及死刑的罪名统一规定在刑法典中，确立了 27 个死刑罪名。随后，通过单行刑法的立法模式增加规定了 44 个死刑罪名，即在 1997 年《刑法》出台前我国的死刑罪名共有 71 个。1997 年《刑法》修订时对适用死刑罪名的分则罪种数作了调整，但仍然保留了 68 个死刑罪名。①

《刑法修正案（八）》和《刑法修正案（九）》开启了我国从立法上废除具体犯罪死刑设置的先河，一共废除了 22 个死刑罪名。《刑法修正案（八）》根据当时司法实践中部分死刑罪名适用较少的现状，取消了不会给我国社会稳定大局和治安形势带来负面影响的 13 个经济性非暴力犯罪的死刑；②《刑法修正案（九）》则根据中央对于深化司法体制和社会体制改革的任务要求，进一步减少了实践中较少适用的 9 个死刑罪名。目前，我国尚存的适用死刑的罪名还剩下 46 个。

2. 中国死刑罪名的废除遵循了“经济犯罪”“非暴力犯罪”逐步向“职务犯罪”“非严重暴力犯罪”的方向过渡，最终废除暴力犯罪的路径

根据学者实证调研的相关数据，目前我国民众支持保留死刑的人数约是支持废除死刑人数的 2 倍。③ 为了回应民意诉求，也为了回应废除死刑的浪潮，我国目前的立法需要坚定地、有计划地减少适用死刑的罪名。

---

① 参见高铭暄：《死刑 60 年：新中国死刑立法的变迁与展望》，载《国家人文历史》2010 年第 20 期。

② 参见《关于〈中华人民共和国刑法修正案（八）（草案）〉的说明》，载中国人大网，http://www.npc.gov.cn/zgrdw/huiyi/cwh/1119/2011-05/10/content_1871258.htm。

③ 我国民众对死刑的支持率是在逐步下降的，1995 年的官方民意调查显示，95% 以上的人反对废除死刑；2003 年，某网络调查显示 83% 以上的受访者反对废除死刑；而这一数字在 2010 年的时候又下降到 75%。

从我国以往刑法修订的实践来看,立法机关在尽可能不触及公众朴素的自然法感情的情况下,从限制经济犯罪死刑罪名开始,逐步减少死刑罪名的设置。与此同时,针对贪污罪和受贿罪死刑司法适用已被高度限制的实际状况,立法机关通过对职务犯罪设置终身监禁这一过渡阶段的措施,为废除贪污罪、受贿罪的死刑立法奠定了基础。因此,我国现行死刑废除的路径是遵循了由"经济犯罪""非暴力犯罪"逐步向"职务犯罪""非严重暴力犯罪"(轻暴力犯罪)的方向过渡,谋求最终废除全部死刑罪名。

3. 在贪污罪、受贿罪实施终身监禁取得初步经验的基础上,将其与适用《刑法》第 81 条第 2 款被终身监禁的罪犯的执行经验结合起来,形成整体的终身监禁制度,为死刑的彻底废除奠定基础

(1)贪污罪、受贿罪实施终身监禁的经验

截至 2023 年 6 月,我国司法机关实施终身监禁的判决已有 15 个,分别是:2016 年 10 月 9 日,全国人大环境与资源保护委员会原副主任委员白恩培,被以受贿罪、巨额财产来源不明罪判处终身监禁;2016 年 10 月 17 日,国家能源局煤炭司原副司长魏鹏远,被以受贿罪、巨额财产来源不明罪判处终身监禁;2016 年 10 月 21 日,黑龙江龙煤矿业控股集团有限责任公司物资供应分公司原副总经理于铁义,被以受贿罪判处终身监禁;2017 年 5 月 27 日,天津市公安局原副局长武长顺,被以贪污罪、受贿罪判处终身监禁;2017 年 12 月 25 日,新汶矿业集团公司原副总经理孙正启、新汶矿业集团公司原经理石伟,被以受贿罪判处终身监禁;2018 年 12 月 21 日,内蒙古银行股份有限公司原党委书记、董事长杨成林,被以受贿罪判处终身监禁;2019 年 12 月 3 日,内蒙古自治区人大常委会原副主任邢云,被以受贿罪判处终身监禁;2019 年 12 月 26 日,恒丰银行股份有限公司原董事长姜喜运,被以贪污罪,受贿罪,违规出具金融凭证、故意销毁会计凭证、会计账簿罪判处终身监禁;2020 年 7 月 31 日,全国人大原内务司法委员会副主任委员、陕西省委原书记赵正永,被以受贿罪判决终身监禁;2018 年 3 月 28 日,山西省吕梁市原副市长张中生,被以受贿罪、巨额财产来源不明罪判处死刑,剥夺政治权利终身,并处没收个人全部财产,2021 年 10 月 29 日,二审改判终身监禁;2020 年 11 月 6 日,恒丰银行原

董事长蔡国华，被以国有公司人员滥用职权罪、贪污罪、挪用公款罪、受贿罪、违法发放贷款罪判处终身监禁，蔡国华不服提出上诉，2021 年 8 月 27 日，二审驳回上诉、维持原判；2022 年 9 月 23 日，公安部原党委委员、副部长孙力军，被以受贿罪判处终身监禁；2022 年 9 月 22 日，江苏省委原常委、政法委原书记王立科，被以受贿罪判处终身监禁；2022 年 9 月 22 日，全国政协社会和法制委员会原副主任傅政华，被以受贿罪判处终身监禁；2023 年 1 月 10 日，国家安全部原党委委员、中央纪委国家监委驻国家安全部纪检监察组原组长刘彦平，被以受贿罪判处终身监禁。

上述判决中，尽管情况各有差异，但我们还是可以找出一些共性内容，从中可以总结出一些经验。具体经验的内容，将在第四章“我国终身监禁制度的中国实践”中论述。在此，我们可以基本窥见司法判例的轨迹，即自终身监禁被写入《刑法》后，我国司法机关确实在一定程度上对该制度进行了适用，使原本可能被判处死刑立即执行的罪犯能够继续拥有生命权，并通过教育改造将生命刑过渡到自由刑。

(2)累犯和暴力性犯罪执行终身监禁的经验

我国《刑法》第 81 条第 2 款规定，“对累犯以及因故意杀人、强奸、抢劫、绑架、放火、爆炸、投放危险物质或者有组织的暴力性犯罪被判处十年以上有期徒刑、无期徒刑的犯罪分子，不得假释”。也就是说，刑法通过对累犯以及严重暴力犯罪的罪犯限制减刑和禁止假释，来达到对该类罪犯延长刑罚执行期的目的，使该类罪犯至少服刑 22 年才可能被释放。

对累犯和严重暴力犯罪的罪犯执行限制减刑、不得假释的实践，事实上为拓宽终身监禁的适用范围、适用方式和适用结果提供了基础，有利于探索累犯、严重暴力犯罪取消死刑适用后的终身监禁适用规则。

(3)逐步形成终身监禁的完整体系

终身监禁制度通过在我国贪污罪、受贿罪中的定点试行，可以摸索出数额犯判处终身监禁的一些适用经验和操作规则；在此基础上，加强对《刑法》第 50 条第 2 款和第 81 条第 2 款的应用，形成对累犯和严重暴力犯罪和有组织性犯罪案件的实践标准，使其上升到理论高度；在上述立法明确规定的内容得到全面实施、有效适用后,将逐步形成“不依附于死刑缓期执行制度的不得减刑、假释的终身监禁”和“限制减刑、不得假释的终身监禁”制度体系,从而推动我国死刑制度的彻底废除。

二、研究终身监禁制度的实践意义

(一)服务于高压反腐的社会治理目标

自从党的十八大明确提出“必须把反腐败斗争进行到底”后,十八届中央纪委二次全会进一步提出要“坚定不移把反腐倡廉建设引向深入”,要坚持将“老虎”与“苍蝇”一起打;十八届中央纪委三次全会又提出“反腐败高压态势必须继续保持,坚持以零容忍态度惩治腐败”;十八届中央纪委五次会议再要求“不断把反腐败斗争引向深入”,一场轰轰烈烈的反腐败斗争已经分步骤地在全社会打响。终身监禁制度的出台,就在于回应民众关切和社会各界日益高涨的反腐热情。

因此,通过对终身监禁制度的深入研究,阐发该项制度的内容及要求,使监察委、检察机关和其他国家机关的工作人员和全体民众,都能够关注和投入反腐败的活动中,增强民众反腐的力量;同时,对终身监禁制度的研究,还能够为党和国家的决策提供重要参考,强化反腐败的制度建设和机制运行,实现严惩腐败犯罪和减少死刑适用的双重价值目标。

(二)指导对终身监禁立法司法和执行的实践应用

1.将现行《刑法》分则中对贪污受贿犯罪适用的终身监禁立法通过总结提升为总则规定

《刑法》总则与分则属于抽象与具体、普通与特殊的关系,《刑法》总则作为分则的统帅,指导并引领分则,分则不得与总则相抵触。但是《刑法修正案(九)》在总则完全没有规定“分则另有规定的除外”的前提下,将终身监禁以《刑法》总则“例外之规定”的方式写入《刑法》分则,对重大贪污受贿案件排除总则中减刑、假释制度的适用,使刑法内部体系出现明显的不协调。

对终身监禁制度的进一步研究,有利于理论联系实践、实践优化理论,即通过总结终身监禁目前的立法和司法实践经验,将终身监禁制度从

《刑法》分则中剥离、提炼出来,使之成为能够覆盖其他死刑罪名的刑罚,并写入《刑法》总则之中,使刑法内部体系更加和谐和完整。

2. 完善《刑法》第 81 条假释的规定

(1)将《刑法》第 383 条第 4 款的内容与第 81 条第 2 款的内容结合起来

根据全国人大法律工作委员会的有关材料,终身监禁措施本来是针对《刑法修正案(八)》中规定的限制减刑、不得假释制度提出的升级方案,拟针对《刑法》所规定的杀人、爆炸、抢劫、强奸、绑架等“八类犯罪”适用,同时扩大到贪污受贿犯罪。由于讨论过程中争议较大,全国人大常委会在第三次审议的草案中改变了这一设想,转而只对贪污贿赂犯罪采取终身监禁。[①] 但是,这样的立法暴露出了刑法内部体系的矛盾性:贪污罪、受贿罪作为职务犯罪、经济犯罪,人身危险性、社会危害性以及暴力程度明显小于上述“八类犯罪”,但刑罚适用明显重于“八类犯罪”,致使罪刑失衡,与我国刑法确定的罪责刑相适应原则背道而驰。

因此,加强对终身监禁制度的深入研究,有利于完善刑罚逻辑体系,回归终身监禁的立法原意,通过解决讨论中的争议焦点问题,扩大终身监禁制度的适用范围,贯彻罪责刑相适应原则,使《刑法》分则各罪名之间的刑度均衡。

(2)修改《刑法》第 81 条中“累犯不得假释”的规定,对之进行区别对待

立法机关基于累犯的危害,在《刑法》第 81 条中明确规定了累犯不得假释。但是,“一刀切”地对所有累犯规定不得假释,不但是对同一要素的再度评价,而且容易导致罪责刑不一致。举例来说,如果行为人迫于生计成为盗窃罪的累犯(前罪和后罪均为被判处有期徒刑以上的盗窃罪),对其不得假释既不能达到刑罚的目的,又有过分报应之嫌。

因此,对终身监禁制度的进一步研究,有利于正确区分累犯的种类,

---

① 任重远:《刑法修正案九:嫖宿幼女罪没了,终身监禁来了》,载《南方周末》2015 年 8 月 27 日,第 3 版。

修改“累犯不得假释”的规定,仅对严重的特殊累犯和“八类犯罪”的累犯规定不得假释,彰显刑法的正义。

3. 为司法机关和刑罚执行机关实施终身监禁提供指引和指导

(1)为司法机关适用终身监禁提供指引和指导

目前,我国司法机关对于终身监禁的适用仍持谨慎态度,需要层报最高人民法院作出决定,[①]裁判文书网上更是难以搜索到终身监禁案件的裁判文书,仅能从部分刑罚变更刑事裁定书中看到“终身监禁”字样。

对终身监禁制度的深入研究,有利于为司法机关适用终身监禁制度提供相对具体、明确的标准,或者通过设置反向条件,严格把握终身监禁的适用标准。

(2)为执行机关执行终身监禁提供指引和指导

对终身监禁罪犯的执行和管理明显应区别于一般普通罪犯,但目前《监狱法》并未增设相关规定,司法部也未针对终身监禁罪犯出台相关行政规章,致使实践中缺乏制度的衔接,造成执行程序的混乱。

对终身监禁制度的深入研究,有利于提高执行机关的分类管理能力,针对终身监禁罪犯设置特别的管理程序和内容,推动刑罚执行的规范化,降低执行机关的管理难度。

(三)促进反腐败的国际合作

1. 以终身监禁制度替代死刑的执行能有效避开“死刑犯不引渡”的困境

“死刑犯不引渡”是一项重要的国际惯例。在立法上保留死刑的国家,引渡涉及死刑罪名的犯罪人是一个非常棘手的问题。我国在贪污受贿等职务犯罪案件中,经常遇到的一个问题是引渡外逃贪官有障碍。比较典型的是赖昌星案,赖昌星集团走私货物 273 亿余元,偷逃应缴税额人民币 139 亿余元,先后向 64 名国家工作人员行贿人民币 3912 万余元。1999 年 8 月 13 日,赖昌星持我国香港特别行政区护照以旅游为名逃往加

① “拟判处死缓并决定适用终身监禁的贪污、受贿案件,要逐一报请最高人民法院内审决定。”参见最高人民法院刑事审判第一、二、三、四、五庭主办:《刑事审判参考》(总第 106 集),法律出版社 2017 年版,第 186 页。

拿大,2011 年 7 月 23 日被遣返回国,2012 年 5 月 18 日被厦门市中级人民法院以走私罪和行贿罪判处无期徒刑,并处没收个人全部财产(人民币 2000 万元)。该案的特殊性在于,对于赖昌星的遣返,遇到了走私犯罪数额特别巨大可能判处死刑的问题,使遣返陷入僵局,这种局面一直到我国 2011 年 2 月通过《刑法修正案(八)》废除了走私罪的死刑,才得以解决。

因此,通过废除死刑,以终身监禁制度替代,既能满足向域外国家和地区提出引渡要求不至于被"死刑犯不引渡"的惯例所困扰,也能根据我国大陆的法律对外逃贪污受贿案件的罪犯作出正确的评价,满足适用刑法人人平等原则的要求。

2. 中国与相关国家和地区间对终身监禁制度达成的共识能够使"追逃追赃问题"得到更有效的解决

2014 年 11 月,中国首次通过国际文件的形式在 APEC《北京反腐败宣言》中,明确提出了加强反腐败追逃追赃等"中国主张";2016 年 9 月,中国在 G20 杭州峰会上推动通过了《二十国集团反腐败追逃追赃高级原则》和《二十国集团 2017—2018 年反腐败行动计划》,并设立了 G20 反腐败追逃追赃研究中心,推动了国际反腐合作的重心转向反腐败追逃追赃。2019 年 10 月,国家监察委首次与联合国签署合作备忘录。

在此基础上,如果各国和地区之间能够就腐败案件适用终身监禁达成共识,有利于加大对跨境腐败行为的打击力度和对涉案资产的追回力度,能够使"追逃追赃问题"得到更有效的解决。据统计,自 2014 年至 2020 年 6 月,全国共从 120 多个国家和地区追回外逃人员 7831 人,追回赃款 196. 54 亿元。①

3. 终身监禁是在替代死刑的语境下提出的,而死刑替代措施的理论研究是一个国际刑事法学界的共同话题

通过考察域外关于终身监禁的立法例可以发现,终身监禁制度是在替代死刑的语境下提出的。1764 年意大利法学家切萨雷 · 贝卡里亚撰

---

① 参见新华社:《以法治思维和法治方式深化反腐败国际合作——新时代我国反腐败国际追逃追赃工作回眸》,载中央纪委国家监委网,https://www. ccdi. gov. cn/yaowen/202011/t20201115_230061. html。

写了《论犯罪与刑罚》,明确提出废除死刑而以终身监禁取代的主张。此后,随着人权意识的增强和人权运动的发展,世界范围内废除死刑的运动蓬勃发展。在死刑废止的实践中,人们逐渐达成了共识:终身监禁可以替代死刑。

但是,对于什么样的终身监禁可以替代死刑,不同国家在不同时期给出了不同的答案。德国在 1949 年正式废除了死刑,代之以不可变更的终身监禁,直到 1981 年才修改为"终身自由刑 15 年后可以假释";美国大部分州采取不得减刑、假释的终身监禁,还有一部分州采取不允许假释,但可以减刑的终身监禁。由此可见,各国对于终身监禁是否可以减刑、假释,需要执行多久的自由刑后方可减刑、假释等问题仍在探索之中。

因此,深入研究终身监禁制度,有利于与世界各国和地区拥有共同的话题,在一定程度上达成共识,从而推动反腐败合作的顺利开展。

第二章　终身监禁制度的基本理论

第一节　终身监禁制度的概念、特征与类型

一、终身监禁制度的概念界分

终身监禁制度的设立最早可以追溯到19世纪初的《法国刑法典》，其将重惩役的自由刑分为终身与有期。[①] 之后，伴随国际社会废除死刑的呼声日益高涨，一些国家设立了终身监禁相关制度。

（一）终身监禁的概念

1. 关于“终身监禁”的语义解释

“终身监禁”这一名词源于对英美法系国家词汇“life sentence”或“life imprisonment”的直译，“life sentence”一般指判决刑期，从词源上分析是指不确定释放时间的长期监禁；“life imprisonment”则指犯人实际被执行的刑期。

《布莱克法律词典》将“终身监禁”解释为“一种关押罪犯终身的刑罚，尽管在一些司法管辖区罪犯因为好的行为或者改善等有可能获得释放资格”。域外刑法学界对“终身监禁”的外延并没有统一的界定，大多

---

① 参见陈兴良：《刑种通论》（第2版），中国人民大学出版社2007年版，第182页。

以本国的语言习惯作表述。

《剑桥英语词典》对“life imprisonment”的解释为“将某人关入监狱长期监禁，不规定释放时间，或在美国，将某人关押监禁直至死亡”。[①] 这种解释，主要指的是长期监禁，它包括有可能假释的“相对的终身监禁”，只是在美国则属于“羁押到死亡”的“绝对的终身监禁”。

通过对两大法系主要国家的考察可知，大致情况是：英美法系国家一般将其称为“终身监禁”，如英国、美国、荷兰。大陆法系国家一般将其称为“无期徒刑”，但《德国刑法典》称为“终身自由刑”，日本等国则称为“无期惩役和无期禁锢”，《俄罗斯联邦刑法典》规定为“终身剥夺自由”。此外还有“无期徒刑”“终身苦役”等表述，均有所不同。中国在可考证的资料上，将上述情况称为“无期徒刑”。

大体而言，终身监禁是永久性剥夺犯罪人的人身自由直到其生命终结为止的一种刑罚手段。至于终身监禁的目的，是否确定限于避免其再次威胁社会公共安全，尚有争议。

2. 关于“终身监禁”的学说观点

学界基于对终身监禁性质的不同理解，往往会在对其定义时，将关键词作不同的选择，由此也就产生了终身监禁的不同定义。归纳起来，大致有以下观点：(1)“终身监禁”一词是普通法系国家中“life sentence”或者“life imprisonment”的汉语译称。从“终身监禁”起源于死刑废除的话语体系中，其在英文中表达的用词是“life sentence”，这个“life sentence”是由法官宣告的判决，是指需要被终身监禁的，它是对于严重犯罪配置的刑罚的一个逻辑结论。然而，是否实际被终身监禁了，即是否“life imprisonment”[②]了，是需要根据罪犯的表现及一定程度上刑罚执行的制度来决定的。罪犯的表现是根本性的、最主要的，但立法对刑罚执行制度的规定也是很关键的。(2)终身监禁应当是对实施了严重犯罪行为的罪

① 原文是“the punishment of being put in prison for a very long time without anarranged time for release or, in the US, until death”。

② 根据剑桥英语词典对该词的解释“the punishment of being put in prison for a very long time without anarranged time for release or, in the US, until death”。

犯的人身自由予以终生剥夺的刑罚,即以对人身自由终生剥夺的方式对罪犯科处的刑罚。[①] (3)终身监禁是国家机关对犯罪分子进行关押,即限制其人身自由直至生命终止的一种刑罚手段。[②] (4)我国的终身监禁,指的是对重特大贪污受贿的犯罪分子,依法被判处死缓减为无期徒刑的同时,决定采取的不得减刑、假释的刑罚执行措施。[③] (5)终身监禁,是指永远剥夺犯罪人的人身自由直到其死亡或失去犯罪能力以避免其再次威胁社会公共安全的一种惩罚手段。这一概念有意将其与作为刑种的"终身监禁刑"相区别,认为"终身监禁刑是自由刑(限制犯罪人人身自由的刑罚)中最严厉的一种,旨在通过永久或较长时间限制犯罪人的人身自由,达到防止犯罪人再次危害社会的目的的一种刑事惩罚措施"。[④] (6)终身监禁,是指剥夺犯罪分子的人身自由并将其羁押在固定的场所中,剥夺自由的期限是犯罪分子的余生。[⑤]

概括来说,终身监禁概念的共性可以从两个方面进行归纳:一方面,终身监禁不同于非自由刑、非监禁刑,终身监禁是剥夺犯罪分子的人身自由并将其关押在固定的场所中的;另一方面,终身监禁与有明确期限的自由刑、监禁刑也不同,终身监禁是剥夺犯罪分子余生的自由。

3. 笔者对"终身监禁"含义的理解

终身监禁,作为一个概念,需要从两个方面予以把握。一是其内涵,它揭示终身监禁的本质属性;二是其外延,它划定终身监禁与其他概念(范畴)之间的界限。

就内涵而言,需要准确定义终身监禁的属性。只有在准确把握了终身监禁的核心词之后,才能逐步按照逻辑的要求,将其特性概括出来并将其与其他非本质属性剥离开来。那么,终身监禁的核心关键词是什么呢?

---

① 参见马微:《终身监禁制度研究》,武汉大学 2017 年博士学位论文,第 22 页。

② 参见孙亚超:《论我国刑法上的终身监禁制度》,广东财经大学 2019 年硕士学位论文,第 1 页。

③ 参见赵东:《我国终身监禁制度研究》,西南政法大学 2019 年博士学位论文,第 9 页。

④ 王利、王一卒:《论我国〈刑法修正案(九)〉终身监禁制度的内涵及功能》,载《菏泽学院学报》2017 年第 3 期。

⑤ 参见李贵方:《自由刑比较研究》,吉林人民出版社 1992 年版,第 87 页。

笔者认为，对于终身监禁的定义，可以按照下面的方式进行逻辑推演：

(1)终身监禁是“刑罚理论”和“刑罚实践”的产物

有学者从“制度源起、概念辨析、理论基础和价值等部分对终身监禁的刑罚理论”进行了研究，从“制度立法、司法和执行等部分对终身监禁的刑罚实践”进行了研究。[①] 虽然对终身监禁是否就等于是“刑罚”这一特定概念，尚可以有不同的观点，但终身监禁具有“刑罚属性”或者它属于“刑罚范畴”，则是毋庸置疑的。

(2)终身监禁是无期徒刑适用中的一种类型

在刑罚发展史上，我们可以清晰地看到，中国传统刑法立法中没有“终身监禁”的概念。与此相关联的是“无期徒刑”的概念。

但是，在域外国家或地区的刑法立法对刑罚的专门规定中，有“终身监禁刑”的概念，拉丁文是 vita custodia，英文是 life in prison，life imprisonment，法文是 emprisonnement à vie，德文是 lebenslange Freiheitsstrafe，俄文是 пожизненное заключение。在域外刑法中的终身监禁，它整体所表达的意思是“一生被监禁”，但并不排除对罪犯的减刑、假释。因此，从理论上，域外的终身监禁可分为两种：一种是“牢底坐穿”的终身监禁，另一种是服刑一段时间获得自由的“终身监禁”。这与我国的“无期徒刑”在执行结果上是相同的。

然而，二者也还有些重要区别。简要地说，域外的终身监禁刑实际是否“牢底坐穿”，取决于执行过程中罪犯的表现，如果表现得好，可以减刑、假释，它处在刑罚的执行环节。中国刑法规定的终身监禁，实际是否“牢底坐穿”与执行过程中罪犯的表现无关，它是在法院判决时确定下来的，处在刑罚的适用环节，由此也显示了中国刑法中终身监禁的严厉性。

(3)终身监禁是以排除减刑、假释适用为前提的

无论是以实际执行过程中不符合减刑、假释条件而导致终身监禁的，还是在实际执行过程中不允许被减刑、假释而终身监禁的，都是排除了减

---

① 参见马微：《终身监禁制度研究》，武汉大学2017年博士学位论文。

刑、假释的适用。

需要特别指出的是，在中国刑法规定的终身监禁中，规定了针对无期徒刑的减刑禁止。《刑法》第 383 条第 4 款的条文是这样规定的：对于“被判处死刑缓期执行的，人民法院根据犯罪情节等情况可以同时决定在其死刑缓期执行二年期满依法减为无期徒刑后，终身监禁，不得减刑、假释”。这当中，有一个“死缓减为无期徒刑的减刑”，这个“减刑”是死缓制度的组成部分，与通常“减刑、假释”的“减刑”不同，不能混为一谈。

（4）终身监禁是强化刑罚威慑力的宣示

在刑罚功能上，通常认为刑罚有对犯罪人的功能、对被害人的功能和对社会的功能。其中，对社会的功能包括以下三个方面：一是威慑功能，二是教育功能，三是鼓励功能。所谓“威慑功能”，是指刑罚以其具有剥夺权利的强制力使人畏惧而不敢犯罪。而“终身监禁”只是增强刑罚威慑功能的一种手段或方式。因为，根据《刑法》第 383 条第 4 款的文字结构，可以发现，即使删除了“终身监禁”四个字，也不影响这个条文表达的意思的完整性和准确性。而写上这四个字，则是充分利用了刑法立法展现刑罚威慑力的多环节组合。刑罚理论的共识和刑事司法实践的经验均表明，“刑罚的威慑功能体现在立法、裁判和执行三个阶段中。在立法阶段，国家通过刑法规定具体犯罪的刑罚，使有犯罪危险倾向的人不敢作案；在裁判阶段，通过司法机关对犯罪人的具体犯罪适用刑罚，使那些不稳定分子清楚犯罪所给予的惩罚的严厉性，从而放弃犯罪；在执行阶段，通过犯罪人被判处刑罚的实际执行，向社会昭示犯罪人身受执行刑罚之苦，回心向善”。[①] 因此，现行《刑法》对“终身监禁”的描述，只是从一个侧面展现了预防的刑罚功能。因为贪污受贿入狱的国家工作人员被褫夺公职、仕途终结而无再犯能力。但是刑罚目的的预防论不仅包括针对犯罪分子本人的特殊预防，更包括针对社会公众尤其是其他潜在的犯罪行为人的一般预防。如贝卡里亚所言，“对人类心灵发生较大影响的，不是刑罚的强烈性，而是刑罚的延续性”。所以说，终身监禁的社会威慑力不

① 楼伯坤主编：《刑法学》，浙江大学出版社 2021 年版，第 209 页。

容置疑。

据此,笔者认为,中国刑法中的“终身监禁”是指对无期徒刑被排除减刑、假释后为增强刑罚威慑力的一种制度性宣示。

需要指出的是,在概念上,也可以说是观念层面,需要讨论的话题是:在中国近代刑法上是否曾经有与《刑法》第383条规定同义的“终身监禁制度”?有学者提出,在研究终身监禁制度时,“对我国终身监禁的近代发展与现状予以了介绍”①这是容易引人误解的。按此说来,在中国近代就有终身监禁制度了。那么,这个“终身监禁”与“无期徒刑”是什么关系呢?想必是指同一个概念,即终身监禁就是无期徒刑,否则就会出现概念不统一的问题。

(二)终身监禁制度的概念

终身监禁制度,是指国家通过立法确立的永久限制或者剥夺犯罪人人身自由的一系列规则、方法、措施所形成的刑罚制度的总称。它具有刑罚来源、规范、应用、操作和评价的全流程内容。从完整的系统层面来看,终身监禁制度包括以下一些构成要素。

1. 终身监禁刑(无期徒刑)

终身监禁刑,即无期徒刑(以下同),是指在刑罚体系中确立的一种对被告人判处终身剥夺自由在监狱予以监禁的刑罚方法。终身监禁刑的特点是:(1)终身监禁刑以剥夺自由为内容,其刑罚本身不涉及生命权、财产权或者名誉或资格等内容。(2)终身监禁刑与一般的有期徒刑、拘役(劳役)刑不同,它的刑期比较长,在理论上与罪犯的寿命相等,含有“活多久就监禁多久”的意思。(3)终身监禁刑是法定刑,在刑法适用的环节,终身监禁刑的执行,最终的结果不一定是“监禁终身”(牢底坐穿),被判处终身监禁的罪犯,在没有被限制减刑、假释的情况下,就有通过减刑、假释获得自由的可能性。

终身监禁刑是终身监禁制度的核心内容。(1)它是终身监禁成立的前提。终身监禁,无论是从立法上将其设定成“监禁终生”还是实践中将

① 马微:《终身监禁制度研究》,武汉大学2017年博士学位论文,“中文摘要”。

其执行成“监禁终生”,都是因为被判处了“终身监禁的刑罚”。(2)终身监禁刑是终身监禁制度的首要要素。也就是说,无论是从法律形式上的“无期徒刑”被限制减刑、假释后,实际成为“活多久,关押多久”的终身监禁,还是在制度设计上就是“永久关押”的终身监禁,都是这项制度存在的依据。没有终身监禁刑的刑罚元素,就不会有终身监禁制度的奠基内容。(3)终身监禁刑是连接立法与司法的桥梁。立法上终身监禁刑的确立为司法适用提供了规范依据,司法上终身监禁结果的出现是完成立法设定的目标,乃至追求法治、政治任务的具体体现。

2. 终身监禁的方法、措施

终身监禁的方法措施,是指对被判处终身监禁的罪犯进行监禁羁押的具体手段和方式。对罪犯的监禁,各国所采取的方法大体上是相同的,一般来说,是采用将罪犯羁押在特定的监狱。在影响力层面可以对监狱命名,以增强对罪犯的威慑力和感化效应。

在刑法理论上,尚未见到对终身监禁的具体方法进行总结探究,可资借鉴的文献资料也很少。而从监狱部门的实际状况看,对于终身监禁的罪犯的监管是与其他有期徒刑罪犯基本一样的,重在劳动改造、掌握技能。从笔者与监狱部门工作人员有限交流所获得的信息来看,针对终身监禁的罪犯,还可能采取的方法措施包括:(1)专项学习,以提高对服刑意义的认识。终身监禁罪犯首先面临的一个问题是“改造是为了什么”?因为,在自由刑的框架里,是不涉及生命的,就意味着改好了是可以回归社会的。然而,对于终身监禁的罪犯,司法给他的一个结论是不能回归社会。因此,正确认识生命的意义与社会的范围,就显得特别重要。这是需要有专门的人员,站在人与社会的高度上,进行深度思考才可能认识到的。(2)心理辅导。除了帮助对“监禁终生”“自由权利”等重要范畴的理解、把握外,对于终身监禁的罪犯往往会遇到心理障碍问题进行辅导。

3. 终身监禁的后果

终身监禁的后果,就是终生被剥夺自由,并被实际执行。因此,自由被剥夺完毕是终身监禁的内在要求和外部评价标准。此外,对于被判处终身监禁的罪犯,各国的刑罚制度都配置了与“终生自由权”相关的权利的处理，如剥夺政治权利、没收财产等与人身自由相关的财产权利、政治权利和资格。

4. 终身监禁的救济手段

终身监禁的救济手段，是指在被判处终身监禁后，存在哪些方式方法可以使终身监禁不再成立，或者直接被释放而获得自由，或者转为自由刑而获得在服刑一段时间后被释放的可能性。它是改变终身监禁结局的方式方法和措施。

终身监禁救济通常发生在两个场合：第一，在诉讼程序中，也就是在判决生效前的救济。依据我国刑事诉讼法的规定，刑事案件实行“两审终审制”，在一审作出“终身监禁”的判决后，对该判决结果不服而进行上诉。这是常见的法定救济方法。第二，在一审或者二审程序结束，判决生效后的救济。它发生在判决的执行过程中，由于对于确定的终身监禁已经没有减刑和假释的可能性，因此，这种救济只能依赖于赦免等特别制度才有可能。申言之，第二种制度是相对被动的，罪犯没有主动行使救济的条件。

鉴于终身监禁救济手段的有限性，就需要在构建终身监禁制度时进行法益平衡，重点设置对终身监禁救济措施的启动可能性及其具体条件。

上述四个方面的内容，构成了一套完整的终身监禁制度。

（三）终身监禁制度与相关概念的关系

1. 终身监禁与死刑（死缓）的关系

在当代中国，死刑仍需要留存一段时间。无论死刑的范围多小、适用率多低，死刑在中国刑法体系中的地位还是不可或缺的。“死刑所具有的威慑和示范效应还是执政者和立法者在实现社会治理方面较为依仗的方式之一。”[①]关于终身监禁与死刑（死缓）的关系，学界大致有三种观点。

第一种观点认为，终身监禁本质属于死缓的执行方式。这是从我国刑法规定的立场出发提出的主张，其主要理由有三个：一是认为终身监禁适用的前提是被告人因犯贪污罪、受贿罪被依法判处死刑缓期执行；二是

① 马微：《终身监禁制度研究》，武汉大学2017年博士学位论文，“中文摘要”。

因为“终身监禁”的后果不是在死缓执行完毕之后确定的，而是在死缓判决确定时决定的；三是认为人民法院作出终身监禁的决定，依据的是行为人被判处死缓之前的表现，即“犯罪情节等情况”，而不是依据行为人在死缓考验期间的执行情节。[①]

第二种观点与第一种观点相反，认为终身监禁虽然与死刑（缓期执行制度）有一定的关联性，但其并不是死刑缓期执行的执行方式。其主要理由是：“执行方式”是刑罚执行过程中的具体方式，如死刑立即执行的执行方式有枪决和注射，[②]甚至在国外还有石刑。[③] 而终身监禁并不是死刑（死缓）的执行方式。

第三种观点认为，终身监禁是死缓适用中的特殊情形。这种观点的前提是：终身监禁与“实质上的无期徒刑”在法律效果上是相似的，但我国刑法中并不存在“实质上的无期徒刑”的概念。尽管对于“终身监禁”与死刑的关系有执行措施或者执行方式（方法）之争，但其认为“无论是执行措施，还是执行方法，又或者是执行方式，都只是表述上的不同，学者们想要表达的实质含义基本是一致的，都是指在适用死缓（从属于死刑刑种的制度）时的一种特殊的情形”[④]。

笔者认为，终身监禁与死刑（死缓）的关系，需要把握两个方面：第一，终身监禁刑与死刑的关系。作为与死刑对应的终身监禁，是指终身监禁刑，在我国就是指“无期徒刑”（以下具体论述）。第二，终身监禁作为监禁方式，它是执行刑罚的形式，需要对应的是死刑缓期执行的措施。因此，终身监禁与死刑的关系，从形式上来看，是两种不同刑种的关系，终身监禁是轻于死刑的刑罚措施；但从实质上来看，死刑是剥夺生命的刑罚方法，它属于“生命刑”，而终身监禁是剥夺终身自由的刑罚方法，它属于

---

① 参见赵秉志、商浩文：《论死刑改革视野下的终身监禁制度》，载《华东政法大学学报》2017 年第 1 期。

② 参见朱建华、甄航：《“不得减刑、假释”终身监禁适用的溯及力证成》，载《西南政法大学学报》2017 年第 6 期。

③ 石刑，是一种钝击致死的死刑执行方式，即埋入沙土用乱石砸死。它存在于早期伊斯兰教法的一些国家，如阿富汗、伊朗、伊拉克、苏丹等国。

④ 俞相：《“终身监禁”制度的法律属性及其功能审视》，载《法制与经济》2018 年第 2 期。

“自由刑”。可见,在我国讨论终身监禁与死刑(死缓)的关系,实质上就是讨论在判处死刑不是立即执行的情况下,通常会在二年后将执行刑罚变成无期徒刑,但对其限制减刑、假释。①

2. 终身监禁与无期徒刑的关系

国外的终身监禁是终身监禁刑产生的实际执行后果。绝对的终身监禁和相对的终身监禁,只是在制度层面设定了是否与减刑、假释相容的问题。绝对的终身监禁是不可假释的终身监禁;相对的终身监禁是可假释的终身监禁。在没有排除赦免的情况下,不可假释的终身监禁事实上也不是完全绝对的。

在我国,虽然无期徒刑与国外的终身监禁刑是性质相同的。但是,就终身监禁(关到死)的角度来讲,我国没有这样的刑罚种类和刑罚执行制度。有学者说:“终身监禁不过是通过限制减刑、假释或者延长服刑期限而对无期徒刑进行的改造而已。排除具体执行方式的差异后,其与无期徒刑并无本质区别。”②因此,主张将终身监禁制度纳入无期徒刑中进行改造。

为了全面了解我国刑法中“终身监禁”与无期徒刑的关系,我们需要考察“无期徒刑”的历史。

“无期徒刑”出现在我国刑法典中,应当是在清朝末年。在中国刑罚史上,尽管各朝各代出现了不同内容的监禁刑、自由刑,但其名称都是没有涉及终身自由的。发展到清朝比较完整的“五刑”为“笞、杖、徒、流、死”,“流”只是发配到遥远的地方去(当然自由也是被控制的),但其侧重点并不在于“永久”或者“终身”。由此可见,无期徒刑是在清末法学家沈家本修律的过程中引进的刑罚概念,在《大清新刑律》中将无期徒刑作为主刑之一作了规定。

通过前期研究发现,在刑罚理论上可见的文献资料表明,研究人员在

---

① 在制度层面,还有赦免这种特殊的获得自由的规定,但如果不是为“某一类犯罪”特办的,或者不是针对“终身监禁”的罪犯设计的,则意味着没有释放可能性。

② 赵秉志、商浩文:《论死刑改革视野下的终身监禁制度》,载《华东政法大学学报》2017年第1期。

认识和处理这二者关系上，常常会出现两个方面的错误：一是将国外的“终身监禁”与我国的“终身监禁”混同起来；二是将我国的“无期徒刑”与我国的“终身监禁”混同起来。笔者认为有专门澄清的必要。

关于第一个错误，是将国外的“终身监禁”与我国的“终身监禁”混同起来。有学者曾经这样描述其研究路径，“本文对终身监禁制度研究的逻辑起点为国外的终身监禁，即对终身监禁的概念、性质、类型、特征和价值进行论述，随后将研究视角转向我国的终身监禁制度”。① 很明显，该作者未将域外的“终身监禁”与我国的“终身监禁”从实质上入手进行研究，而是把这四个字的汉语等义对待，没有对我国“无期徒刑”在刑法中客观存在予以足够关注。

应当承认，终身监禁与无期徒刑是具有契合的一面的。虽然域外将终身监禁分成“可假释的终身监禁”与“不可假释的终身监禁”，但就其基础的“终身监禁刑”与我国的无期徒刑是具有不少相似之处的。概括地说，至少有这样几个方面的相同或高度相似点：(1)可假释的终身监禁与无期徒刑(本身)都设置了最低服刑年限；(2)一般意义上的终身监禁(未限制假释的终身监禁)与无期徒刑一样，都可能被中途释放。

关于第二个错误，是有人将我国的“无期徒刑”与我国的“终身监禁”混同起来。如有学者对终身监禁的执行场所和执行变更进行了研究，通过对执行变更方面需要从终身监禁与假释和特赦制度的关系分析，就终身监禁假释标准的确立和假释决定主体的选择提出了自己的意见。② 很明显，我国目前的终身监禁是以“排除假释”为前提的，它不涉及假释的适用问题；如果要谈论终身监禁的假释问题，势必是将该终身监禁放在无期徒刑的位置上在讨论的。

需要特别注意的是：“终身监禁”不是直接适用于无期徒刑的。也就是说，终身监禁作为可能产生的实际后果，它是在被判处无期徒刑的罪犯由于自身的表现无法得到减刑、假释的情况下，所形成的一种实际后果。

---

① 马微：《终身监禁制度研究》，武汉大学2017年博士学位论文，“中文摘要”。

② 参见马微：《终身监禁制度研究》，武汉大学2017年博士学位论文，“中文摘要”。

从理论上分析,我国的终身监禁与无期徒刑是有重要差别的。

第一,在刑法上的地位不同。我国的无期徒刑反映在《刑法》上具有明确的指导地位。我国《刑法》体系分为总则、分则和附则三部分,其中,《刑法》总则是关于犯罪、刑事责任和刑罚的一般规定,《刑法》分则是对具体犯罪的罪状要求和刑罚设定。《刑法》总则对《刑法》分则具有指导性和引领性的作用。《刑法》总则的规定内容可以应用于《刑法》分则中。就刑罚而言,我国对刑种的规定是在《刑法》总则中的,《刑法》第 32 条规定"刑罚分为主刑和附加刑",第 33 条规定了管制、拘役、有期徒刑、无期徒刑和死刑五种主刑,第 34 条规定了罚金、剥夺政治权利、没收财产三种附加刑,第 35 条规定了"驱逐出境"一种特别附加刑。除此之外,就没有刑罚的具体内容了。而"终身监禁"是被规定在《刑法》第 383 条中的,是对具体《刑法》分则内容的规定,处于《刑法》分则的地位,只适用于该条文本身,对其他具体犯罪的定罪、量刑没有指引和约束功能。

第二,刑罚功能的构成元素不同。从静态来看,无期徒刑(域外称"终身监禁刑")是一种完整的刑罚种类,它体现的就是"终身自由"的权利禁止内容。而我国的"终身监禁"(域外的"绝对终身监禁")是"无期徒刑"加上"不得减刑、假释"两个部分构成的。前者是刑罚种类,后者是刑罚执行制度,是两个要素的组合。从动态来看,无期徒刑的选择适用是在法定的刑种范围(如"十年以上有期徒刑、无期徒刑或者死刑""无期徒刑或者死刑")内挑选刑种;而终身监禁则是在挑选了死刑(死缓)后,为了防止依照法定规则在死缓改变成无期徒刑甚至有期徒刑后,继续获得减刑、假释的条件而作的一种(反向)设计。因此,我国的终身监禁是在"刑罚体系"(刑种)、"刑罚适用"(量刑)与"刑罚执行"(减刑假释)三个方面同时考量后得出的一个结论,是通过刑事司法机制达成的。

第三,可选适用的罪名范围不同。在我国,无期徒刑可以普遍适用于各种严重犯罪中,只要该罪配置有"无期徒刑"这一刑种,而犯罪分子的犯罪情节达到了严重程度,需要判处较重的剥夺自由的刑罚(不需要剥夺生命),就都可以适用。而终身监禁的适用范围很窄,它只能适用于贪污罪、受贿罪这两种特定的犯罪,并且只针对这两种犯罪中数额特别巨大或者有其他特别严重情节并使国家和人民利益遭受特别重大损失的才可以适用。

第四,导致的实际法律后果不同。无期徒刑的法律后果大致可以表现为两种情况:一种情况是通过减刑、假释,获得了自由的可能;另一种情况是不能被减刑、假释,或者虽然可以被减刑、假释但罪犯的服刑表现达不到适用减刑、假释的条件而没有被减刑、假释。前一种情况是比较常见的,它是刑罚设置人道化的体现。一般来说,被判处了无期徒刑的犯罪分子仅就该项刑罚处罚本身而言,其应当终身在监禁场所服刑,终身没有自由;但实际上当上述刑罚处罚结果被配置以减刑、假释这些普遍适用的执行方式后,很少有被判处无期徒刑的犯罪分子终生在监狱服刑的,被判处无期徒刑的犯罪分子,只要在服刑期间好好改造,达到减刑、假释的条件就能够获得自由。后一种情况则分为制度设置的阻隔和实际表现的缺失。也就是说,“不能被减刑、假释”是出于法律的禁止,或者经由法律的授权,犯罪分子不能通过其主观努力而获得减刑、假释的资格(可能性);“虽然可以被减刑、假释但罪犯的服刑表现达不到适用减刑、假释的条件而没有被减刑、假释”,这实际上是前一种情况的一种“少数例外”,它表明制度设计上给了犯罪分子改过自新、重新获得自由的可能性,但犯罪分子没有良好表现,不符合减刑、假释的条件而未能出狱。

3. 终身监禁与死刑替代措施的关系

终身监禁是否可以作为死刑替代措施,刑法学界主要有两种观点:一种观点主张终身监禁可以作为死刑替代措施,[①]即在死刑废除后,只要规定无期徒刑不可减刑、假释,就可以成为死刑缺位后的刑罚;另一种观点主张终身监禁不可以作为死刑替代措施,终身刑替代死刑不过是以一种

---

① 高铭暄教授认为,一些国家废除死刑后,对最严重犯罪适用不得假释的终身监禁,同时将其与减少同意假释、宽恕或者改变刑罚相匹配。“废除死刑不一定非得找个替代措施。但是为了体现国家惩治严重犯罪的力度,打消公众在废除死刑后对严重罪犯重返社会的担忧,重要的是获得公众对废除死刑的支持,终身监禁可能是最好的死刑替代措施。”参见《学者建议立法以终身监禁代替死刑 打消公众担忧》,载东方律师网,https://www.lawyers.org.cn/info/c620865f38ba7bd7ac55b0e6d32b4a7d,最后访问日期:2022年3月2日。

"死刑"替代另一种死刑，同时终身刑的设置并不利于死刑的废除。[①]

笔者认为，终身监禁可以成为死刑的替代措施。也就是说，当不适用死刑（在中国还包括死缓）时，应当用无期徒刑予以替代。用无期徒刑替代的好处在于：不会剥夺罪犯的生命，而仅是对自由的剥夺。但为了在制度设计上实现罪责刑相适应的要求，就需要强化无期徒刑在执行中的严肃性和严厉性。为此，就需要对无期徒刑进行改良。根据无期徒刑在有期徒刑与死刑中的衔接地位，借鉴国外实际执行无期徒刑的经验，宜采用设置无期徒刑先予关押期的方法：先予关押期的期限为10年，在这个期限内，罪犯一律不得被减刑或假释，待先予关押期届满后，再根据罪犯的悔罪、立功情况和人身危险性强弱，综合考虑是否给予减刑、假释。[②]

（1）终身监禁与死刑替代措施的覆盖面

在总体上认可废除死刑的条件下，具有替代功能的措施，包括了无期徒刑、长期自由刑。它们被认为可作为死刑缺位之后的立法选择，同时需要将减刑、假释制度予以有效配合适用。[③]

在刑法上，需要考虑的是终身监禁是否能够作为全部死刑的替代措施？也就是说，在中国刑法依然保留的46个死刑，是否都可以用终身监禁进行替代？比如故意杀人罪，为了控制死刑的适用，是否可以用终身监禁替代该罪的死刑？笔者认为是可以做到的。因为《刑法》第50条第2款规定，"对被判处死刑缓期执行的累犯以及因故意杀人、强奸、抢劫、绑架、放火、爆炸、投放危险物质或者有组织的暴力性犯罪被判处死刑缓期执行的犯罪分子，人民法院根据犯罪情节等情况可以同时决定对其限制减刑"；第81条第2款规定，"对累犯以及因故意杀人、强奸、抢劫、绑架、放火、爆炸、投放危险物质或者有组织的暴力性犯罪被判处十年以上有期徒刑、无期徒刑的犯罪分子，不得假释"。根据这两个条文，我们至少可以得出这样的结论，因故意杀人罪、强奸罪、抢劫罪、绑架罪、放火罪、爆炸

① 参见张明楷：《死刑的废止不需要终身刑替代》，载《法学研究》2008年第2期。

② 参见高铭暄、楼伯坤：《死刑替代位阶上无期徒刑的改良》，载《现代法学》2010年第6期。

③ 参见赵秉志：《中国死刑替代措施要论》，载《学术交流》2008年第9期。

罪、投放危险物质罪或者其他有组织的暴力性犯罪被判处无期徒刑的罪犯,从制度层面已经被确定为终身监禁了。

(2)终身监禁与死刑替代措施的分离点

终身监禁,无论是从刑种的终身监禁刑(无期徒刑)还是实际被“关到死”的刑罚结果,都只是表明终身监禁具有或者实现了增强自由刑的刑罚效果。因此,从观念上来讲,终身监禁是除死刑之外的体现最严厉刑罚效果的措施。在具体犯罪不配置死刑,或者虽然配置死刑但实际没有适用死刑的场合,终身监禁(通过终身监禁刑、无期徒刑执行方式的选择)是当之无愧的“接替者”。

在已有的研究成果中,笔者发现有个别学者将死刑替代措施与死刑执行方式的关系混为一谈。有学者提出,“终身监禁不可能成为死刑的执行方法”。[①] 而事实上,国外的终身监禁实际上是指“终身监禁刑”,而我国的终身监禁是在“执行无期徒刑”前提下配置“限制减刑、假释”的组合,它并不是一个独立的“处罚方法”。能够替代“死刑”的,从理论上说,它只能是“刑种”(如“无期徒刑”),终身监禁(不是指终身监禁刑)不是刑种,因此,在逻辑上它就不具备担当“死刑替代”的资格。这就意味着“终身监禁”与“死刑替代措施”是分离的,不能想当然地将它们连接起来。

4. 终身监禁与减刑、假释的关系

在已有学者的研究成果中可以发现,有一些学者主张“终身监禁”不是刑罚执行措施,其主要理由是认为“刑罚执行措施是如刑罚执行中的减刑、假释,法院依据的是已决犯在执行刑罚过程中的表现而决定是否适用减刑、假释等相关刑罚执行制度”[②]。而终身监禁不具备这样的条件。

(1)终身监禁与减刑

根据我国《刑法》第78条的规定,减刑是指被判处管制、拘役、有期徒刑、无期徒刑的犯罪分子,在刑罚执行期间,如果认真遵守监规,接受教

① 俞相:《“终身监禁”制度的法律属性及其功能审视》,载《法制与经济》2018年第2期。
② 俞相:《“终身监禁”制度的法律属性及其功能审视》,载《法制与经济》2018年第2期。

育改造,确有悔改表现,或者有立功表现的,将原判刑罚予以减轻的制度。

减刑不同于改判和减轻处罚。改判是指原判决有错误,依照二审程序或者审判监督程序,撤销原判决而重新作出判决。改判的结果多种多样,改判的结果既可以加重原判决的刑罚,也可以减轻原判决的刑罚。减刑并不改变原判决,而是在肯定原判决正确的基础上,基于法定原因对原判决的刑罚予以减轻。减刑与减轻处罚的区别也很明显,减轻处罚属于量刑过程,减轻的参照标准是法定刑,而不是已经发生效力并且已经执行的宣告刑。这种减刑既可以是刑种的变更,如将无期徒刑变更为有期徒刑、有期徒刑变更为拘役,也可以是刑期的减少,如将管制、拘役、有期徒刑等有幅度的刑罚分割刑期。

第一,"减刑"与"减为"的含义不同。刑法上的减刑,是指被判处一定刑期的犯罪分子,在刑罚执行期间,表现良好,符合法定减刑条件,对其的刑罚予以减轻的制度。

这里需要讨论的是两个问题:一是从死缓到无期徒刑或者有期徒刑的过渡方法,是不是可以称为"减刑"?二是从无期徒刑到有期徒刑的过渡方法,是不是可以称为"减刑"?

为了搞清楚刑法中"减刑"的实质含义,我们先梳理相应的刑法条文。

首先,在《刑法》总则中,用"减刑"这一专业术语表述的法条主要有以下4个条文:《刑法》第50条第2款规定:"对被判处死刑缓期执行的累犯以及因故意杀人、强奸、抢劫、绑架、放火、爆炸、投放危险物质或者有组织的暴力性犯罪被判处死刑缓期执行的犯罪分子,人民法院根据犯罪情节等情况可以同时决定对其限制减刑。"第78条规定:"被判处管制、拘役、有期徒刑、无期徒刑的犯罪分子,在执行期间,如果认真遵守监规,接受教育改造,确有悔改表现的,或者有立功表现的,可以减刑;有下列重大立功表现之一的,应当减刑。"第79条规定:"对于犯罪分子的减刑,由执行机关向中级以上人民法院提出减刑建议书。人民法院应当组成合议庭进行审理,对确有悔改或者立功事实的,裁定予以减刑。非经法定程序不得减刑。"第80条规定:"无期徒刑减为有期徒刑的刑期,从裁定减刑之日起计算。”

其次，在《刑法》中，用“减为”这一专业术语表述的法条主要有以下5个条文：《刑法》第50条第1款规定：“判处死刑缓期执行的，在死刑缓期执行期间，如果没有故意犯罪，二年期满以后，减为无期徒刑；如果确有重大立功表现，二年期满以后，减为二十五年有期徒刑……”第51条规定：“……死刑缓期执行减为有期徒刑的刑期，从死刑缓期执行期满之日起计算。”第57条第2款规定：“在死刑缓期执行减为有期徒刑或者无期徒刑减为有期徒刑的时候，应当把附加剥夺政治权利的期限改为三年以上十年以下。”第78条第2款第3项规定：“人民法院依照本法第五十条第二款规定限制减刑的死刑缓期执行的犯罪分子，缓期执行期满后依法减为无期徒刑的，不能少于二十五年，缓期执行期满后依法减为二十五年有期徒刑的，不能少于二十年。”第383条第4款规定：“犯第一款罪，有第三项规定情形被判处死刑缓期执行的，人民法院根据犯罪情节等情况可以同时决定在其死刑缓期执行二年期满依法减为无期徒刑后，终身监禁，不得减刑、假释。”

根据上述条文，在《刑法》中的“减刑”“减为”是同一个意思，即把重的刑罚变轻了，统称为“减刑”。

然而，从逻辑要求来看，将不同性质的刑种的改轻，称之为“改为”比较好。即死刑缓期执行“改为”无期徒刑，无期徒刑“改为”有期徒刑，有期徒刑“改为”拘役等。而在相同性质的刑种的改轻，则可以用“减刑”，它实质上指的是“减刑期”。

第二，终身监禁与减刑关系的具体形态。从我国刑法对终身监禁的规定来看，终身监禁是不能减刑的。也就是说，终身监禁与减刑是排斥的关系。但是，如果将终身监禁作为实际终身服刑的角度来看，它是犯罪分子没有达到法定减刑条件的后果。

所以，从制度层面来看，源自死缓的无期徒刑不得减刑（假释），限制了减刑制度实施的可能性。这仅限于贪污罪和受贿罪两种犯罪。但是，在单纯无期徒刑的层面，也存在一种实际上终身监禁的情况（尽管数量比较少）。

由此可见,《刑法》第383条第4款规定的是,人民法院根据犯罪情节等情况可以同时决定在罪犯死刑缓期执行二年期满"依法"减为无期徒刑后,终身监禁,不得减刑、假释。那么,是否意味着"依法没有减为无期徒刑"就排除了"不得减刑、假释"的可能性呢?这里需要分析三种情况:

第一种情况是,死缓的罪犯在执行期间,有故意犯罪、情节恶劣,就执行死刑;或者有故意犯罪、情节没有达到恶劣程度,继续实行考验期,死缓执行期限重新计算。这都不涉及减刑、假释的问题。

第二种情况是,死缓的罪犯在执行期间,没有故意犯罪,2年期满以后,减为无期徒刑,这涉及减刑、假释的问题。如果限制了减刑、假释的适用,其结果是终身监禁。

第三种情况是,死缓的罪犯在执行期间,没有故意犯罪,而有重大立功表现,2年期满以后,减为25年有期徒刑。这也涉及减刑、假释的适用。即使限制了减刑、假释的适用,[①]也不会导致终身监禁的后果。这是因为,终身监禁的预期结果作出时,并没有排除出现重大立功时"依法"减为25年有期徒刑的可能性。因此,主张"死缓犯在死刑缓期执行期间有重大立功表现减为有期徒刑,与死缓犯在减为无期徒刑的执行期间有重大立功表现减为有期徒刑,应当遵循协调一致原则"。[②]

(2)终身监禁与假释

我国《刑法》第81条第1款规定:"被判处有期徒刑的犯罪分子,执行原判刑期二分之一以上,被判处无期徒刑的犯罪分子,实际执行十三年以上,如果认真遵守监规,接受教育改造,确有悔改表现,没有再犯罪的危险的,可以假释。如果有特殊情况,经最高人民法院核准,可以不受上述执行刑期的限制。"因此,在概念上,假释是指被判处有期徒刑、无期徒刑的犯罪分子,在刑罚执行达到一定期限后,因确有悔改表现,不致再危害

---

① 如《刑法》第50条第2款规定:"对被判处死刑缓期执行的累犯以及因故意杀人、强奸、抢劫、绑架、放火、爆炸、投放危险物质或者有组织的暴力性犯罪被判处死刑缓期执行的犯罪分子,人民法院根据犯罪情节等情况可以同时决定对其限制减刑。"第81条第2款规定:"对累犯以及因故意杀人、强奸、抢劫、绑架、放火、爆炸、投放危险物质或者有组织的暴力性犯罪被判处十年以上有期徒刑、无期徒刑的犯罪分子,不得假释。"

② 张雅丽:《终身监禁的基本问题》,载《研究生法学》2017年第3期。

社会,而附条件地予以提前释放的制度。

这个制度对于改造重刑犯具有特别重要的意义。一方面,假释制度使自由刑起到了不定期刑的作用,它鼓励被剥夺较长自由的受刑人积极改造,即使被判处的刑期较长乃至无期徒刑,也有提前出狱、重返社会的可能,在预防其再犯罪上起到了预防作用。另一方面,假释制度使受刑人在狱外改造,避免不必要的刑罚执行,有助于节省司法资源,推进行刑社会化的发展。

为了更加准确地把握假释的内涵与外延,还必须区分假释与相关概念。其中,比较重要的有:第一,假释与一般意义上的释放的区别。释放既可能是无罪释放,也可能是刑罚执行完毕而释放,还可能是赦免释放,但都是无条件释放,不存在再执行的可能性;而假释考验期中,如果出现法定情形,则会出现撤销假释、重新收监执行剩余刑期的可能,或者与其他尚未被判决的其他罪数罪并罚。第二,假释与监外执行的区别。假释与监外执行二者虽然都是自由刑执行的变通方式,但在决定机关、适用对象、刑期计算和法律后果等方面都是不同的。第三,假释与减刑、缓刑也都是不同的。这一点在刑法的基础理论上已经有成熟的观点表述,本书不再赘述。

终身监禁与假释的具体关系形态,可以从两个情形予以考察。第一,假释是获得自由、不必终身监禁的法定途径。第二,终身监禁是“不得假释”的结果。我国《刑法》中规定“不得假释”的有三个条文:第 81 条第 2 款规定:“对累犯以及因故意杀人、强奸、抢劫、绑架、放火、爆炸、投放危险物质或者有组织的暴力性犯罪被判处十年以上有期徒刑、无期徒刑的犯罪分子,不得假释。”第 82 条规定,“非经法定程序不得假释”。第 383 条第 4 款规定,“犯第一款罪,有第三项规定情形被判处死刑缓期执行的,人民法院根据犯罪情节等情况可以同时决定在其死刑缓期执行二年期满依法减为无期徒刑后,终身监禁,不得减刑、假释”。

笔者认为,上述条文的含义应该是保持一致的。既然因累犯和暴力性犯罪被判处死缓的犯罪分子,在被减为无期徒刑、有期徒刑后不得假释,那么特别重大贪污贿赂犯罪分子,也不应当有假释的可能性。

5. 终身监禁与赦免的关系

(1)赦免的概念与特征

赦免,是指国家通过政令的形式免除犯罪人的罪责或者减轻其刑罚的一种法律制度。赦免制度通常根据宪法的规定,由国家元首或最高国家权力机关以政令形式颁布,由审判机关执行。广义的赦免包括大赦、特赦、免除刑罚执行、减刑和复权等内容。狭义的赦免仅指大赦和特赦。①

大赦,是指对某一时期内犯有一定罪行的不特定的犯罪人,一律予以赦免的制度。大赦是赦免罪与刑,即犯罪归于消灭,刑事责任也归于消灭。其带来的法律后果是:尚未追诉的,不再追诉;已经追诉的,撤销追诉;已受罪刑宣告的,宣告归于无效,不再执行。特赦,是指对已受罪刑宣告的特定犯罪人免除其全部或部分刑罚的制度。

对于赦免的特征,学界对之进行专门研究的不多,可见的成果也较少。比较有代表性的是学者阴建峰的观点,他认为赦免具有三个特征:第一,赦免具有补充性,赦免无疑是法治的补充,其对法治具有衡平功能。第二,赦免具有强制性,赦免的适用对象不得予以拒绝,也不得对赦免提出上诉、再审,检察机关通常也不得提出抗诉,启动再审程序。第三,赦免具有象征性,象征着人类社会还有比法更高价值的东西。② 从笔者对该论题的研究心得看,赦免的特征可以从两个角度定义,一是从赦免的概念出发,将其特征概括为三个主要特征,即赦免的决定具有国家性,是国家权力的体现,是国家意志的表现;赦免的主体具有法定性,只能由国家权力机关进行决定;赦免具有罪刑内容,它是对犯罪人所犯罪行或被判处的刑罚的免除。二是从它与其他刑罚措施和非刑罚处罚措施之间的差别来描述,如学者阴建峰概括的上述三个特征,还可以有“恩赐性”“行政性”等特征。

(2)终身监禁是可以被赦免的

“终身监禁”,如果是作为刑罚种类的终身监禁刑,那么它与其他刑

---

① 参见楼伯坤主编:《刑法学》,浙江大学出版社 2021 年版,第 282 页。

② 参见阴建峰:《论赦免的概念及其属性》,载《法学家》2005 年第 4 期。

罚措施一样,是完全可以适用赦免的。也就是终身监禁的罪犯及其所承担的刑罚是赦免的对象,赦免是免除终身监禁罪犯所犯之罪和需要被执行的刑罚的一种措施。

但是,当终身监禁作为一种"牢底坐穿"的处罚决定,其是否可以被赦免,有不同观点。从一般意义上来讲,终身监禁只是对减刑、假释的适用进行了限制,它并没有限制适用赦免。而从我国《刑法》第 383 条第 4 款的规定看,它的语序表达似乎有禁止赦免的可能性。该节文字表述为:"被判处死刑缓期执行的,人民法院根据犯罪情节等情况可以同时决定在其死刑缓期执行二年期满依法减为无期徒刑后,终身监禁,不得减刑、假释。"这说明该条文的主要思想是"终身监禁",不得减刑、假释是保证终身监禁得到落实的列举提示,还可以被解释为是它只列举了"刑罚执行制度"中的两种情形。没有排除赦免,属于技术性失误。

笔者认为,对终身监禁的赦免问题要放在整个刑罚赦免的层面上来看,由于我国现行的终身监禁是从死刑引出来的制度创新和立法跟进,因此,可以从与"终身监禁与赦免的关系"最相似的"死刑与赦免的关系"中得到启发。死刑的赦免,通常是非常艰难的,学界经过多年的探讨,逐步形成了一个专题,叫"死刑赦免制度"。死刑赦免制度,是针对核准死刑的判决、裁定生效后,是否可以停止死刑命令的执行,或者具备什么样的条件应当停止判决裁定执行,经法定程序批准后发布赦免罪犯的死刑而改判其他刑罚的一项制度。它"是指国家对任何被判处死刑的人免除或减轻其罪或刑的制度"①。这一死刑赦免通常是由发布死刑命令的法院作出的,是对原判决、裁定的变更。然而,它与赦免意义上的"赦免"死刑还是有些区别的,包括提起赦免的动因(理由)不同,作出赦免的主体不同,赦免的后果不同,等等。但参考死刑赦免的刑罚目的,可以得到这样的启发:死刑罪犯都是可以赦免的,终身监禁、无期徒刑的罪犯当然也应当可以被赦免,这是"明重以示轻"的逻辑结论。同时,从刑罚人道的角度讲,任何刑罚的施行,都应当有被救济的可能性。

---

① 蒋娜:《宽严相济刑事政策下的死刑赦免制度研究》,载《法学杂志》2009 年第 9 期。

6. 终身监禁与复权

对复权概念的认识，主要有以下几种观点：一是前科消灭说，认为复权与前科消灭在本质上是一样的，“有些国家的刑法规定了前科消灭，有些国家刑法规定了受到有罪宣告的人自动丧失一定的权利和资格，前科消灭后才能恢复这些权利和资格，所以，前科消灭和复权可以说是同一个问题”①。二是赦免种类说，认为复权就是“对于因受刑罚宣告或者刑罚执行完毕而被剥夺政治权利和公民权利的人，国家元首以政令的形式恢复其一部分或全部权利的一种制度”②。三是资格回复说，认为“复权就是指剥夺政治权利的期限届满，政治权利的回复”③。四是资格、权利恢复说，认为“受刑者（包括既判刑者或刑罚执行者）经过一定的期限后，恢复其因受刑罚处罚而丧失的资格及权利”④。五是刑罚提前消灭说，认为对因实施犯罪而被判刑的犯罪人在符合法定条件时，对其所判处的以剥夺部分或全部资格或权利为内容的刑罚给予提前消灭的制度。⑤

笔者认为，复权是对被判处刑罚的人基于刑罚处罚而丧失了的权利、资格和其他内容，依照一定的对应范围，将其予以恢复的制度。在通常情况下，前科消灭需要复权，但并不是前科未消灭就不能复权。即使在主刑不变的情况下，如果相关的资格刑、其他权利需要恢复时，也是可以复权的。因此，从外延上来看，复权并不以前科消灭为前提，二者不是同一概念。

终身监禁的出现，其中一个因素是“限制减刑、假释”。我国刑法对死缓限制减刑、假释规定的出台，在死刑罪犯中增加了一种“限制减刑犯、限制假释犯”。这从死刑制度上来看，可以被认为是创新了死刑执行制度，是对死缓犯的一种“控制”，使死缓犯不致直接进入普通无期徒刑的轨道进行减刑、假释。但从刑罚执行角度来看，给监狱管理以及罪犯改造带来了前所未有的难题。

---

① 张明楷：《外国刑法纲要》，清华大学出版社 1999 年版，第 39 页。

② 杨春洗等：《刑事法学大辞书》，南京大学出版社 1990 年版，第 171 页。

③ 高铭暄：《刑法学原理》（第 3 卷），中国人民大学出版社 1994 年版，第 828 页。

④ 孙膺、喻文莉：《复权制度探讨》，载《法学研究》1993 年第 4 期。

⑤ 参见何龙、张宝：《论刑法中的复权制度》，载《安阳师范学院学报》2010 年第 6 期。

而复权是恢复权利之制度，它在激励罪犯进行自我改造、促进其再社会化条件的成就上，是具有特殊作用的。笔者认为，对于“限制减刑犯、限制假释犯”而言，其与其他死缓犯或者无期徒刑罪犯的区别，就在于其失去了某种可以被减刑、假释的权利。这种权利的丧失，如果通过罪犯的积极改造得以恢复，无疑也是一种制度创新。因此，笔者认为，实践中遇到的限制减刑、假释罪犯的改造以及监狱监管难题，是可以通过引入复权制度加以解决的，至少在监管方面是可以缓解监管压力、保持监管有序的。

这样的设想是可以得到证明的。有学者论证了复权在死缓减刑中的可行性，认为限制减刑复权可使限制减刑犯所失去的权利通过复权的方式予以赋予，它并不违背死缓限制减刑之设计初衷。[①] 基于同样的道理，将复权在假释中进行设置，也具有相当的可行性。

二、终身监禁制度的特征

（一）终身监禁的严厉性

1. 监禁刑比非监禁刑对罪犯的权利控制更为严格

历史上选择监禁作为刑罚，既有“监禁”（羁押）现实存在的便利，也有刑罚价值比较的考量。

从监禁现实存在的便利角度来看，它是监狱出现的顺理成章的产物。据史料记载：“商周时代的圜土制度是监禁刑的萌芽阶段”，其功能“是以强制劳役和限制剥夺自由为方式对人民予以教化”[②]。随后才逐步发展成以惩罚作为监禁刑主要内容的处罚方法。需要注意的是，在中国古代的刑罚发展过程中，并非都是“自由刑”或者“监禁刑”。如清朝的“封建五刑”（笞、杖、徒、流、死），即使从广义上来说，也只有“（囚）徒、流（放）”属于对自由的限制和剥夺。我国以清朝“五刑”为基础构建的刑罚体系，对监禁刑作了层次不同的规定，奠定了我国近代刑罚体系结构以自由刑为主要内容的刑罚结构。我国现代刑罚体系设立的主刑（管制、拘役、有

---

① 参见刘德法、范再峰：《论复权制度在限制减刑中的适用》，载《河南师范大学学报（哲学社会科学版）》2014年第6期。

② 参见沈家本：《历代刑法考》（一），中华书局1985年版，第305页。

期徒刑、无期徒刑、死刑)中,限制和剥夺自由的刑罚占了主要分量。

从刑罚价值考量的角度来看,监禁刑的出现是因为它的惩罚力度比生命刑和健康刑(是指对罪犯身体健康进行损害的刑罚)轻,是刑罚人道主义的选择。从古代刑罚发展的脉络中可以窥见,监禁刑是在实施同态复仇的背景下产生的。到了1778年,英国出现了具有现代意义的国家监狱制度,并实行以监禁刑替代死刑和身体刑。德国和法国也都在其新制定的刑法中规定了以监禁刑作为刑罚体系的主要内容。

随着监狱改革和刑罚理论的深化,监禁刑由单纯的羁押犯人和收容犯人逐渐演变为具有刑罚功能的刑种,成为替代死刑或肉刑的惩罚措施。在当时的场景下,从死刑转成监禁刑也已成为现代刑罚制度的主要内容。笔者认为,现代监狱机关改造罪犯的主要使命是帮助他们重拾生活信心、实现再社会化,这就需要采取措施减少监禁对他们人格造成的不利影响。无期徒刑(终身监禁)也一样。

2. 终身监禁是最严厉的监禁刑

终身监禁是刑罚体系中的重要制度,其刑罚严厉性在刑罚体系内部稍逊于死刑。① 这是从对公民的人身权利和政治权利的角度来进行评价的。

对于刑罚严厉性的评价,通常会有两种基本方法。一是从法律强制的体系内部进行比较与评价,如对刑事处罚与行政处罚的严厉性进行比较,可以得出刑事处罚的严厉性比较强的结论。二是从刑罚效果的角度进行评价,如判处有期徒刑3年缓刑5年与判处有期徒刑2年(实刑)进行比较,一般认为是2年实刑比较重些;又如,终身监禁与死刑立即执行,从犯罪人的心理感受来讲,似乎终身监禁会更"严厉"些。

由于终身监禁的制度设计是从"罪该判处死刑"开始的,因此,它的严厉性在死刑之下,也是逻辑上的结论。但终身监禁在所有自由刑中是最严厉的,这是不争的事实。自由是人类最为重要的权利,无论是绝对的终身监禁还是相对的终身监禁,都对人的自由有根本性的限制和剥夺,其

---

① 参见马微:《终身监禁制度研究》,武汉大学2017年博士学位论文,第1页。

对犯罪人权利限制的极端性是不会改变的。具体来说,绝对的终身监禁基本上消除了罪犯获得自由的可能性,而相对的终身监禁,虽然在一定条件下有获得减刑、假释的可能性,但要实际达到适用这些制度的适用条件,往往是非常艰难的。因此,一旦被宣告为终身监禁,就是对犯罪分子最为严重的惩罚。

(二)终身监禁的长期性

终身监禁是指将罪犯关押于某些固定的场所,无限期地剥夺其人身自由。在刑罚发展史上,与短期自由刑相对应的称为"长期徒刑"。一般来说,"无期徒刑"属于长期徒刑,这是没有争议的。但刑法上并没有"长期徒刑"的明确概念。而只在民事离婚案件判决是否准予离婚的条件时,有提及"长期徒刑"的概念。根据《民法典》及相关司法解释的规定,夫妻一方被依法判处长期徒刑(一般指 5 年以上)的视为夫妻感情确已破裂,一方坚决要求离婚的,经调解无效,可依法判决准予离婚。① 这里所指的 5 年,是一个民事概念,表明对于夫妻间不能共同生活的时间,5 年是"长期",但不能将其照搬来作为刑法中长期徒刑的依据。

(三)终身监禁的劳役性

终身监禁尽管是以剥夺自由作为主要内容的,但在具体执行中,并不是将罪犯完全关押在禁闭室的,而是需要根据囚犯作为生命体延续进行必要的活动安排的,其中就有强制劳动的内容。这种强制劳动,一方面是对其惩罚的方法;另一方面也是按照制度设计在特定的情形下(属于救济可能产生的结果),为其回归社会作一种预备。

(四)终身监禁的替代性

讨论终身监禁的替代性,是需要以中国现行刑罚体系为前提的。在终身监禁与无期徒刑同义的情况下,终身监禁虽然也有刑罚种类上的替代功能,但没有刑种之外的替代功能。所谓终身监禁的替代功能,

---

① 1989 年 12 月 13 日《最高人民法院关于人民法院审理离婚案件如何认定夫妻感情确已破裂的若干具体意见》规定:"凡属下列情形之一的,视为夫妻感情确已破裂。一方坚决要求离婚,经调解无效,可依法判决准予离婚……11. 一方被依法判处长期徒刑,或其违法、犯罪行为严重伤害夫妻感情的。"

是指终身监禁具有替代死刑立即执行的功能。这可以从两个方面进行理解。

第一,从刑法修正案对贪污受贿犯罪设立终身监禁的前提来看,它是对"罪该处死"的犯罪分子的一种处遇。罪该处死,按照《刑法》第48条的规定是"罪行极其严重"。"罪行极其严重"虽然没有法定的概念,并且各个不同性质的犯罪中的衡量要素也会有所区别,但总的来说,是要求犯罪客观方面的行为性质及其后果非常严重,犯罪主观方面的恶性和人生身危险性也非常大,以此作为衡量标准,是"主客观相统一"的。对于应当判处死刑的犯罪分子,根据情节分为"判处死刑立即执行"和"判处死刑缓期二年执行"。按照立法的用意来看,对于"根据犯罪的事实、性质、情节和对于社会的危害程度"只能"判处死刑缓期二年执行"的,其实就不涉及适用"终身监禁";只有当"根据犯罪的事实、性质、情节和对于社会的危害程度"应当判处死刑而不能被"判处死刑缓期二年执行"的,但从"限制死刑适用的基本立场出发"又不能被判处死刑立即执行的,才涉及在判处死缓依照制度规律会减为无期徒刑的情况下设置"制度障碍",由司法人员宣告判决时同时决定"不得减刑、假释"。因此,它实质上就是死刑立即执行的替代措施。

第二,终身监禁的这种替代性是在刑罚实际效果上体现的。刑罚的效果一般是从刑种的严厉性所产生的对社会的震慑力表现的。按照无期徒刑二分立法的思路,中国刑法的终身监禁,是无期徒刑的一种执行形式,谓之"执行型无期徒刑",它所涉及的执行制度的内容是"不得减刑和设置严格条件的假释"。①

(五)终身监禁的法定性

终身监禁,无论是作为无期徒刑刑种的对应物,还是因不得减刑、假释而形成的刑罚效果,都必须是由法律明文规定的。

需要指出的是,有学者基于累进制监狱处遇制度的立场,认为"监禁

① 楼伯坤:《对中国无期徒刑二分立法的改造——以替代死刑为目标》,载赵秉志主编:《刑法评论》2013年第2卷,法律出版社2014年版,第321页。

场所的特定性”也是终身监禁的特征。其理由是“终身监禁的执行场所会根据罪犯的不同阶段而有所不同,根据累进制监狱处置的规定,终身监禁的适用初期一般会在高度封闭式的警戒性十分强的场所进行,随着罪犯在监狱内的服刑趋于平稳化和矫正的进行……罪犯的主观恶性有所降低,那么其监禁场所的封闭性会较为宽松”①。笔者不以为然。以终身监禁在实际执行过程中的物质待遇、封闭强度、警戒等级等方面的差异性作为终身监禁的监禁场所具有特定性特征,是不恰当的。因为,按照各国刑罚执行的一般实践,只要是罪犯,原则上都是在监狱服刑的。监狱服刑的特点就在于它是没有自由的,这种“自由”是相对于在社会上服刑的差别来说的。因此,尽管在自由的舒适度上会有些差异,但都是属于剥夺自由的范畴,在这一点上,只要是在监狱服刑的,对自由的剥夺就具有同质性。

还需要指出的是,在监狱执行中,对于那些表现不好,甚至违反监规的罪犯,可能会被禁闭。禁闭对于人身自由的控制强度当然会高于非禁闭,但这是所有罪犯都可能面临的一种情形,不是终身监禁的罪犯所特有的,因而不能作为终身监禁的特征。

三、终身监禁制度的类型

(一)终身监禁的分类依据

当今不少国家(地区)设立了终身监禁制度,但基于特定的刑罚目的,不同国家(地区)对于终身监禁制度有不同的制度设计。讨论终身监禁制度的分类,就需要从比较各制度设计的不同之处入手。本书重点关注分类依据的确定标准和分类依据的具体类别两个方面。

1. 分类依据的确定标准

分类依据,是指将某个具有一定集合属性的事物按照其种类、等级或者性质分别进行归类的根据或理由。它通常是将一个母项划分为若干子项时所依据的标准。它具有以下几个特征:第一,它是一种划分事物的根据。它是为了在确定类别时,让受众明确不同类别之间的界限及其同类

① 马微:《终身监禁制度研究》,武汉大学2017年博士学位论文,第27页。

事物内的共同属性。第二,它是依据不同的角度形成的根据。当对某一事物予以分类时,可以根据事物的特性对其从各个不同的侧面进行观察,形成对事物的整体认识。第三,被分类的事物属性具有多样性。也就是说,被分类对象不仅是一个点,它是多面的,是可以被人们从不同的角度认识的。这种展示不同角度的、多面性的界分理由,是分类根据的实质。

分类依据的标准如何确定,需要有一定的规律性和科学性。从类型化上来看,主要考虑两个方面:第一,要遵循事物本身的特殊性。类型的划分总是在具有相同属性的事物中,根据其特殊性和差异点,进行下一层级的分类。没有这种特殊性,就意味着某一事物已经到了最基础的底层,或者已经无法按照事物属性再行细分了。第二,要有利于类型内部结构的逻辑安排。任何类型的划分,都是基于被划分对象间具有一定的关联性。这种关联性虽然不能作为确定类别的决定性因素,但它一定是划分后将类型进行排列组合所要考虑的因素,且是必不可少的因素。因此,在确定分别标准时,必须要考虑到被划分对象体系组合的内在逻辑。

2. 分类依据的具体种类

(1)以立法时对终身监禁的规定是否唯一为依据,可以分为单一的终身监禁和多刑种选择的终身监禁

单一的终身监禁,是指立法对某一个罪规定了终身监禁作为唯一的刑种,司法中没有其他的刑种可供选择,法官对是否适用终身监禁没有选择权。

多刑种选择的终身监禁,是指立法对某种犯罪情形规定了包括终身监禁在内的多个刑种,在具体适用时,法官有一定的选择权。只有当法官选择了终身监禁予以宣告时,才成为现实的终身监禁判决。

由于这种分类是以立法为基层的,它考量的因素是犯罪本身的性质及其危害程度,因此,在刑法理论上,通常是只针对某一种或者某几种极其严重的犯罪进行规定的。对于极其严重的犯罪,一般将其理解为严重的暴力犯罪,如英国只针对谋杀罪适用终身监禁,对其中一级谋杀罪适用绝对的终身监禁。但美国除了对谋杀罪适用终身监禁外,对一些其他犯罪(如毒品犯罪),只要认为“危害后果极其严重”的,也可以适用(相对)

终身监禁。我国《刑法》第383条第1款第3项规定,对重大贪污受贿犯罪可以选择适用死刑或者无期徒刑,如果把这里的“无期徒刑”理解成与“终身监禁刑”对应,那么它就是“相对的终身监禁”;如果把这里的“无期徒刑”理解成“不适用死刑立即执行而判处死缓进而减刑变成的无期徒刑”,那么它就是“绝对的终身监禁”。相应来说,我们至少可以把后一种情形的贪污罪和受贿罪,理解为“罪行极其严重”的一种表现。

(2)以法官对终身监禁是否有自由裁量权,可以分为强制的终身监禁与可选择适用的终身监禁

强制的终身监禁,是指立法者在进行刑罚配置时没有赋予法官对终身监禁是否适用以及如何适用进行选择的权利。可选择的终身监禁,是指立法者在进行刑罚配置时赋予了法官选择终身监禁是否适用的权利。

根据已有的研究成果可以认为,作为制度形态的终身监禁,大多国家和地区是对终身监禁的内容进行完整、系统规定的,因此,它具有与减刑、假释等制度搭配适用的可能性。这可以被理解为相对的终身监禁,换言之,可选择的终身监禁不是确定的、绝对的终身监禁。

当然,也有一些国家,如英国和美国的一些州,对谋杀罪设定了强制适用的终身监禁,法官对犯谋杀罪的犯罪分子应当判处终身监禁,而没有任何自由选择的裁量权。

(3)以刑罚实际效果进行分类,可以分为裁判的终身监禁与执行的终身监禁

所谓裁判的终身监禁,是指在终身监禁作为刑种(终身监禁刑)适用于具体案件中,或者虽然适用的不是终身监禁刑(如中国刑法的死缓),但法官裁判确定的底线是终身监禁时,法官在裁判文书中予以宣告终身监禁的情形。

所谓执行的终身监禁,是指无论宣告的是死刑缓期执行或者终身监禁(无期徒刑),在刑罚执行过程中,即使有可以被减刑、假释或者监外执行等各种改变自由刑(禁锢状态)的情形,但都没有被实际适用,犯罪分子需要实际被监禁至生命终结的情形。

(4)以适用终身监禁时间的长短进行分类,可以分为无服刑基数的终身监禁与有服刑基数的终身监禁

终身监禁本身、监禁的时间长短,实际上与罪犯的寿命有关。作为制度的终身监禁,一旦裁判确定了,那就是依据其身体状况和寿命来决定了。因此,从绝对终身监禁这个角度来讲,终身监禁的执行在时间上其实没有根本性区别。

但是,对于存在相对终身监禁的国家和地区,大多在设立终身监禁制度时规定了犯罪分子需要服刑一定年限,才有减刑、假释的可能性。这一定年限,有的规定为10年,有的规定为15年,我国规定为13年。只有符合法定期限的,才可以通过法定程序使终身监禁(无期徒刑)具有相对性。

(5)以内容的可选择性(确定性)为依据,可以分为绝对的终身监禁与相对的终身监禁

在可选择的情形下,根据其是否可以与减刑、假释搭配使用的不同,可以分为绝对的终身监禁和相对的终身监禁。

绝对的终身监禁,也称为"纯粹的终身监禁刑",即通过法律或条例的形式明文确定终身监禁绝对适用于某一些特定的犯罪分子。

相对的终身监禁,是指终身监禁可以与其他类型的刑罚一同被法官用来选择适用于特定的犯罪分子。法官在具体适用时,有自由裁量权。

(6)依据"终身"是否可变动进行划分,可以分为固定不变的终身监禁和灵活可变的终身监禁

固定不变的终身监禁,是指终身监禁的"终身"是确定必须执行的刑罚期限,它不能因各种因素而改变。在当代刑罚框架内,实质上就是指不能适用减刑、假释和赦免等制度改变刑期,而将犯罪分子永久地禁锢于监狱、终生剥夺自由的刑罚方法。

灵活可变的终身监禁,是指判决确定的终身监禁,在执行过程中,可以在制度设定的框架内,根据犯罪分子在服刑期间的表现,改变为"非终身"。这也就意味着判决确定的终身监禁,不排除减刑、假释或者赦免等制度的适用。

(7)依据刑罚执行的内容是否包含了强制劳动,可以分为劳动改造型终身监禁和纯粹拘禁型终身监禁

劳动改造型终身监禁,是指被判处终身监禁的罪犯,在服刑期间需要从事相应的劳动。这是多数国家和地区采用的方式。尽管"终身监禁"会对罪犯的精神状态带来严重影响,劳动不是其获得奖励的手段,而仅是一种监狱管理的手段,但在社会格局多样化新环境下,自由度受到一定控制的社会劳动,也是具有积极意义的。它所具有的正向激励作用,对于长期监禁人员的精神和心理还是能够起到积极作用的,也是刑罚人道的表现之一。

纯粹拘禁型终身监禁,是指仅将罪犯关押于监狱,对其人身自由予以终身剥夺,并不需要罪犯在监狱内从事规定的劳动。例如,日本的政治犯若被判处终身监禁则不需要接受劳动改造。

有学者认为,"从终身监禁名称的表面含义来看,其是属于监禁刑,而监禁刑与徒刑的区别就在于前者不强制犯罪分子劳动,后者则强制犯罪分子劳动"①。这种观点是不能成立的。因为,作为刑罚种类的"终身监禁"就是"无期徒刑",它是"徒刑"的一种,是以强制劳动为条件的。不能把域外称为"终身监禁刑"的"无期徒刑"与我国"不得减刑、假释"而终身监禁的"刑罚结果"等同起来。

(二)笔者主张的终身监禁类型

以终身监禁作为刑种为基础,将其在国内外的各种含义综合起来,从实体和程序的不同角度,终身监禁可以分为以下三种基本类型。

1."关到死"的终身监禁与"中途可释放"的终身监禁

(1)"关到死"的终身监禁

"关到死"的终身监禁,是指法院作出的裁判是死刑缓期二年执行,依法减为无期徒刑后,在执行期间没有出现继续减刑或者可以假释的情形,也不存在(实行)依法赦免的可能性,犯罪分子在判决生效后,在羁押场所度过余生。这种形式的终身监禁,具有以下几个特征。

---

① 赵东:《我国终身监禁制度研究》,西南政法大学2019年博士学位论文,第13页。

第一,犯罪分子被执行无期徒刑(终身监禁刑)。这种无期徒刑的确定,来自两个渠道,其一,被告人实际被判处无期徒刑,被人民法院宣告不得减刑、假释;或者虽然没有被宣告"不得减刑、假释",但实际上罪犯在服刑期间,表现一般,未能达到减刑、假释的条件。其二,被告人实际被判处死缓,在死缓执行期间,没有情节严重的故意犯罪,依法被减为无期徒刑,在无期徒刑执行期间,存在上述第一种情形。

第二,在刑罚执行期间,没有出现可以减刑或者可以假释的任一情形。它又包括两种情形,一种情形是法院判决宣告不得减刑、假释,无论犯罪分子的表现怎样,都不存在减刑、假释的情况出现;另一种情形是直接被判处无期徒刑,或者由死缓减为无期徒刑,依法有减刑、假释的可能性,但因犯罪分子的实际表现不符合减刑、假释的条件,而没有减刑、假释。

第三,没有出现依法赦免的情形。这也分为两种情形:一是在罪犯服刑期间,没有出现进行赦免的情形,包括大赦和特赦;二是在罪犯服刑期间,虽然出现了大赦或特赦的机会,但该罪犯的条件不符合或者未达到大赦、特赦的要求。

第四,罪犯实际上是在监禁场所度过余生,直至死亡。这里需要讨论的是,在没有减刑、假释、赦免等情形,罪犯需要被监禁服刑的情况下,由于其身体原因而实施保外就医措施时,在保外就医期间死亡,是否属于"关到死"的问题。笔者认为,由于保外就医只是出于人道主义的需要,批准罪犯因疾病原因保外就医,并不改变判决确定的刑罚内容,还应当认为是在执行已经生效的判决。因此,罪犯在保外就医期间死亡,视同在监狱或其他羁押场所执行刑罚期间死亡,属于"关到死"的范畴。当然,如果保外就医是在离开监狱到特定的、控制自由的医院或者其他场所,则自然应当理解为是在执行过程中。

(2)"中途可释放"的终身监禁

中途可释放的终身监禁,是指被告人被判处了无期徒刑(终身监禁刑),或者被判处了死刑缓期执行后依法减为无期徒刑后,根据犯罪分子的表现情况,具备了减刑、假释的条件,或者在出现了赦免的时机得以赦除刑罚、恢复自由。中途可释放的终身监禁,具有以下几个特征。

第一,执行无期徒刑(终身监禁刑)。无论是直接判决的无期徒刑,还是死缓改变成的无期徒刑,都属于其对象。

第二,罪犯在刑罚执行期间表现较好,具备了减刑、假释的条件。

第三,即使在特殊情况下,犯罪人没有达到减刑、假释的条件要求,但遇到了大赦或者特赦的时机,而该犯罪分子所犯之罪属于赦免的对象,其罪或刑得以赦免。①

2. 绝对的终身监禁与相对的终身监禁

(1)绝对的终身监禁

绝对的终身监禁,是指立法设立的终身监禁,确定了对犯罪分子需要执行的刑罚是终身自由,即刑罚实际执行的效力从判决生效开始到犯罪分子自然死亡时止。在执行期间,不得适用减刑、假释、赦免等制度,犯罪分子不具有恢复自由可能性。

对于绝对的终身监禁,各国立法与学者的态度也不完全一样。例如,日本规定了"终身禁锢刑",但日本多数学者是反对绝对的终身监禁的。他们认为,终身监禁会完全封闭罪犯回归社会的机会;终身监禁对罪犯精神上的折磨会毁坏其人格;监狱对终身监禁罪犯的管理会面临高度紧张状态。

确实,绝对的终身监禁存在许多弊端,在现实适用中最棘手的是如何把它与相对的终身监禁区分开来。这当中,通常遇到的一个问题是如何把握犯罪的情节。例如,在适用绝对终身监禁的英国和美国,主要适用于谋杀罪(或者一级谋杀罪),但对于不同谋杀罪,由于犯罪的客观情节以及犯罪行为人的主观恶性程度不同,是否能够恰当地界分适用绝对终身监禁还是相对终身监禁,有时候并不容易。

(2)相对的终身监禁

相对的终身监禁,是指立法机关所创制的终身监禁只具有观念上"终

① 按照赦免原理,大赦既可赦免罪行也可赦免刑事责任(含刑罚);特赦只赦免刑罚。但无论是大赦或者特赦,只要适用了,至少是赦免刑罚的。当然,赦免刑罚的一部分,对于有期徒刑而言,是可以计算的。但是对于无期徒刑而言,则是打开了进入有期徒刑的通道,是具备了释放可能性的情形。

身”的意思,并没有排除罪犯出狱的可能性。被判处终身监禁的罪犯在服刑期间,只要符合法律规定的条件或者基于某种特定的事由,还是有可能恢复人身自由的。因此,相对的终身监禁也可以称为“观念的终身监禁”,与“有可能释放的终身监禁”同义。

从终身监禁制度的历史来看,从死刑替代的角度出现的是“绝对终身监禁”。但是,作为一种刑种,它最初的形态是“相对终身监禁”,“永久羁押”的制度设计本身是没有排除诸如通过减刑、假释、赦免的可能性的,也就是说,被判处终身监禁的犯罪分子,服刑达到一定年限,可以通过减刑、假释或者赦免程序改变无期徒刑(终身监禁)的状况,将无期徒刑变为有期徒刑,直至恢复自由。在特殊情况下,犯罪分子还可以通过基于人道主义原则的申请,在年老、疾病或者生存环境恶化等原因下,有条件地恢复部分自由或者全部自由。因此,终身监禁制度本身是不排除刑罚执行制度、执行措施和刑事政策改观所带来的“无期徒刑不无期”“终身监禁不终身”结果出现的。作为制度范畴的“终身监禁”,它具有作为一种制度本身的永久性、无期性和严厉性。

需要说明的是,有学者认为“从世界各国创制终身监禁的模式选择来看,绝大多数国家在创制终身监禁制度时,都采取的是相对终身监禁的模式”,[①]这个说法是不够全面的。如果从“终身监禁刑”作为该制度的核心的角度来看,创制终身监禁刑就是一项独立的制度,它未排除某些释放罪犯制度的适用,那么其观点是可以成立的,它显示的是终身监禁刑本身的特征。但是,如果从终身监禁作为实际后果或者增强其严厉性刑罚效果的角度看,它是为了成为死刑的替代措施而出现的,其创制初期采用的是“绝对终身监禁”,是从“绝对终身监禁”向“相对终身监禁”演变,而不是相反。因此,就“创新”这一制度而言,上述学者的观点是不能成立的。

3. 不得减刑、假释的终身监禁与可减刑、假释的终身监禁

(1)不得减刑、假释的终身监禁

不得减刑、假释的终身监禁,是指终身监禁的判决一旦确定,就排除

---

① 赵东:《我国终身监禁制度研究》,西南政法大学2019年博士学位论文,第10页。

了减刑、假释的适用。需要注意的是，不得减刑、假释的终身监禁，就其本身的内容而言，它并没有排除赦免制度的执行，因此从理论上它还具备获得自由的可能性。

(2)可减刑、假释的终身监禁

可减刑、假释的终身监禁，是指包含终身监禁的判决，其判决的主刑是终身监禁刑(无期徒刑)，它没有排除减刑、假释适用的可能性。相对于不得减刑、假释的终身监禁，它具有更多、更快的获得自由的机会和释放的可能性。

鉴于这两个概念在本书的其他场合还会从不同角度进行阐述，在此只揭示其概念的内涵，外部特征不再展开。

第二节　终身监禁制度的功能与价值

一、终身监禁制度的功能

(一)自由刑的基本功能概述

1. 自由刑概述

(1)自由刑的概念

自由刑是指以限制或者剥夺犯罪人的人身自由为主要内容的刑罚方法。各国对于自由刑的种类及各种自由刑内容的规定是不尽相同的。有人指出："自由刑不是一种刑罚，而是指一类刑罚，包括许多刑种，诸如我国的无期徒刑、有期徒刑、拘役、管制，英美国家的监禁、保护观察、社会服务令，日本的徒刑、禁锢、拘留，苏联的剥夺自由、不剥夺自由的劳动改造等。"①

自由刑作为刑罚的一种表现形式，其作用在于维护社会秩序。这种秩序可以从两个方面进行理解：第一，刑罚通过对犯罪人权利的限制或剥夺，惩罚犯罪人、救济被害人，具有一定的直接恢复社会关系的功能；第二，对犯罪人的惩罚和教育，既让已经出现的犯罪及其危害后果得到司法

---

① 李贵方：《自由刑原理论纲》，载《社会科学战线》1992年第1期。

的确认,实现立法维护社会秩序的功能,也让可能存在的犯罪风险得以有效遏制。

(2)自由刑的种类

第一,根据对自由控制的程度的不同,可以分为限制自由的刑罚和剥夺自由的刑罚。限制自由的刑罚,是对罪犯的自由设置一定的行使障碍或者行使条件,并未完全封闭自由的刑罚,如我国刑法中的管制刑,以及在刑罚执行期间被配以适当自由度的刑罚,如缓刑。剥夺自由的刑罚,是对罪犯予以羁押,控制其人身自由的刑罚,如我国刑法中的拘役、有期徒刑和无期徒刑。需要说明的是,在非专业领域,也有人把拘役、有期徒刑和无期徒刑称为“限制自由的刑罚”。

第二,根据对自由期限控制的长短,可以分为短期自由刑和长期自由刑。短期自由刑一般是对轻罪配置的刑罚,如我国刑法中的拘役;长期自由刑,是指对罪犯判处的剥夺自由的时间较长。至于何为较长,没有确定的标准。通常认为无期徒刑和10年以上的有期徒刑属于长期自由刑,但各国的情形不同,不能一概而论。

(3)自由刑的内容

通常而言,自由刑是指人身自由刑。但从广义上来说,凡是对权利自由行使产生影响的,都可以被纳入自由刑的范畴,如剥夺政治权利(实际上是剥夺一定期限的政治权利,就权利整体性而言,它也可以被理解为限制一定期限内政治权利的行使)、职业禁止(禁止一定期限内从事某项职业的权利)。

另外,在具体自由刑中,自由权利的范围以及内容是有差别的。从近代监狱发展史中可以看出,监狱的设立使苦役劳动成了监禁刑的主要内容,从而使劳动成了依附于“非自由形态”的常态。当然,这种劳动的形式是相同或者相似的,但其劳动的性质和待遇是有所差异的。在国外,一般意义上的劳役与监禁的差别是客观存在的,我国刑法中的拘役与有期徒刑也具有明显区别。

2. 自由刑的基本功能

自由刑的功能是刑罚功能的一种表现形式。所谓刑罚功能,是指国家制定、适用和执行刑罚对人们产生积极作用的可能性。

自由刑的功能,是指自由刑在刑罚体系结构中所具有的、通过刑罚的适用和刑罚执行活动产生的对社会影响的可能性。它是一种由立法机关考量并选择的内在的能力。自由刑的这种功能,是其刑罚本质属性的反映,是一种不以人们的意志为转移的客观实在。

自由刑的功能与自由刑的作用不同。自由刑的作用,是指自由刑被司法机关应用于具体案件后,对犯罪人、被害人和社会产生的影响。它是自由刑功能的外在表现。

自由刑的功能与自由刑的目的也不同。自由刑的目的,是指作为刑罚的自由刑被选择适用于具体案件后,所要实现的目标。通常而言,自由刑的目的与其他刑罚的目的基本一致,主要在于减少犯罪、保卫社会,这也是刑法惩罚犯罪、保护人民目的的体现。

(1)惩罚功能

自由刑以剥夺或限制自由为特征,惩罚功能是自由刑首要的和基本的功能,是运用刑罚给犯罪(行为)以必要的、相当的处罚。

刑罚的固有属性就是使犯罪人在其自身权益被限制、剥夺的过程中感受到痛苦和不适。在我国,刑罚对于罪犯自由权所具有的限制性、剥夺性痛苦,是为了使罪犯感受到刑事法律的严肃性和犯罪需要承担刑事责任的不可避免性。因此,自由刑对于犯罪人最基本的功能就是通过限制或剥夺犯罪人的人身自由,使犯罪人为自己所做的犯罪行为承担一定痛苦的法律后果。

所谓自由刑的惩罚功能,是指国家司法机关将自由刑适用于具体案件后,犯罪人不但因被限制或剥夺某种重要权利而感受到痛苦,而且因受到政治和道义上的否定评价而感受到耻辱。[①] 虽然,刑罚在本质上都是一种痛苦和不快,但由于自由是人类除了生命以外最基本的需求,而自由刑所带来的恰恰是对自由的减弱和丧失,犯罪人无法按照自由意志进行正常的工作、学习与生活。这在一定程度上降低了个人尊严和社会地位,

---

① 参见楼伯坤主编:《刑法学》,浙江大学出版社2021年版,第208~209页。

也影响了其在经济上和政治上获得发展的权利。

在刑罚体系中,自由刑根据其严厉的程度,可以进行一定等级的区分。无期徒刑(终身监禁刑)、有期徒刑、拘役是剥夺自由的刑罚,管制、保安处分是限制自由的刑罚,资格刑(尤其是与谋生手段相联系的职业资格)也是影响基本自由权利的刑罚。因此,无论是对罪犯哪一方面自由权利的法律处置,都是对一个人(罪犯)基本权利的减损,这是自由刑的基本功能。减弱或者丧失自由带来的其他的痛苦与不快,也成为这种惩罚的内容。自由刑的这种惩罚功能,既表明了对犯罪的否定评价,也揭示了犯罪行为的代价,是自由刑发挥作用的主要渠道。

(2)威慑功能

自由刑的威慑功能,是指刑罚以其具有剥夺权利的强制力使人畏惧而不敢犯罪。它是由自由刑的惩罚功能派生出来的,属于刑罚的社会功能的范畴。通常而言,刑罚的威慑功能是通过立法、裁判和执行三个阶段分别体现出来的。在立法阶段,国家通过刑法规定具体犯罪的刑罚,并进行宣传,震慑社会上有犯罪危险的人不敢实施犯罪;在裁判阶段,通过司法机关对犯罪人的具体犯罪适用刑罚,确定宣告刑,使潜在的犯罪分子明白犯罪的具体后果,从而放弃犯罪;在执行阶段,通过犯罪人被判处刑罚的实际执行,向社会昭示刑罚之苦,使社会成员不想犯罪。

自由刑的威慑功能,通常可以分为两种基本类型:特别威慑与一般威慑。自由刑的特别威慑功能,是指将法定的限制或剥夺自由的方式施加于犯罪分子,给予惩罚性的痛苦与不快,在其内心产生一种强烈的"摆脱意愿",刑罚的威慑效果就得到了有效发挥。这种效果的表现,着重体现在犯罪分子会对自己的犯罪行为有一种厌恶感,以"痛苦"遏制犯罪人再次实施犯罪行为。当然,自由刑的特别威慑力的效果,也是因人而异的。因此,机械地用"一刀切"的方法去评价自由刑的威慑功能的大小,也是不恰当的。自由刑的一般威慑功能,是指通过对罪犯限制或剥夺自由的处罚,使社会公众受到警告而不至于犯罪。这种一般威慑功能的发挥,需要借助于司法公开、司法公正和裁判及时等条件。如果对犯罪分子的裁判不能进入公众领域,就不能为公众所知晓;或者虽然能够被公众知晓,但司法的裁决是不公平的，就不能反映社会公平正义的要求；或者虽然司法是公开、公正的，但裁判不能及时得到宣告，降低了民众对公正的期待，都可能影响一般威慑力的效果。

一般威慑与一般预防相似，都是通过对罪犯的惩罚引起警示而不犯罪。特别威慑与特别预防则有差异，特别预防是对犯罪人的刑罚处罚，在自由刑的场合，就是通过剥夺自由而使其丧失犯罪能力；而特别威慑，是通过自由刑的适用，特别是较长自由刑的执行，对罪犯心理产生影响，使其自觉地避免犯罪。

(3)教育功能

由于我国刑法中的自由刑分为剥夺自由权利的自由刑和限制自由权利的自由刑。因此，自由刑的教育功能，大致可以分为两个类型：一是对罪犯的教育功能。这是一种特殊的教育（广义的刑罚教育），是对犯罪分子通过与惩罚相适应的监狱教育和自我教育，实现刑罚的“惩办与教育相结合”的方针落实。在现代刑法观念下，限制或剥夺自由并不是监狱最初的功能，“监狱一开始是被赋予改造人的希望，通过监禁和监狱内的再训练，罪犯被驯化而重新具有了自我教养之能力”①。因此，社会生存能力和环境适应能力的培养，是监狱对罪犯教育的首要任务。二是对社会公众的教育。即通过对一些犯罪规定自由刑，让广大人民群众了解违法犯罪行为的刑法后果，哪些是剥夺自由、哪些是限制自由，以及剥夺和限制自由的时间长短，以便公众自觉地遵纪守法，不至于违法犯罪；并且，通过对犯罪人判处自由刑的具体案例，让广大群众接受教育，进一步了解犯罪与刑罚的具体关系，避免出现违法犯罪。这说明对应处刑罚的犯罪人判处自由刑，对广大人民群众是具有教育意义的。

(4)警示功能

国家通过刑事法律的制定、颁布，并通过司法机关的确证，向有犯罪意念的人宣告，谁敢以身试法，必将自食其果，使自己遭受相应的痛苦境

---

① ［法］米歇尔·福柯：《规训与惩罚》，刘北成、杨远婴译，生活·读书·新知三联书店2012年版，第261页。

遇。[1] 因此,自由刑通过对犯罪人剥夺或限制人身自由,使犯罪人体会过痛苦后不敢再犯,使有犯罪意念的人在明白得失利害后放弃犯罪意念,避免走上犯罪道路,从而达到特殊预防和一般预防的目的。

(5)复归功能

所谓复归,是指对罪犯的矫正、训练、处遇、教育和改造。[2] 自由刑的复归功能,除通过对罪犯的惩罚教育这一特别威慑使犯罪分子改过自新,不再重犯外,主要是让其在监狱里进行有计划的训练、处遇,通过文化知识、思想认识、职业观念、生产技能和行为习惯等方面的教育、引导和训练,在罪犯处遇的心理医疗、精神矫治、瘾癖戒除等方面给予的特别措施。

自由刑的复归功能,是实现国家刑罚适用目标的主要途径。对任何罪犯的教育改造,除了判处死刑立即执行的以外,都有一个回归社会的问题,这是国家、社会和罪犯及其家属所共同关注和期盼的,这就需要在或长或短的刑罚执行期中,做好犯罪人回归社会的准备。这个准备需要从意识教育开始,通过规范行为习惯的训练,养成良好的思维定式和行动规律,成为符合社会法律秩序的人。

(二)终身监禁功能的表现形式

终身监禁的功能是反映终身监禁所具有的内在能力。根据可见文献的研究成果,其主要集中在终身监禁的威慑功能、替代功能、限制功能、避错功能和教育功能等方面的表现及相互关系上。

1.终身监禁功能的具体表现

(1)终身监禁的威慑功能

在我国,贪污罪、受贿罪的最高法定刑虽然是死刑,但在司法实践中执行死刑的数量相对较少,大多达到死刑立即执行标准的罪犯最终被判成了死缓,而被判处死缓的罪犯绝大部分都可以被减为无期徒刑,有重大立功表现的甚至可以减为25年有期徒刑。

终身监禁制度的设立,从制度上阻却或减少了发生刑罚执行腐败的

---

① 参见张明楷:《刑法学》(第6版),法律出版社2021年版,第684页。

② 参见李贵方:《自由刑原理论纲》,载《社会科学战线》1992年第1期。

可能性，有利于保持惩治贪污腐败犯罪的力度。现行《刑法》通过对死缓犯适用终身监禁，从法律上在死刑和生刑之间架起一座桥梁，这在一定程度上弥补了死缓和无期徒刑单一执行的缺陷，避免因限制死刑适用而导致对这类犯罪打击不力情况的出现，从而继续保持高压反腐的基本态势。

(2)终身监禁的替代功能

终身监禁的替代功能，是指终身监禁具有在废除或者不适用死刑条件下担当与死刑相似刑罚效果的资格或能力。

在域外，终身监禁作为死刑的替代措施，是在废除死刑的背景下提出来的，这已经得到了众多文献资料的证实。在我国，《刑法修正案(九)》在《刑法》第383条中规定，对犯贪污罪的，“有第三项规定情形被判处死刑缓期执行的，人民法院根据犯罪情节等情况可以同时决定在其死刑缓期执行二年期满依法减为无期徒刑后，终身监禁，不得减刑、假释”。这实际上就是希望在减少死刑实际适用的前提下，通过增强无期徒刑在执行环节的威慑力，在不改变原有制度框架的基础上，达到严惩贪污受贿犯罪的目的。

终身监禁的替代刑功能也得到了权威机构的确认。首先，原全国人大法律委员会发布的《关于〈中华人民共和国刑法修正案(九)(草案)〉审议结果的报告》中，明确了终身监禁将成为贪污受贿犯罪死刑立即执行的替代措施。其次，根据最高人民法院、最高人民检察院颁布的《关于办理贪污贿赂刑事案件适用法律若干问题的解释》，终身监禁制度适用于原本应判处死刑立即执行的罪犯，因此，终身监禁制度的设置将有效减少对死刑立即执行的适用，符合现代刑法发展之趋势。

(3)终身监禁的限制功能

终身监禁的限制功能，是指其具有限制死刑适用的功能。这是我国终身监禁制度的根本价值所在。我国的死刑政策是“少杀、慎杀”，以尊重人权、维护社会稳定为目标。因此，从立法上减少死刑的罪名设置，司法上限制死刑的适用，是我国刑事政策着力追求的目标之一。终身监禁制度的独特社会价值，还在于兼顾了废除死刑和限制死刑的双重功能，彰显了报应与预防的刑罚功能，具有一定的制度创新价值。

同时,为了防止在减少死刑立法和司法的情况下,导致刑罚过轻现象的大量出现,特别是防止通过徇私舞弊减刑、假释等情况的出现,对无期徒刑的执行进行制度上的限制,还是很有必要的。

首先,终身监禁限制了死刑适用,有利于进一步推动死刑的废除。死刑的废除,不是一朝一夕完成的,而是一个渐进的过程,确立终身监禁制度是在当前没有废除死刑情形下的一种特殊手段,是让死刑实际适用数最小化的一种制度保障。从 2011 年《刑法修正案(八)》和 2015 年《刑法修正案(九)》发布至今,我国已经在立法上减少了 22 个死刑罪名。这是中国刑法史上的重大进步,具有里程碑式的意义。然而,迄今为止,我国仍然还有 48 个死刑罪名,死刑废除的道路依然漫长。因此,当死刑的立法还保留,死刑的司法几乎不再应用的时候,进一步从立法上减少和废除死刑,就更具有现实可能性。

其次,终身监禁的限制功能,是对减刑、假释制度实施状况的深化。在我国,可能出现终身监禁的情况,不是只有贪污罪和受贿罪会遇到,法定的严重暴力犯罪也会遇到。《刑法》第 81 条第 2 款规定:"对累犯以及因故意杀人、强奸、抢劫、绑架、放火、爆炸、投放危险物质或者有组织的暴力性犯罪被判处十年以上有期徒刑、无期徒刑的犯罪分子,不得假释。"这表明,被判处无期徒刑的累犯以及故意杀人、强奸、抢劫、绑架、放火、爆炸、投放危险物质或者有组织的暴力性犯罪的罪犯中,有一部分会被终身监禁。即使不属于上述对象的犯罪,只要被判处无期徒刑(或死缓减为无期徒刑),还存在某种在执行期间没有良好表现而实际上被监禁终身的可能性。由此可见,刑罚执行中的减刑、假释制度对于无期徒刑起到了实质性的影响,"不得减刑""不得假释"的规定,是对严重犯罪刑罚控制的重要手段。

最后,通过制度限制,相对于通过执行限制,具有更强的公平性。它能够更好地体现罪责刑的均衡关系,也能够更有效地排除案外因素对处理结果的影响。从我国司法实践中判决宣告终身监禁的案例来看,均是犯罪数额特别巨大,依据罪责刑相一致的要求,本应对其判处死刑。但通过终身监禁,在制度上架起了一座死刑与无期徒刑的桥梁,满足了死刑限制适用的要求。这种设置,是在立法上完成的,是基于普遍应用的角度作出的规定,更能体现出公平、公正的属性。

(4)终身监禁的避错功能

在刑罚适用中,讨论刑罚执行的效果往往会涉及错误裁判的刑罚后果问题。客观地说,所有错误的裁判带来的不良后果都是很严重的,它不仅亵渎宪法和法律尊严,损害司法权威,侵害当事人合法利益,还恶化社会法治环境与和谐稳定局面。无论是对财产的不当没收和处置,还是对自由和生命的不当剥夺,都是"法"的蒙羞。终身监禁虽然不能避免案件实体裁判错误带来的后果,但它可以最大限度地发挥在实体判断错误造成死刑错误适用情形下防止错误难纠结局发生的功能。在这当中,有两个方面是需要特别予以关注的。

第一,自由一旦被剥夺是无法恢复的。在我国的刑事追诉机制中,刑事案件一旦被立案,犯罪嫌疑人的人身自由就面临被剥夺的现实危险。这与我国刑事诉讼中刑事拘留、逮捕强制措施的运作机制的特点,以及长期以来以"羁押为原则、取保候审为例外"的状况有关。当判决宣告了无期徒刑时,尽管最终未必是"终身监禁",但"终身监禁"的刑罚基础(无期徒刑)执行中已经被羁押的时间是不能倒流、不能逆转的。

第二,生命一旦被剥夺是无法救济的。对于每个人而言,生命只有一次,不能死而复生。因此,减少死刑的适用,既是尊重生命、保障人权的需要,也是防止司法失误、救济不能的需要。通过将终身监禁作为死刑立即执行的替代措施,可以避免因死刑立即执行所带来的无法挽回的后果。

(5)终身监禁的教育功能

如前文所述,终身监禁制度具有"刑罚属性"或属于"刑罚范畴"是毋庸置疑的,因此终身监禁也就必然具有一般刑罚的功能。终身监禁的教育功能通过具体案件实现,对社会产生的作用主要表现在两个方面。

一方面,是与刑罚的特殊预防相适应,终身监禁对特定案件的犯罪人具有教育感化功能,从而使犯罪人不愿再犯罪。尽管其对于终身监禁的罪犯的教育作用到底有多大,刑法学界是有一定争议的,尤其是对于终身监禁罪犯的心理促进方面,是否具有与有回归社会可能性的罪犯相同的教育功能,存在不同认识。笔者认为,在终身监禁的执行过程中,通过具体的教育措施,犯罪人得以从中受到教育,具有积极向好趋向,形成一定的心理定式,从而养成良好的行为习惯,逐步提高法律意识,从思想上消除犯罪意念,成为遵纪守法的公民。

另一方面,是与刑罚的一般预防相适应,终身监禁通过对犯罪人的刑罚宣告,对社会上的一般人具有教育功能。通过明确具体犯罪行为的性质、行为人给社会造成危害的程度,社会一般人能够从中受到法制教育,自觉养成法律意识,避免因法制观念淡薄或缺乏对法律的认识而误入歧途,走上犯罪道路。

2. 终身监禁各功能之间的关系

终身监禁的功能,还可以从其他一些角度进行分析、归纳。从我们已经总结的上述几个方面来看,终身监禁各个功能之间的相互关系大致可以作以下描述。

(1)威慑功能是终身监禁的核心

威慑功能是替代功能和限制功能发挥作用的制度设计赖以存在的根基。也就是说,正是某种可以选择用来搭建“终身监禁”的刑罚或者处罚措施具有了“严惩”的基因,它才能被改造成“不是死刑但相当于死刑”的刑罚制度。至于这种刑罚制度应该如何命名,还存在讨论的空间。

(2)替代功能与限制功能是终身监禁的目标

这是将某种刑罚或者处罚措施进行改造以使威慑功能得以实现的途径。以我国的无期徒刑为例,无期徒刑作为一种最严厉的自由刑,它通过与刑罚执行制度中的减刑、假释搭配,将“限制减刑、假释”与“无期徒刑”结合起来,既保证了无期徒刑本来的“无期属性”,又避免了通过减刑、假释可能出现的“无期徒刑有期化现象”。正是由于终身监禁具有“替代功能”和“限制功能”,才使其成为“死刑限制适用”时“死刑的替代措施”,符合了减少死刑适用的要求。

从这个层面讲,终身监禁其实并不是一种“新事物”,它只不过是“无期徒刑”(终身监禁刑)与“限制减刑、假释”的结合体。

当然,无期徒刑(终身监禁刑)与减刑制度结合或者与假释制度结合的效果是不一样的。第一,无期徒刑与“不得减刑”的结合,使无期徒刑“静态化”,也就成为“永久的无期徒刑”,它不存在“必须实际执行多少年”或者“实际已经执行多少年”的问题,也就不存在假释的可能性。第二,无期徒刑与“不得假释”的结合,只要没有排除减刑的可能性,那么无期徒刑就是动态的,它具有将无期徒刑变成长期徒刑、短期徒刑的可能性,也就具有恢复自由的可能性,尽管实际被羁押的时间可能会比较长,但无论在观念上还是执行过程中,都不会出现“终身监禁”的结果。

(3)避错功能是终身监禁制度设立的动因

避错功能,是终身监禁替代死刑或者因限制死刑适用而实际未适用死刑产生的辅助效果,事实上是终身监禁制度设立的动因。

(4)教育功能是终身监禁威慑功能延伸的产物

无论是从特殊预防还是一般预防的角度,内含在终身监禁制度中的威慑力通过具体案件的宣告、传播,使裁判结果及由此执行产生的影响力对罪犯或者其他社会成员产生教育作用。这一点在前面已经有阐述,在此不再重复。

二、设立终身监禁制度的价值

(一)判断刑罚价值的基本标准

1. 对人权保障的意义

人权是人的最基本权利,是人行使其他权利、自由的基础。日本宪法学家小林直树认为,人身自由权是人的“最小限度的自由权”①。它是人类最基本、最起码且不可或缺的自由权。“很难想象一个公民在丧失人身自由的情况下能正常地享有其他权利和自由。”②

奠定人权观基础的是人道主义思想。人道主义思想作为现代法治最为重要的精神之一,不但要求在对犯罪人适用刑罚的过程中应保护其人身、人格的权益,而且要求不能未经特殊法定程序就随意剥夺犯罪人的生

---

① 林来梵:《从宪法规范到规范宪法:规范宪法学的一种前言》,法律出版社2001年版,第170页。

② 何华辉:《比较宪法学》,武汉大学出版社1988年版,第230页。

命权。①

废除死刑的主张是200多年前由意大利刑法学家贝卡里亚首先提出的,他认为死刑既不是必要的也不是有益的,因此应当废除。由此引起了对死刑存废问题的讨论。这种讨论不仅影响了立法,也影响了司法,在一些国家掀起了"废除死刑运动",以推动立法上减少或者消灭死刑。这场运动在不同国家和地区时起时伏,争论不休,理论界迄今也没有统一意见,各国和地区的司法实践也维持着不尽相同的做法。尽管随着社会文明的进步,我国近几年来主张限制并最终废除死刑的观点成为主流,但考虑到我国的国情民意,以及死刑强大威慑力对于有效遏制严重刑事犯罪的效果,目前完全废止死刑的适用是不现实的。

2. 对社会秩序维护的贡献度

刑罚措施是国家加强社会治理,建设和谐社会的重要手段。在对待死刑的问题上,我国一贯的态度是谨慎适用、慎之又慎,尽量减少死刑的适用。这不仅是刑事法学界的共同认识,也是党的十八届三中全会决定的重要内容。

因此,在坚持大力反腐的背景下,对刑罚措施的选择,就要顺应这种形势发展的要求,作出合理的权衡。一方面要减少死刑适用,尽量少适用甚至不适用;另一方面要强化终身监禁在贪污受贿案件中的适用率,以震慑犯罪。《刑法修正案(九)》增设终身监禁为有效打击腐败犯罪迈出了第一步,它对我国法治进程有重大的意义。可以预见,终身监禁制度的设立,对于震慑犯罪分子、预防贪腐犯罪,具有很强的刑罚威慑效能。以终生自由为代价会使贪污贿赂犯罪的犯罪成本大幅上升,无疑会对犯罪分子的主观心理产生影响,有利于预防潜在的可能会对国家经济、社会稳定和人民生活产生巨大不良影响的重大贪污贿赂犯罪的发生。②

3. 对国家目的达成的影响力

党的十八大以来,我国进入了现代化建设的高质量发展期,建设有中

---

① 参见王齐睿:《终身监禁制度的评析与适用》,载《江西社会科学》2017年第6期。

② 参见王利、王一卒:《论我国〈刑法修正案(九)〉终身监禁制度的内涵及功能》,载《菏泽学院学报》2017年第3期。

国特色社会主义法治国家,谋求共同富裕,已成为新时代的基本目标。在这过程中,加强执政党的建设仍然是重要任务。强化反腐败斗争力度,在坚持人权保障的宪法原则下,对贪污受贿犯罪设立终身监禁制度,有利于落实党的政策,建设廉洁政府。中国当前的改革已经进入深水区,利益调整和利益分配引发的矛盾增多,腐败犯罪案件不断发生,有的区域和行业还很严重,这与我们在惩治腐败方面方法不多、措施不当、力度不强有很大的关系。因此,认清终身监禁制度的功能作用,明确其对国家法治建设可能发挥的影响,在刑罚执行方式上进行有效调整,就能够发挥刑罚的惩戒、教育等基本功能,维护国家安全和政府廉洁,达成国家改革建设目的。

(二)终身监禁的价值

1. 自由刑的价值表现

自由刑的价值,是指自由刑满足国家和社会需要的程度。在一般情况下,自由刑是由国家立法机关确认的、由司法机关适用的,代表国家对犯罪人采取的制裁手段。因此,其价值往往是从国家和社会角度进行理解的。它具有保障人权和维护社会秩序等基本功能。如果从被告人或者罪犯的角度,自由刑实际上是没有正向价值的,如果一定要说有正向价值,那或许是具有替代死刑的价值,即由于自由刑的存在,使原本可能要被处以死刑的罪犯获得了生命不被剥夺的可能。根据刑法功能与作用的表现,自由刑的价值一般表现在以下几个方面。

(1)政治价值

自由刑的政治价值,是指自由刑满足国家上层建筑层面需要的程度。刑罚发展史表明,在刑罚体系中,自由刑占据了中心地位,不仅种类多,而且应用面广。可以说,近代以来,凡是在一个国家(地区)被刑罚处罚的人当中,被处以自由刑是相对较多的。在奴隶社会和封建社会,由于受同态复仇的影响,奴隶和农奴没有完整的自由,一旦犯罪发生,对犯罪人所能处罚的就只能是生命或者身体健康,多数情况下,自由尚未取得独立的被处罚地位。到了资本主义社会,随着自由、平等观念的深入,自由被提到了与生命、健康同等重要的地位,逐渐被确定为刑事处罚的内容。直至现代社会,自由刑占到了刑罚设置面的绝对多数。这一方面说明了司法的现状,另一方面也说明了自由刑在国家治理中的地位和作用。

在这方面,自由刑还具备刑事政策的价值,其主要表现在四个方面:一是自由刑具有刑罚的本质属性,作为刑罚方法地位确立的依据,是刑事政策的对象;二是自由刑具有防控犯罪的功能和作用,有利于实现刑事政策的目标;三是自由刑是刑罚文明化、人道化的重要标志,刑罚方法、刑罚观念、社会伦理观念以及社会价值观念的变革,都是刑事政策的主要内容;四是自由刑本身所具有的特点和优势使其能适应刑事政策的变化和需要,从而成为一种具有旺盛生命力的刑罚方法。

(2)经济价值

刑罚是惩治犯罪的重要方法,从设定刑罚到启动刑罚诉权再到落实刑罚执行,整个刑事立法、诉讼和执行的过程,都需要有一定的物质支撑。自由刑是整个刑罚体系所涉刑种中占用社会资源最多的刑罚方法。因此,自由刑的经济性及其成本等问题,必然是选择自由刑与非自由刑,以及刑期设置长短的重要考虑因素。通常而言,服刑成本包括监禁成本和其他成本。根据研究人员的发现,“采取监禁刑是不经济的”①。因此,我们可以认为,虽然在长期自由刑与短期自由刑的成本上会有所区别,但是可以基本认同自由刑总体上属于不经济的刑罚措施。

(3)社会价值

这是就自由刑与生命刑、身体(健康)刑的文明程度相比较而言的,也可以被称为“文明价值”“文化价值”。这种价值是采取自由刑的国家所处的历史阶段以及国民对于自由与刑罚(惩罚)关系的认识等因素来决定的。

2. 终身监禁的价值表现

终身监禁的价值表现是与其存在形式相关的。终身监禁的价值首先是从它的历史演变过程中考察得出的。监禁始于监狱,无论监狱的名称叫什么,监禁都是在羁押人的场所里进行的。由于监狱功能由最初的为保障追诉权落实而具有的“控制犯罪人”到后期被作为对犯罪人剥夺自

---

① 郭理蓉:《自由刑政策研究》,载《法学家》2005年第2期。

由的惩罚手段,终身监禁才以剥夺自由最顶级的面貌出现。史料证明,终身监禁是在生命刑(死刑)和健康刑被自由刑替代的过程中出现的。意大利刑法学家贝卡里亚认为,终身监禁刑比死刑具有更强烈的改造效果。在他的思想影响下,意大利1889年《刑法典》废除死刑前的很长一段时间里,死刑被减为终身监禁,也就是终身监禁替代了死刑。因此,无论这个替代是一个自然的、客观规律性的表现,还是由于现代文明发展或者人权保障加强,以对人权损害相对缓和的自由刑替代生命刑和健康刑,都已经成为历史的一部分。

(1)终身监禁的正向价值

第一,贯彻落实死刑刑事政策。我国的死刑基本政策是"保留死刑,严格控制和减少适用死刑",即在必须要保留死刑的情况下,严格控制死刑、慎重适用死刑。所谓"严格控制死刑",就是认真贯彻刑法对死刑适用的范围和条件,将死刑适用于罪行极其严重的犯罪分子,特别是那些严重危害公共安全和人民群众生命财产安全的严重犯罪分子。《刑法》第48条规定,"死刑只适用于罪行极其严重的犯罪分子"。该条同时规定,对于论罪不是必须立即执行的,可以判处死缓。第49条规定:犯罪的时候不满18周岁的人和审判的时候怀孕的妇女,一律不适用死刑;审判的时候已满75周岁的人,原则上也不适用死刑。所谓"慎重适用死刑",是指对死刑适用的证据实行最严格的证据标准,要求达到证据确实、充分,并排除合理怀疑。同时,在适用程序上对死刑作了非常严格的限制,对于死刑(立即执行)案件,都要报最高人民法院核准;死缓案件可以由高级人民法院判决或者核准。上述政策内容,体现在近期的立法上,就是逐步减少死刑的设置,通过《刑法修正案(八)》和《刑法修正案(九)》取消了22个死刑罪名,将不剥夺生命的终身监禁作为刑罚(效果)阶梯的梯级予以规定。"我国的终身监禁制度在实践中的首要价值就在于其体现了严格限制和适用死刑的刑事立法政策。"[①]笔者认为,终身监禁制度是死刑刑事政策与反腐败国家目标有效结合的产物,对于在死刑限制适用背景

---

① 马微:《终身监禁制度研究》,武汉大学2017年博士学位论文,第3页。

下加大对贪污受贿犯罪的惩罚力度,寻求务实路径。

第二,解决刑罚结构失衡问题。刑罚体系的结构,不仅关系刑罚内部刑种、刑度设置的合理性、适当性问题,也关系刑罚在具体适用和执行过程中对犯罪人改造效果的问题。长期以来,我国的刑罚结构存在一个结构性的缺陷,即学界所称的“死刑偏重,生刑偏轻”。死缓虽然属于死刑的执行方法,在逻辑上属于死刑范畴,但由于死缓制度最初设立的根本目的就是控制死刑的实际执行,现实来看,无论是立法上还是司法上,被判处死缓的犯罪分子经过考验期后,绝大多数是不再执行死刑的。因此,从刑罚执行的角度来讲,可以将死缓归入“生刑”而不是死刑的范畴。这是中国死缓制度本身的特点所决定的。

因此,从制度上解决刑罚结构的失衡问题,是刑事立法和刑事司法追求的目标。《刑法修正案(八)》和《刑法修正案(九)》对于“限制死刑、加重生刑”的立法努力,改变了原有刑罚结构的根本性缺陷,初步形成了协调衔接的刑罚阶梯,顺应了时代要求。《刑法》第383条规定的,对数额特别巨大且致国家人民利益遭受特别重大损失的贪污受贿犯罪分子依法判处死刑缓期执行同时宣告终身监禁,在原本无期徒刑的基础上增加不得减刑、假释的条件,实际上是延长了生刑的时间;终身监禁制度的介入,实质上提高了死刑立即执行在贪污受贿案件中的适用标准,符合限制死刑的价值追求。

由此可见,我国刑法确定的终身监禁制度是一种“刑法实效平衡器”,是在刑罚功能与刑罚效果之间的调节器,能有效缓解“死刑偏重,生刑偏轻”的矛盾冲突,解决刑罚结构失衡问题。

第三,展现预防的刑罚功能。刑罚的目的在于实现特殊预防和一般预防,它不仅包括针对犯罪分子本人的特殊预防,也包括针对社会公众尤其是潜在危险分子的一般预防。终身监禁对于特殊预防和一般预防的威慑力和警示功能是不可否认的。

我国刑法确立的终身监禁制度,有利于威慑犯罪分子,预防贪腐犯罪。从现实案例来看,恒丰银行董事长蔡国华滥用职权、贪污、挪用公款、受贿、违法发放贷款案中,滥用职权造成损失8.9亿元,共同贪污1018万元,挪用公款 48 亿元,受贿 11.8 亿元(10.7 亿元未遂),违法发放贷款 35 亿元,一审判处终身监禁,蔡国华不服,提出上诉,二审驳回。这说明,犯罪分子对于终身监禁与无期徒刑的差别是在乎的,终身监禁的威慑力大于普通无期徒刑,特殊预防的效果较为明显。当然,这个案件的上诉及被驳回的过程经媒体披露后,对社会公众的一般预防效果,也应当是明显的。

可以说,《刑法修正案(九)》增设重大贪污贿赂犯罪可适用终身监禁的制度的立法活动,是深刻分析当今社会腐败犯罪所带来的严重危害、充分听取民众的意见、再经过专家的缜密论证后作出的创新活动。这既是立法民主的体现,也是通过法治教育活动体现刑罚一般预防功能的实践。

第四,承担死刑替代的任务。通过全面解读《刑法修正案(九)》的内容,我们能够清晰地看到它所规定的终身监禁并非一个新的刑种,也不属于一种独立的新的刑罚制度。

回顾历史,我们能够清楚地看到,终身监禁立法的出台,是以死刑废止为背景的。在慎用死刑、减少死刑适用的趋势下,对部分原本可以判处死刑的重特大贪污贿赂犯罪分子,基于贯彻严格控制死刑政策与从严惩处腐败犯罪的双重目标,适用终身监禁是在尽量不减损法律威慑力的前提下所选择的妥当措施。在我国刑罚体系中,刑罚的种类虽然也算齐全,但刑罚设置的梯度以及梯度间的衔接并不理想。如果死刑被废止了,处置严重犯罪的刑罚措施会显得力量不足,这种状况使终身监禁成为替代死刑的最优选项。

从死刑废除的角度来看,终身监禁具有重要的历史价值。它在缩减死刑的道路上,起到了立法衔接和司法缓冲的作用。在现代文明发展的进程中,对人权的尊重日益得到重视,对自由的价值确定和保护措施明显得到加强,刑罚的轻缓化趋势已经成为国际社会普遍认同的准则,终身监禁正是在这个角度上成为取代死刑的措施。这一点,从贝卡里亚、边沁等众多死刑废除论者的论述中可以看出,终身监禁的出现及强调适用,不是没有看到终身监禁的严厉性,而是将其放在与死刑和其他身体刑进行比较的场合,得出的取轻刑的观点。如边沁主张以终身监禁替代死刑,认为对罪犯执行死刑所付出的法代价与所能收获的效果并不是成正比的。

当然，终身监禁的正向价值还可以从不同的角度进行归纳总结，尤其是在新时代刑罚改革进一步深化的情况下，终身监禁会发挥更强的作用。

(2)终身监禁的负向价值

第一，终身监禁的规定阻断了犯罪人回归社会的道路。终身监禁虽然没有直接剥夺犯罪分子的生命权，但可能剥夺了犯罪分子对自由的向往和对未来的希冀。在终身监禁制度不可减刑、假释的框架里，其对于犯罪分子的精神折磨和人格尊严的摧残并不亚于死刑。在长期的监禁中，犯罪分子也不能与社会、家庭产生互动、交流，不利于对其进行教育改造。①

同时，终身监禁制度的推出与通常的行刑目标相背离。行刑目标的考量要素可以有多个，但最主要的是有效地回归社会。因此在行刑的过程中，监狱应根据每个罪犯的表现情况提请法院给予罪犯减刑、假释的机会。

第二，终身监禁使刑罚的预防功能两极化。一方面，终身监禁对自由的强力控制使刑罚特殊预防的功能完全丧失。终身监禁对罪犯的特殊预防是外力强加的物理性预防，并未从根本上矫正犯罪人主观意识，没有取得不再犯罪的心理意念，无法起到预防再犯可能性的效果，特别是终身监禁并不以罪犯回归社会为目标。因此，终身监禁违背了特殊预防的目的要求，片面强调刑罚的报应论，不仅无法激励犯罪人矫正的积极性，而且会削减犯罪人矫正的动力。另一方面，终身监禁一般预防的效果级差增强。终身监禁的一般预防，是终身监禁的立法和司法信息给社会公众产生的影响。从广义上来说，终身监禁的立法所产生的预防效果是相对较好的，它提示了“牢底坐穿”的价值内涵。同时，通过终身监禁实践所产生的司法效果对一般预防的效果也明显增强。

第三，诱致心理疾病多发。贝卡里亚对于刑罚的后果曾经论述，他认为“对人类心灵发生较大影响的，不是刑罚的强烈性，而是刑罚的延续

---

① 参见苏文聪：《终身监禁制度在我国的适用问题及完善》，载《怀化学院学报》2019 年第 3 期。

性”。当刑罚施加于罪犯时,被判处终身监禁的罪犯因为刑罚结果的绝望性,患有心理疾病的可能性往往会更高。

在现实中,废除死刑的目的是保障人权不被强大的国家机器所践踏,为了实现这个目的,就需要寻求比死刑更为宽缓的惩罚方式。这是人们追求刑罚目的的必然要求。刑罚施加于罪犯,给其带来的影响主要是两个层面:一是生理层面,罪犯感觉到行动不自由,言论受到约束,等等;二是精神层面,罪犯尊严受到贬低,人格、名誉都受到影响,等等。就终身监禁而言,罪犯精神上感受无止境的痛苦和绝望,并不亚于死刑立即执行,“从个人的心理承受程度来说,漫长无止境地体会痛苦远比瞬间失去感知能力要残忍得多”,①也更容易引发罪犯的心理疾病。

第四,行刑方式与我国现行的行刑政策是不协调的。基于刑罚目的的实现要求,我国的刑罚执行全面贯彻了教育与改造相结合的方针,努力加强对服刑人员劳动技能培训,使其习得一技之长,能够自食其力。为此,我国的行刑政策也强调要以“保障人权”和刑罚的“教育改造”为目标,突出对犯罪人的教育。为实现这样的目标,行刑方式的社会化倾向不断强化,自由刑的执行也逐步呈现出轻缓化的趋势。

终身监禁作为一种终身刑,与死刑一样同属于酷刑,其对罪犯人格的侵害也很严重。正如贝卡里亚所说,刑罚的持续性比刑罚的严厉性更能对人产生影响。终身监禁制度体现的报应功能,与行刑政策要求的对人的教育改造功能相悖。如果说死缓是为犯罪分子走向死亡末路的生命齿轮按下暂停键,那么绝对的终身监禁就相当于给犯罪分子的牢狱生涯按下循环键,彻底封堵了其回归社会的出路,与刑罚正当性理念不符。②

(三)终身监禁的价值实现

1. 终身监禁价值的实现目标

终身监禁价值的实现,旨在达成终身监禁谋求刑罚特殊预防与一般预防相统一的效果。

---

① 王璇子:《论终身监禁的法律定性及适用问题》,载《知与行》2017年第3期。

② 参见王璇子:《论终身监禁的法律定性及适用问题》,载《知与行》2017年第3期。

(1)刑罚体系整体效果的实现

这是终身监禁在制度层面的价值目标。刑罚体系中发挥作用的因素有多个,包括刑罚种类、刑罚适用(裁量)、刑罚执行和刑罚消灭等。

终身监禁作为我国刑罚体系中刑罚种类、刑罚适用与刑罚执行制度相结合的产物,对于我国刑罚体系整体效果的实现具有重要的意义。一是终身监禁在死刑和无期徒刑之间架构起了一座桥梁,使无期徒刑与死刑之间的衔接更加紧密,体系结构更加合理;二是终身监禁的设置使我国的刑罚执行有了更加严谨、科学的标准,排斥了减刑、假释的任意性条件,提升了刑罚执行的有效性。从这两个角度上来看,终身监禁的设置有利于我国刑罚体系整体效果的发挥,能够更好地发挥我国刑罚体系的惩治、教育、威慑和警示功能。

(2)对严重犯罪给予严厉的惩罚保证罪责刑相适应原则精神的实现

终身监禁作为实现刑罚特殊预防目的手段,体现在其所具有的与死刑相类似的刑罚预防效果,即消除罪犯再犯可能性。在我国现阶段的刑罚体系下,对实施严重贪污受贿犯罪的罪犯,根据其犯罪给社会所造成的危害和在实施犯罪过程中的主观心理状况,以及其自身所具有的人身危险性,确定适用轻于死刑且效果与死刑相类似的终身监禁,既是特殊预防的体现,也是罪责刑相适应原则的体现。

(3)担当起不适用死刑时保障刑罚威慑力的角色

终身监禁作为实现刑罚一般预防目的的手段,其所起的作用主要在于通过终身监禁适用前或适用后(有时候也包括适用中)所表现出来的信息给社会带来的震慑。死刑的废除是一个长期的过程,不可能一蹴而就,因此,当死刑限制适用的政策还需要延续一段时间时,就需要由终身监禁来担当死刑缺失(不适用)情形下维护刑罚威慑力的使命。在制度架构时设置终身监禁比无期徒刑的处罚要重的条件下,用终身监禁这一严厉程度与死刑相当但又不剥夺犯罪人生命的自由刑替代,能够较好地实现坚持死刑政策与保障刑罚的威慑效果的统一。

2. 终身监禁价值的实现路径

终身监禁的价值在于其作为自由刑所产生的惩治、威慑、教育、警示价值,同时,在我国慎用死刑、减少死刑适用的政策背景之下,终身监禁还有替代死刑适用的价值。这两个价值的实现,既有赖于立法上对终身监禁制度的科学规定,也有赖于无期徒刑在司法适用过程中的有效执行。

(1)在立法上明确终身剥夺自由的"绝对性"

第一,在《刑法》总则中规定"无期徒刑"与"不得减刑、假释"并用。终身监禁制度从2015年《刑法修正案(九)》设立至今,实际运行效果并不能充分发挥制度价值,一个重要的原因就在于,终身监禁制度作为一项刑罚制度,仅规定于《刑法》分则之中,却在《刑法》总则第三章"刑罚"以及第四章"刑罚的具体运用"中没有任何规定。由此催生了诸如终身监禁的性质究竟是独立刑种还是其他刑种的执行方式以及在具体运用的过程中是否可以适用减刑、假释的问题。终身监禁在《刑法》总则中的内容缺失,使终身监禁无论是在性质上还是在适用上存在不确定性,这影响了终身监禁价值的实现。终身监禁之所以可以作为死刑的替代措施,同时作为自由刑而产生比无期徒刑更强的惩治、威慑、教育、警示效果,在于终身监禁对自由剥夺的绝对性和法律效果的明确性。

因此,终身监禁价值的实现路径之一便是将其在《刑法》总则中予以明确规定,以昭示其刑罚的绝对性与明确性。一是将终身监禁的性质、执行方式、执行对象、执行程序等内容规定在《刑法》总则第三章之中,分别处置:如果将终身监禁刑作为独立刑种,可在《刑法》第一编第三章第四节"有期徒刑、无期徒刑"之后增加一节"终身监禁",对终身监禁刑的内容予以具体规定;如果将终身监禁作为无期徒刑的执行方式,则应当将终身监禁刑的内容规定在《刑法》第三章第四节"有期徒刑、无期徒刑"之中,明确终身监禁与无期徒刑之间的关系。二是在刑罚的具体运用过程中,明确终身监禁与减刑、假释制度的关系。终身监禁的设置实际上与现阶段刑罚执行过程中的减刑、假释制度是相矛盾的,而《刑法》总则第四章中,无论是减刑制度还是假释制度,都未明确排除被判处终身监禁的情形。因此,应当在《刑法》第四章第六节"减刑"以及《刑法》第四章第七节"假释"之中对这两个制度的限制适用条件进行明确规定,如被判处或宣告终身监禁,则不能减刑或者假释。

第二,在《刑法》分则中明确规定"终身监禁"。终身监禁出台后被学界最为诟病的是其适用范围的局限性,将适用对象限定在贪污受贿犯罪,影响了终身监禁制度价值的实现,其所能发挥的作用也仅限于特定范围的人群。故此,为进一步实现终身监禁的价值,应当适度扩张其适用范围,并在《刑法》分则中的其他严重犯罪中规定终身监禁的适用。按照目前的立法框架,我国现阶段还有46个死刑罪名,对于这些死刑罪名,可以尝试对其明确终身监禁的适用。如此一来,一方面,能够尽可能地扩大终身监禁的适用范围,以实现终身监禁可以适用于侵害同等社会法益的严重犯罪;另一方面,在已有的死刑罪名中加入终身监禁的处罚规定是不违背罪责刑相适应原则的,同时,也可以充分发挥终身监禁限制、减少死刑适用的作用。

(2)刑罚执行中对罪犯实际服刑状况的考核形成"终身羁押"的结果

刑罚的执行相比较于刑罚的立法设置对于刑罚实际价值的实现更为关键。在现阶段我国终身监禁立法尚不完善的情况下,实现终身监禁的价值更需要严格刑罚执行的过程。一方面,对已判处终身监禁的罪犯的实际服刑状况应当由检察机关或者监狱进行考核,防止已被判处终身监禁的罪犯违规适用暂予监外执行等措施而破坏其"终身性";另一方面,终身监禁设置的其中一个因素是实践中的"无期徒刑有期化",这就需要加强对减刑、假释适用标准的把握和监督,对不符合条件的罪犯不得减刑、假释,以谋求"终身羁押"效果的实现。

3. 终身监禁价值实现的(效果)评估

(1)终身监禁价值评估的基本原理

一项法律制度价值实现的效果评估,是在该项法律制度颁布实施一段时间以后,由特定的评估主体结合设立制度的目的,考察制度的实施情况,判断制度在运行过程中是否实现制度设立的目的,以对制度运行效果作出的评估。

对终身监禁价值实现的评估,是在明确设置终身监禁本身的价值目标的前提下,通过对终身监禁制度运行的实践考察,由特定的主体对终身监禁在运行过程中就是否实现其刑罚的价值以及作为死刑替代措施的价值进行判断与评估。

对终身监禁的价值评估应当包含三方面的内容:一是确定评估目的,即对终身监禁的价值评估的目的应当是通过价值评估以了解终身监禁制度的实际运行情况,为终身监禁制度的后续修改、调整提供建议,从而进一步完善终身监禁制度;二是选择一定的价值评估的方法,包括研讨会、实地调查、问卷调查、科学论证、案例研究等;三是需要一定的评估资源,包括人员保障、财政保障、物资保障等。

(2)终身监禁价值评估需要考察的要素

制定终身监禁价值评估标准需要考虑的因素,在不同的具体罪名中可能会有所区别,但从共性要求上考虑,需要包括以下三个方面。

一是法理标准。法理标准包括终身监禁的合宪性标准以及合法性标准。终身监禁价值评估首先需要考察的是终身监禁的设置是否存在违反我国宪法精神和宪法所规定的各项基本原则的情况,这是终身监禁价值实现的基础。此外,价值评估的法理标准还要求终身监禁制度在立法上不与其他上位法相矛盾、排斥,由于终身监禁本身就是规定在刑法之中,因此,对终身监禁的合法性考察主要判断其设立程序以及执行程序是否合法。

二是实效标准。实效标准要求考察终身监禁的设置是否能够取得良好的效果,终身监禁制度的相关规定是否能够得到有效的执行和遵守,通过实效标准判断终身监禁的执行效果,同样也是对终身监禁价值评估需要考察的要素。

三是法律效果、社会效果、政治效果相统一的标准。终身监禁制度作为一项法律制度,对其进行价值评估需要考虑法律的统一性、权威性、和谐性,同时也需要关注社会公众、社会舆论对于终身监禁制度的评价与看法。另外,从终身监禁设置的时代背景来看,打击腐败与限制死刑的政策要求的实现与否,同样是对终身监禁价值进行评估所需要考察的要素。

(3)终身监禁价值评估的机制

建立终身监禁制度价值评估机制应当包括终身监禁价值评估的主

体、对象、程序等方面的内容。

终身监禁价值评估的主体包括立法主体、司法主体、执法主体、守法主体。立法主体即终身监禁制度的制定者,包括立法机关以及立法参与者,通过立法主体的评估可以有效实现对终身监禁制度价值取向以及立法目的的把握;司法主体即审判机关以及检察机关,主要考察司法机关在适用终身监禁制度过程中的裁量权以及实际适用的情况、类型,有利于了解终身监禁制度的实际应用程度;执法主体主要是监狱管理机关,通过执行机关对罪犯在适用终身监禁过程中是否能够达到良好的改造效果,是否实现经济效果与法律效果的统一,判断终身监禁价值是否实际实现;守法主体即社会一般公众群体,通过守法主体的评估可以了解不同公众对于终身监禁制度的看法与评价,从而全面地了解终身监禁的价值是否取得了良好的社会效果。

从程序上来看,终身监禁的价值评估应当包括以下四个机制:一是价值评估目标的确定机制,在对终身监禁进行价值评估前,首先应当确定价值评估的目的,实现价值评估活动与价值评估目的相吻合;二是信息采集机制,主要包括通过各种信息采集方法对终身监禁实践运行效果的考察;三是评估报告机制,在对终身监禁制度的实践运行效果进行考察后,综合各个主体对终身监禁制度的评价与反馈,结合科学评判标准,作出对终身监禁价值评估报告;四是评估反馈机制,在获得对终身监禁价值评估报告后,应当采取相应的措施,如立法调整、执行监督等,针对评估报告中所提及的终身监禁目前存在的问题,进行制度改良和优化,从而形成一整套闭环价值评估程序机制。

三、终身监禁制度的作用

(一)终身监禁制度作用的概念

作用是功能外化的表现形式,是制度功能对社会生活产生的影响。终身监禁制度的作用,就是终身监禁制度通过死缓、无期徒刑以及减刑、假释等刑罚制度要素的相互关联与相互协调,对犯罪人、对被害人、对社会发生的影响。

终身监禁制度的作用是与终身监禁制度的功能紧密相关的。它是终身监禁功能在具体案件中的体现。

(二)终身监禁制度作用的表现

1.强化了无期徒刑的威慑力

终身监禁的制度设计是建立在无期徒刑的基础上的。当一般意义上的无期徒刑,与其他刑罚制度相互衔接、适用时,就可能出现无期徒刑向有期徒刑转化的现象。这本来是正常的,但是当需要将无期徒刑改造成“终身监禁”时,就意味着无期徒刑不能再向有期徒刑转化了。阻却无期徒刑向有期徒刑转化的法定因素,就是“不得减刑、假释”。可见,“不得减刑、假释”这一限制条件具有很强的影响力,把它写入《刑法》第383条中,对贪污受贿犯罪分子具有很强的威慑力。

对一般公众而言,终身监禁的威慑力主要在于:如若实施程度相当严重的犯罪,则依照刑法的规定行为人将面临终身被剥夺自由,并不能再回归社会的结局。根据威慑论者的观点,在现实中,即使在某些场合的威慑效果不能实现或者不能达到预期的结果,但只要能够起到一定作用,也被认为是在目标设计的范围之内的,“即通过对一个人的对待作为其他许多人的例证,那么这种威慑就具有道德上的合法性”[①]。

关于刑罚威慑力被用于一般预防的价值评价,学术界有一些不同的观点。借助于终身监禁的犯罪人的被处罚示例,提醒社会公众预防犯罪或避开犯罪,是一种警示教育,这并不是将犯罪人所受的终身监禁作为一种工具和手段。因为,按照责任主义原则,任何犯罪人都要为其犯罪行为受到应得的惩罚,而这种惩罚的设定与实施所带来的威慑,仅是终身监禁的一种附随效果,但客观上这种附随效果能起到较好的威慑作用。如果把终身监禁的罪犯变成劳役犯,让他用自己的劳苦来补偿其所侵犯的社会,那么,这种丧失自由的鉴戒则是长久的和痛苦的,这是制止犯罪最强

---

① Gerard V. Bradley, *Retribution and the Secondary Aims of Punishment*, The American Journal of Jurisprudence, Vol. 44, p. 120.

有力的手段。①

2. 满足了部分民众的报应情感

终身监禁对罪犯的自由予以终身剥夺，是该项制度发挥的最主要作用，是满足部分普通民众对死刑废除之后的报应情感的需要。

死刑废除的争论僵持不下的原因，主要是民众对于严重犯罪，尤其是严重暴力犯罪的发生缺乏心理上的依赖，各种价值观支配下的认知结果引发了严重的冲突，没有一致认可的处理方式。终身监禁就是在这夹缝中权当有效的解决方法。可以这样认为，终身监禁制度平息了公众的合理愤怒。贝卡里亚曾说："终身苦役同死刑一样也是痛苦的，所以，它也同样是残酷的。"根据社会心理学的"公正世界假设"（just world hypothesis）理论，即每个人都愿意相信世界是公平的，尽管大多数人能理性地认识到这个世界并不公平或者只是相对公平，但是他们潜意识里还是愿意相信善有善报、恶有恶报。这种认识的产生，大致来自两个方面：第一，受传统文化或国民性格的影响。在我国，人民群众对于贪污受贿等腐败犯罪十分憎恶，而在现行刑法体系下，即使罪犯被判了死缓，最终也有可能获得自由。第二，死刑废除全球化的格局下，设立无期徒刑不得减刑、假释的刑罚措施，能够有效地平息公众的愤怒感，起到维稳的作用效果。②

3. 防止处罚失衡

司法公正是现代法治的基石。衡量一个国家的法治化水平，最主要的是要有一个保证公正司法的机制。只有这样，才有可能让公众在每一个案件中都能感受到公平正义。就终身监禁的制度建设而言，尽管终身监禁制度具有严厉性和机械性的缺点，但是从刑罚功能的主动性角度来看，它能够从制度层面保证使那些社会危害极其严重，社会影响特别恶劣的犯罪案件，受到相对公平、公正的司法处置，可以最大限度排除人为因素导致的处罚失衡。

---

① 参见［意］切萨雷·贝卡里亚：《论犯罪与刑罚》，黄风译，北京大学出版社2008年版，第66页。

② 参见封韬：《终身监禁制度在我国的现实意义与未来走向》，载《四川职业技术学院学报》2018年第4期。

(三)终身监禁制度作用的发挥

1. 正确认识终身监禁制度的意义

贪污腐败是当今世界无法回避的问题之一,其对社会公共利益以及公权力形象造成了极大的负面影响。我国将终身监禁制度首先应用到贪污受贿的腐败犯罪中,体现出立法者对于治理贪腐问题的重视。终身监禁制度的设立对于反腐败具有重要意义,具体体现在以下两点。

(1)有利于解决外逃贪污腐败分子引渡难的问题

我国外逃官员数量较大,造成大量财产流失。在与贪污腐败分子外逃的国家就司法合作或引渡问题进行商讨时,我国常被要求承诺这些犯罪嫌疑人引渡后根据我国刑法不会被判处死刑。因此,为了顺利追究外逃贪污腐败分子的刑事责任并追回其犯罪所得财产,设立终身监禁制度能够解决当前“引渡难”的司法难题。

(2)设立终身监禁制度对于贪污腐败分子的震慑效果更强

在设立终身监禁制度之前,我国《刑法》规定,对于犯罪数额特别巨大或者有其他特别严重情节的贪污腐败分子,最高可能判处死刑。但在实践中,受到慎用死刑的司法导向影响,绝大多数具有特别严重情节的贪污腐败分子被判处死刑缓期执行或者无期徒刑,而被判处死刑缓期执行的基本都会在考验期满后顺利减为无期徒刑。终身监禁制度通过限制减刑、假释,强制剥夺了贪污腐败分子重返社会的机会,具备更强的震慑效果。

2. 严格把握终身监禁适用的条件

根据《刑法修正案(九)》第 44 条的规定,终身监禁应由人民法院根据犯罪情节等情况在决定判处犯罪分子死刑缓期二年执行的同时决定适用,其中“根据犯罪情节等情况”的表述较模糊,留给法官的自由裁量空间较大,而《刑法》及司法解释未作进一步的解释。最高人民法院和最高人民检察院在 2016 年 4 月 18 日联合发布的《关于办理贪污贿赂刑事案件适用法律若干问题的解释》中虽然对贪污贿赂犯罪死刑及终身监禁的适用作了一些规定,但未对终身监禁的适用设定更为具体、细化的标准。对此,笔者认为,需要从立法上理解终身监禁的条件及精神。

根据我国《刑法》第 5 条的规定:“刑罚的轻重,应当与犯罪分子所犯罪行和承担的刑事责任相适应。”具体而言，影响刑罚轻重的因素是犯罪行为的社会危害性及行为人的人身危险性。又根据《刑法》第48条第1款的规定：“死刑只适用于罪行极其严重的犯罪分子。对于应当判处死刑的犯罪分子，如果不是必须立即执行的，可以判处死刑同时宣告缓期二年执行。”可见，适用死刑的条件为“罪行极其严重”，适用死缓的条件为“罪行极其严重，但不是必须立即执行”。也即，死刑又包括死刑立即执行及死刑缓期二年执行两种执行方式，犯罪分子所犯罪行的“社会危害性极其严重”是适用死刑的前提条件，其中人身危害性极高的犯罪分子适用死刑立即执行，人身危险性不属于极高的犯罪分子则属于“不是必须立即执行”的情形，应当判处死刑缓期二年执行。终身监禁的适用又应当在判决死刑缓期二年执行时“同时决定”，此处的“犯罪情节等情况”人民法院具体应细化到以下三点：第一，决定其所适用的量刑幅度的事实情节，“数额特别巨大，并使国家和人民利益遭受特别重大损失”；第二，决定其判处死刑的条件“罪行极其严重”的事实情节，如贪污受贿的次数、持续的时间，是否有索贿行为，贪污对象是否为特定款物，赃物的具体用途（是否用于违法犯罪活动）等；[①]第三，反映犯罪分子人身危险性大小的情节，如对所犯罪行是否真诚悔过、是否退赃等。

3. 严格贯彻“宽严相济”刑事政策

（1）终身监禁也具有一定的刑罚严厉性

应当承认，终身监禁作为自由刑与生命刑相比而言，当然更符合人道主义的要求。但终身监禁制度加“不得减刑、假释”的限制条件，几乎剥夺了犯罪分子重返社会的可能性。终身监禁的制度设计，虽然可以有效地避免犯罪分子在社会上再犯罪的可能性，具有确定的、可预期的特殊预防价值，也具有一定的一般预防作用；但它同时很可能造成犯罪分子自暴自弃，导致其在监狱中再次犯罪情况的发生，出现无效执行时间，浪费司法资源。因此，终身监禁制度同样具有一定的刑罚严厉性，人民法院在适

---

① 参见黄永维、袁登明：《〈刑法修正案（九）〉中的终身监禁研究》，载《法律适用》2016年第3期。

用该制度时仍应慎重。

(2)适用终身监禁应符合“罪行极其严重”

当今国际社会,民众人权意识高涨,民主法治思想深刻影响着刑事政策,刑罚轻缓化成为国际社会刑罚体系发展不可逆的趋势。“宽严相济”的刑事政策作为我国的基本刑事政策,贯穿于刑事立法、刑事司法和刑罚执行的全过程。如前所述,终身监禁应当由人民法院在判处犯罪分子死刑缓期二年执行的同时,根据犯罪情节等情况决定是否对其适用,而判处死刑缓期二年执行要求犯罪分子符合“罪行极其严重”的条件,因此终身监禁也需要在犯罪分子符合“罪行极其严重”的条件时才能适用。

综上,剥夺犯罪分子的终身自由意味着认定其不具备可改善性,人民法院在判断是否对其适用终身监禁制度的过程中也应贯彻“宽严相济”刑事政策,只有对那些人身危害性很高的犯罪分子,才可以根据具体犯罪情节适用终身监禁。

4. 畅通刑罚适用与刑罚执行的衔接机制

虽然“终身监禁”这一名词在我国刑罚体系中出现较晚,但在国际社会中,“终身监禁”与“无期徒刑”常为同一制度的不同表达,我国的终身监禁制度则可以理解为不可减刑、假释的无期徒刑。自《刑法修正案(九)》设立终身监禁制度以来,“不得减刑、假释”的条件限制是否恰当已经成为各界围绕该制度讨论与争议的热点话题之一。

在我国设立终身监禁制度之前的刑罚执行体系中,由于减刑、假释的普遍适用,无期徒刑往往名不副实,无法实现真正的“无期”效果,[①]对终身监禁制度规定“不得减刑、假释”弥补了死刑与适用减刑、假释的无期徒刑之间的刑罚空缺,有利于畅通刑罚适用与刑罚执行的衔接机制。根据原全国人大法律委员会同中央政法委等有关部门的意见认为,终身监禁不得减刑、假释有利于“防止在司法实践中出现这类罪犯通过减刑等途

---

① 车浩:《刑事立法的法教义学反思——基于〈刑法修正案(九)〉的分析》,载《法学》2015年第10期。

径致服刑期过短的情形”[①]。因此,“不得减刑、假释”可以保证终身监禁制度的贯彻,使犯罪分子在被判处终身监禁后在监狱内监禁终生,真正做到名实相符,弥补了贪污受贿犯罪“死刑过重”与“生刑过轻”形成的巨大落差。

第三节　终身监禁制度的性质

一、终身监禁制度性质的争议观点

(一)争议学说观点简介

终身监禁具有刑罚属性,这一点没有什么太大争议,但它具有的刑罚属性具体表现在哪些方面,则是有争议的。通常而言,具有刑罚属性的内容包括刑罚种类、刑罚裁量制度、刑罚执行制度、刑罚消灭制度等内容。但是否细化到刑罚适用的方法(如量刑建议、认罪认罚的审查)、刑罚执行效果(如重新犯罪)、刑罚消灭救济(激活追诉权)等,尚需要进行深入的研究和探讨。

如前所述,作为刑种的终身监禁刑(无期徒刑)在刑罚体系中占有重要地位。有所不同的是,在死刑存废争议中,基于死刑限制适用的终身监禁的定位问题,则是需要重新认识的。

有人认为,“贝卡利亚主张将终身监禁取代死刑的观点就说明了终身监禁其原初制度意味就是定位为与死刑相等的独立刑种”。[②] 这一观点是值得商榷的。因为:第一,在将终身监禁作为刑种的国家,它并不具有与死刑相等的价值,否则就没有必要提出在废除死刑的情况下由终身监禁来替代。因此,作为刑种的终身监禁是轻于死刑的。第二,在将终身监禁作为“实际关到死”的刑罚方法或者刑罚结果的国家,无论作为刑种的名称是“无期徒刑”、“无期禁锢”还是“终身禁锢”等,“终身监禁”都只是

---

① 荆龙:《刑法修正案(九)草案审议进入“收官”》,载《人民法院报》2015 年 8 月 24 日,第 1 版。

② 马微:《终身监禁制度研究》,武汉大学 2017 年博士学位论文,第 17、28 页。

这些刑种的绝对执行形式。因此,将作为自由刑的终身监禁与作为生命刑的死刑相提并论,是不恰当的。

当然,我们可以说,在死刑缺位的情况下,最能接替死刑刑罚效果的,当属无期徒刑无疑。但不能简单地说,终身监禁是与死刑相等的独立刑种。

1. 独立刑种地位

终身监禁制度设立后,我国的刑罚体系中的刑罚种类已经进行了增设与调整,刑罚种类的结构进行了优化,初步形成了"一元多层次"的刑罚体系。同时结合国际社会对终身监禁的立法状况,有学者主张我国对终身监禁的立法应当选择"总则 + 分则"的形式,将终身监禁作为死刑、无期徒刑或有期徒刑一样的刑罚,其既可以在《刑法》总则中规定,也可以在《刑法》分则中适用于具体的个罪。

2. 死刑替代措施

有人认为,对我国终身监禁的法律性质进行考察,应当从死刑立即执行和死刑缓期(二年)执行两个不同角度出发,认为终身监禁应当是部分死刑立即执行的替代措施。① 因为终身监禁的适用对象为,原本可依法判处死刑立即执行,但基于当前的严格控制死刑的政策,判处死刑立即执行略显偏重,而判处死刑缓期执行又略显偏轻的罪犯,此时依法判处死刑缓期执行并适用终身监禁才能做到罚当其罪。可见,从立法目的与死刑政策的角度来看,终身监禁是部分死刑立即执行的替代措施。

3. "中间刑罚"

与上述"替代性措施"的观点相反的另一种观点则认为,从死缓执行的角度看,终身监禁的法律性质是介于死刑和普通死缓的中间性刑罚措施。②《刑法修正案(九)》所确立的终身监禁,并不是一种新的刑罚制度,也不是一个新的刑种,而是介于死刑与普通死缓之间的中间刑罚。这里

① 参见黄永维、袁登明:《〈刑法修正案(九)〉中的终身监禁研究》,载《法律适用》2016 年第 3 期。

② 参见黄永维、袁登明:《〈刑法修正案(九)〉中的终身监禁研究》,载《法律适用》2016 年第 3 期。

的“中间刑罚”,是指在同一种刑罚中因执行方式不同而形成的、介于最重刑罚后果与最轻刑罚后果之间的、严厉程度居中的刑罚执行方法。由于终身监禁依附于死刑缓期执行制度而存在,其严厉程度明显高于一般意义上的死刑缓期执行。因此,可将我国规定的终身监禁理解为适用于贪污罪、受贿罪的刑罚执行措施,“其功能为调度我国目前的死刑缓期执行制度和无期徒刑的执行制度”①。“我国的终身监禁不是独立的刑种,其仅仅是一种刑罚执行制度。”②

笔者认为,这种观点是模棱两可的。作为刑罚的执行措施,需要具备将刑罚落地的功能,它是刑罚效果的组成部分。而终身监禁只是增加了“不得减刑、假释”的显示效果,本身并不产生无期徒刑的刑罚效果。

4. 特定的刑罚执行制度

有学者认为,我国的终身监禁实质上是死刑的一种执行制度,因为基于刑法所规定的终身监禁内容来看,关于贪污罪、受贿罪的终身监禁在刑罚结果上是具有剥夺罪犯人身自由终身的可能性的自由刑,然而其在实质层面是死刑,是有别于当前的死缓而具有特定意义的死刑执行制度。③

(二)争议焦点及其实质

1. 争议焦点

(1)刑种之争

有人主张终身监禁是一种刑罚种类,具体包括特殊无期徒刑说和终身监禁刑等同说两种不同的见解。

第一,持特殊无期徒刑说观点的学者认为,从字面意思来看,终身监禁完全可以与无期徒刑画上等号,原有无期徒刑只对减刑、假释有限制规定,而终身监禁是在此基础上对减刑、假释的绝对禁止,可以认为这就是实质意义上的无期徒刑。④ 在此基础上我国的无期徒刑应该分为三种:

---

① 黄京平:《终身监禁的法律定位与司法适用》,载《北京联合大学学报(人文社会科学版)》2015 年第 4 期。

② 马徽:《终身监禁制度研究》,武汉大学 2017 年博士学位论文,“创新性说明”。

③ 参见黎宏:《终身监禁的法律性质及适用》,载《法商研究》2016 年第 3 期。

④ 参见黄明儒、项婷婷:《论〈刑法修正案(九)〉“终身监禁”的性质》,载《湘潭大学学报(哲学社会科学版)》2016 年第 5 期。

一是可以减刑的无期徒刑；二是限制减刑的无期徒刑；三是不得减刑、假释的无期徒刑。

第二，持终身监禁刑等同说观点的学者认为，终身监禁是一种新的刑种，不属于我国刑法目前所规定的任何一种刑罚种类。终身监禁刑，按照字面意思可以解释为，将犯罪分子关在监狱中终身服刑。我国刑罚增设的终身监禁虽然从字面意义上看是让犯罪分子终身服刑，但其在性质上仍然不能与终身监禁刑等同。

(2)刑罚适用制度之争

在国际上，对于减刑、假释如何适用于终身监禁刑(无期徒刑)，刑法规范并没有明确的规定，而是依据国内法的规定予以适用。[①] 从世界各国的终身监禁制度来看，大体可以分为两种类型：一是以英美为代表的绝对终身监禁，即不得减刑、假释的终身监禁。在美国，除阿拉斯加和新墨西哥州之外其他各州的终身监禁都不得假释。[②] 二是以瑞士和丹麦等欧洲国家为代表的相对终身监禁，即可以减刑、假释的终身监禁。德国刑法规定，服刑15年后的终身监禁犯人，满足一定条件，可以假释。[③]

(3)刑罚执行制度之争

有观点认为，"终身监禁"是无期徒刑的执行制度，而非死刑或死缓的执行制度。相反，也有学者认为，终身监禁是无期徒刑的实际徒刑，而不是无期徒刑的特殊执行方式。

第一，刑罚执行措施说认为，终身监禁不是一种新刑种，而是一种特殊刑罚执行措施。[④] 站在条文总则与分则关系的角度，这种观点从根本上否定了终身监禁是一种刑罚种类，对终身监禁的定位比较恰当。但这

① 参见黄风、凌岩、王秀梅：《国际刑法学》，中国人民大学出版社2007年版，第103～104页。

② 参见张远煌：《宽严相济刑事政策与刑法改革研究》，中国人民公安大学出版社2010年版，第221页。

③ 参见刘仁文：《"终身监禁"并不等于在监狱中度余生》，载《法制日报》2008年11月30日，第14版。

④ 参见郑赫南：《增设"终身监禁"，封堵贪官"越狱"之路》，载《检察日报》2015年8月31日，第5版。

种观点容易与刑罚执行制度混淆,也未说明终身监禁与其他刑法执行措施的区别,因此有待商榷。

第二,限制减刑、假释措施说认为,终身监禁实际上是一种特殊的限制减刑、假释,属于法官依据法律规定和具体案件情况所行使的自由裁量权能够决定的范围。①

(4)刑罚实际效果之争

第一,批判终身监禁的观点认为,终身监禁不能达到刑罚的目的,包括一般预防与特殊预防。因为,一方面,终身监禁的特殊预防缺乏必要性,它有违刑法的谦抑主义原则。另一方面,在终身监禁的一般预防方面,由于终身监禁在减刑、假释上的限定过严,凡是被确定为终身监禁的罪犯,都难有获得自由的可能性,因此该项制度对于实际被宣告终身监禁的人而言,所起的刑罚作用是非常有限的。

第二,支持终身监禁的观点认为,终身监禁对于遏制贪污罪、受贿罪的高发具有积极的作用。终身监禁的结果在目前还未得到证实(具体案件判决的实践还不足 10 年),被判处终身监禁的罪犯实际执行中受"终身监禁"这一特别规定影响的程度有多大,还需要通过一段时间的实践证明。但是,终身监禁作为在贪污受贿犯罪未被判决死刑的情况下所选择的一个判决结论,是有积极意义的。

2. 争论的实质

(1)刑罚配置以已然之罪为依据还是以未然之罪为依据

在刑罚配置的理论上,所有刑罚设置的基本考量因素都是已然犯罪。也就是说,当给予某一个特定犯罪配置刑罚(包括加重法定刑)的时候,最先考虑的因素是该种犯罪"给社会造成的危害",也就是行为时的危害性程度,它是决定是否犯罪的最基本因素。当要给该种犯罪确定具体刑罚的时候,考虑的是法定刑与每年度人均收入(自由经济行为)之间的对比度。同时,也考虑一定量的治安环境状况和行为人可改造的可能性。

---

① 参见时延安:《论死缓犯限制减刑的程序问题:从对〈刑法〉第 50 条第 2 款的法理分析引入》,载《法学》2012 年第 5 期。

后者与预防犯罪(未然之罪)有一定的联系。

(2)刑罚威慑力与刑罚效果的不对应如何协调

刑罚能否充分实现对官员的威慑作用值得探讨。具体而言,由于终身监禁只有在贪污受贿犯罪分子被判处死缓的基础上才有可能被适用,所以终身监禁制度所起到的威慑作用也就仅限于犯最严重的贪污受贿罪的犯罪分子,而不适用于犯罪情节较轻的贪污受贿犯罪分子。也就是说,即使终身监禁能够对腐败官员中的位高权重的"大老虎"形成有力的威慑,也不等于能使基层的"小苍蝇"心生畏惧。因此,这种制度设置更多的是一种刑法对惩治腐败态度的表明以及决心的宣示。[①] 这是值得关注的。

(3)报应主义(惩罚)与目的性论(矫正)的均衡

毫无疑问,我国的终身监禁制度,是在顺应民众关切的背景下所采取的满足国民报应情绪的措施。这种措施,是中国长期以来所形成的法律文化及民众意愿的反映。在中国民众的善恶观念中,报应主义的思想影响根深蒂固,它不仅体现在刑罚观上,也体现在民间习惯中。

作为一种理论形态,报应主义大致经历了从道义报应到法律报应的演进过程。其中道义报应以犯罪分子的主观恶性程度为标准,对犯罪分子实行刑罚的正当性依据是其主观上的恶性。"道义报应解释了刑罚的伦理意义,因而是刑罚的题中应有之义。"[②]终身监禁,从严厉性的角度看,它体现了报应主义的思想;从宽缓性的角度来看,它体现了目的性论教育改造的功能。因此,在宽严相济刑事政策的框架里,终身监禁是体现宽严相济的代表之一。

(三)产生争议的原因

在查阅文献的过程中,笔者发现个别学者对刑法立法规定的逻辑关系及条文含义的概括和叙述是容易引起歧义的。例如,有学者写道,"《刑法修正案(九)》第44条规定:贪污数额特别巨大,使国家和人民利益遭受特别重大损失的贪贿行为,同时还应当被判处无期徒刑或者死刑,

---

① 参见詹奇玮:《关于我国终身监禁制度的批判性思考》,载《信阳师范学院学报》2016年第6期。

② 陈兴良:《刑罚目的新论》,载《华东政法大学学报》2001年第3期。

并处没收财产的罪犯，被判处死刑缓期执行的，在这种情况之下人民法院还需要根据犯罪情节等情况才可以同时决定在其死刑缓期执行二年期满依法减为无期徒刑后，满足了上述条件之后，人民法院可以对该类贪贿行为判处终身监禁，并不得减刑、假释”。这里至少有两个问题是需要讨论的。

1. 对“终身监禁”的前提是死刑还是无期徒刑认识不统一

从立法条文的研读结果来看，“终身监禁”的前提是“死刑”。这里的死刑，实际指的是“判处死缓”。《刑法修正案（九）》的原文是：将《刑法》第383条修改为：“对犯贪污罪的，根据情节轻重，分别依照下列规定处罚：（一）贪污数额较大或者有其他较重情节的，处三年以下有期徒刑或者拘役，并处罚金。（二）贪污数额巨大或者有其他严重情节的，处三年以上十年以下有期徒刑，并处罚金或者没收财产。（三）贪污数额特别巨大或者有其他特别严重情节的，处十年以上有期徒刑或者无期徒刑，并处罚金或者没收财产；数额特别巨大，并使国家和人民利益遭受特别重大损失的，处无期徒刑或者死刑，并处没收财产。对多次贪污未经处理的，按照累计贪污数额处罚。犯第一款罪，在提起公诉前如实供述自己罪行、真诚悔罪、积极退赃，避免、减少损害结果的发生，有第一项规定情形的，可以从轻、减轻或者免除处罚；有第二项、第三项规定情形的，可以从轻处罚。犯第一款罪，有第三项规定情形被判处死刑缓期执行的，人民法院根据犯罪情节等情况可以同时决定在其死刑缓期执行二年期满依法减为无期徒刑后，终身监禁，不得减刑、假释。”

该条第1款第3项虽然对“数额特别巨大，并使国家和人民利益遭受特别重大损失的”规定了“处无期徒刑或者死刑”的法定刑，但当按照该条第4款适用时，它的前提是“有第三项规定情形被判处死刑缓期执行的”，而不是像上述学者所说的那样，是“同时还应当被判处无期徒刑或者死刑，并处没收财产的罪犯，被判处死刑缓期执行的”。这前一个“判处”无期徒刑或者死刑是将法定刑与宣告刑混同，容易被误解为实行终身监禁所依托的无期徒刑是被“判处”的，这是不正确的。适用终身监禁的前提是“判处死刑（缓期执行）”。

2. 对“终身监禁”与“不得减刑、假释”的内在逻辑认识不统一

在具备“判处死刑(缓刑执行)”的前提条件后,其后所采取的都是刑罚执行手段。从逻辑上分析,对于数额特别巨大并使国家和人民利益遭受特别重大损失的,人民法院综合考量各种情节后,得出的结论是“判处死刑”。在判处死刑的情况下,根据犯罪情节,并以死刑的限制适用政策为指导,不是需要立即执行的,“可以判处死刑同时宣告缓期二年执行”。这是对被告人刑罚的确定。

然而,这个确定刑的产生,与通常适用刑罚考量的要素是有些差别的。在一般情况下,人民法院在量刑的时候,需要遵循两个原则:第一个是“刑罚裁量的原则”(也叫“量刑原则”),即《刑法》第 61 条规定“对于犯罪分子决定刑罚的时候,应当根据犯罪的事实、犯罪的性质、情节和对于社会的危害程度,依照本法的有关规定判处”,它主要是对已然之罪的一个交代。第二个是“罪责刑相适应原则”,即《刑法》第 5 条规定“刑罚的轻重,应当与犯罪分子所犯罪行和承担的刑事责任相适应”。它是对客观罪行与主观罪责的要求,也是中国刑法主客观相统一原则的体现。上述两个原则,是人民法院在考量适用刑罚时的常态原则。

但在“非暴力犯罪废除死刑”和“经济类犯罪不配置死刑”的大背景下,贪污受贿犯罪处于应当废除死刑而现实状况又不能废除死刑的尴尬局面,立法为了解脱这种两难处境,采用了“折中方案”:(1)对贪污罪和受贿罪保留死刑,但规定只有在“数额特别巨大并使国家和人民利益遭受特别重大损失的”情形下才可适用死刑;(2)对于“数额特别巨大并使国家和人民利益遭受特别重大损失的”,依照刑罚设置阶梯的内在要求,优先适用无期徒刑;(3)在必须要适用死刑的情况下,可以判处死刑缓期二年执行,并在死缓考验期满后减为无期徒刑,并依法适用减刑、假释;(4)只有根据“犯罪情节等情况”在死缓考验期满减为无期徒刑后,需要限制减刑、假释的适用的,才可以在“判处死刑宣告缓期二年执行”时,同时(决定)宣告在其死刑缓期执行二年期满依法减为无期徒刑后,终身监禁,不得减刑、假释。

因此,该等“不得减刑、假释”是在依据案件具体情况和贯彻“少杀、

慎杀”死刑政策的情况下，判处死刑立即执行过重；而按照死刑缓期执行的一般规律（没有故意犯罪的情形），死缓期满后即减为无期徒刑（有继续减为有期徒刑可能的）或者因确有重大立功表现直接减为25年有期徒刑，又显得过轻的情况下的一种选择。立法上，它的定位就是在介于死刑立即执行和通常的死缓（减为无期徒刑后可再减为有期徒刑）之间的一种刑罚处罚威慑力设定的选择。

二、确定终身监禁制度性质需要考量的要素

（一）实质条件——具有死刑威慑效果

终身监禁应当具备什么样的条件，按照法定刑确定的要求，其实是明确的。它通过“不得减刑、假释”实现“相当于死刑”的效果。有人将其分成三个方面，“贪污受贿犯罪应当符合判处死刑为终身监禁适用的基础性要件，贪污受贿犯罪还需要被判处死刑缓期执行为终身监禁司法适用的中间性要件，贪污受贿犯罪还需要在被判处死刑缓期执行的同时被减为无期徒刑为终身监禁适用的核心要件”。[①] 然而，这三个条件，从实质上考察，就是一个条件，即具备判处死刑的资格条件，产生死刑的威慑效果。

关于死刑的威慑效果，在死刑存废争论中一直是一个重要焦点。如果从刑罚的一般功能出发，死刑的威慑效果需要从两个方面进行考察。第一，死刑对于犯罪人的威慑力。这是刑罚特殊预防功能的表现（当然，严格意义上讲，适用死刑从观念上讲就是将罪犯“消灭了”）。在一般意义上，死刑是从肉体上消灭罪犯，虽然在宣判后到被执行前有威慑效果，但执行后就没有威慑效果了。第二，死刑对于社会公众的威慑力。这是刑罚一般预防功能的体现，是一般预防的实际效果在社会上的反映。因此，选择终身监禁这一制度，就是要通过考察认为它具备刑罚功能上的要求。

（二）形式条件——不得减刑、假释

《刑法修正案（九）》规定：犯贪污罪的，有数额特别巨大，并使国家和

---

① 马微：《终身监禁制度研究》，武汉大学2017年博士学位论文，“创新性说明”。

人民利益遭受特别重大损失的情形被判处死刑缓期执行的,人民法院根据犯罪情节等情况可以同时决定在死刑缓期执行二年期满依法减为无期徒刑后,终身监禁,不得减刑、假释。其中的“不得减刑、假释”,如同一艘船的“船尾舵”,把住“终身监禁”的航行方向。因此,如果没有“不得减刑、假释”的限制,就难以确保终身监禁不被异化为普通自由刑。

(三)程序条件——由人民法院依法适用

在犯罪人贪污受贿数额特别巨大,犯罪情节特别严重,社会影响特别恶劣,给国家和人民利益造成特别重大损失,并且具备体现其犯罪行为社会危害性或主观恶性有所减弱的犯罪情节等情况而被判处死缓的前提下,是否对其适用终身监禁仍然要由法官再一次根据“犯罪情节等情况”进行把握。因此,在是否适用终身监禁的过程中,需要对有关贪污、受贿行为的犯罪情节进行至少两次评价才能作出最终的决定。[①] 这当中,需要重点关注的是人民法院对于终身监禁的作出,不仅要遵循刑事诉讼程序的一般要求,还要求对“依据”、“对象”和“决定”遵守相应的操作细则;如果程序还不完备,就需要制定和试行,以保证结果的准确性。

三、我国刑法中终身监禁制度的性质

(一)终身监禁是无期徒刑的一种类型

终身监禁是无期徒刑的执行方式之一。《刑法修正案(九)》新颁布的终身监禁,实际上是将无期徒刑分为两种形式,一种是没有被终身监禁的无期徒刑,另一种是被终身监禁的无期徒刑,只是在无期徒刑的执行方式中规定了一条不得减刑、假释。[②]

(二)终身监禁只是限制减刑、假释的执行后果

根据我国现行刑法对终身监禁的规定,因犯贪污罪、受贿罪而被判处死刑缓期二年执行并在缓期执行的考验期满转为无期徒刑后,不得减刑、

---

① 参见詹奇玮:《关于我国终身监禁制度的批判性思考》,载《信阳师范学院学报》2016 年第 6 期。

② 参见黄京平:《终身监禁的法律定位与司法适用》,载《北京联合大学学报(人文社会科学版)》2015 年第 4 期。

假释。这从广义上来说,限制减刑以及不得减刑、假释都已成为无期徒刑的执行方式。终身监禁制度要求对因死缓而执行无期徒刑的贪污受贿犯罪人不予减刑、假释,阻隔了犯罪人通过法定的减刑、假释程序而走出监狱重新获得自由的通道,因而是真正意义上的无期徒刑。①

(三)终身监禁是刑罚威慑的表现形式

终身监禁本身并不具有与死刑相同的威慑力,无论是国内还是国外,它只是剥夺自由的刑罚的极限而已,并不产生剥夺生命权的绝望与恐惧。

然而,当国家立法把终身监禁作为一种特别规定(无论名称叫什么)时,它所肩负的使命就是增加威慑力。当无期徒刑本身具有了此种威慑力的时候,实际上是借助刑罚执行制度的合理(巧妙)适用,它不改变制度本身。只有当无期徒刑本身不具备或者不确定具备这种威慑力,需要通过立法强制保障其具有这种威慑力的时候,终身监禁制度才被赋予了特殊的内容。但无论是哪一种,其共同特点都是刑罚威慑力的体现。

---

① 参见杨奔放:《终身监禁制度的反思与完善》,载《华北水利水电大学学报(社会科学版)》2018 年第 1 期。

第三章　域外终身监禁制度的比较与启示

在西方古代刑法中，监禁是一种剥夺自由的刑罚措施。根据后世汇编的希伯来习惯法《塔木德》的描述，在希伯来时期就有明确规定剥夺犯罪人自由的监禁刑，在判处监禁刑后，因其没有确定的期限规定而往往是终身监禁。中世纪的教会刑法规定了多种刑罚方式，其中包括带有自我约束性质的"补赎"。在中世纪刑罚的演化过程中将具有强制性和制度化的监禁刑逐渐替代为"补赎"判决的刑罚方式，终身监禁就是类型之一。据学者研究，"早在 1231 年罗马教皇颁布的《绝罚敕谕》中就以成文法形式规定了终身监禁"。①

在理论研究上，学者将"绝对终身监禁"的关注点投向了整个欧洲大陆（包括大陆法系和英美法系），研究发现，欧洲的绝对终身监禁大致经历了肯定、被质疑、被彻底否定三个阶段。在肯定阶段，主要是基于死刑替代的需要，在最初提出废除死刑的国家，或多或少经历了用终身监禁替代死刑的赞成阶段。在被

---

①　何勤华、夏菲：《西方刑法史》，北京大学出版社 2006 年版，第 139 页。

质疑阶段,主要是因为终身监禁与人权发展的观念发生了越来越多的摩擦与冲突,认为绝对终身监禁是违背人道主义精神的残酷刑罚,不应当作为死刑的替代措施。一些国家(地区)开始将绝对终身监禁改为相对终身监禁,赋予终身监禁的罪犯申请假释的权利。后来,采用绝对终身监禁的国家(地区)越来越少,现在只有英国和荷兰还在沿用绝对终身监禁。在否定阶段,尽管各国或地区的进程不同,但大体理由是一致的,都认为终身监禁对犯罪人造成的权利损害是巨大的,在某种意义上讲其严厉性不亚于死刑。有宪法法院的一些国家,如德国、法国、意大利认为终身监禁违反了宪法有关人权保障的规定,对终身监禁予以了禁止。特别是欧洲人权法院通过对 Vinter 案的判决,否定了绝对终身监禁的正当性。该法院认为绝对的终身监禁就是酷刑,它违反了《欧洲人权公约》第 3 条“不得对任何人施以酷刑或者是使其受到非人道的或者是侮辱的待遇或者是惩罚”的规定。此例一出,欧洲的一些学者(主要是人权学者)便开始猛烈抨击无释放可能性的终身监禁。因此,大多数欧洲国家在废除死刑的初期可能采取过绝对终身监禁作为死刑替代措施,但是随后因出现了激烈争议而废除了绝对终身监禁。就连广泛适用绝对终身监禁的美国也在启动宪法法院的审查中认为绝对终身监禁违反了宪法。

在国际社会的刑罚发展中,对中国比较有影响的,除了“两大法系”外,还有苏联和国际法上的一些规范性文件。苏联的刑法是保留了死刑的,但 1991 年苏联解体后,俄罗斯宪法法院于 1999 年通过决议在事实上废除了死刑,代之以终身监禁为最严厉刑罚。《俄罗斯联邦刑法典》第 25 条规定了绝对的终身监禁适用于“特别严重犯罪”,同时与死刑选择处罚,刑罚裁量权在法官手中。[①] 国际上,在《国际刑事法院罗马规约》中,终身监禁是被定义为法院能够适用的具体刑种。该规约是 1998 年 7 月 17 日联合国粮食及农业组织(FAO)在罗马总部召开的“由联合国设立国际刑事法院全权代表外交会议”上通过的,且于 2002 年 7 月 1 日生效。该规约第 77 条“适用的刑罚”中规定:“(一)除第一百一十条规定外,对

---

① 参见《俄罗斯联邦刑法典》,黄秀道等译,中国法制出版社 1996 年版,第 21 页。

于被判实施本规约第五条所述某项犯罪的人,本法院可以判处下列刑罚之一:1. 有期徒刑,最高刑期不能超过三十年;或 2. 无期徒刑,以犯罪极为严重和被定罪人的个人情况而证明有此必要的情形为限。"这是保护国际人权、打击国际犯罪的刑事法律对终身监禁的规定,但实际适用也不多。因此,笔者主要对"两大法系"主要国家(地区)的终身监禁制度展开一些研究。

第一节 大陆法系的终身监禁制度

一、德国的终身监禁制度

德国的终身监禁制度是在废除死刑的立法中逐步确立的。德国在 1949 年 5 月通过了《基本法》,该法第 102 条明文规定了废除死刑,并以不可假释的终身监禁替代死刑。这是成文法国家采用的基本立法形式,也表明了德国对终身监禁的规定是明确的。但不久之后,绝对终身监禁遭到了"一边倒"式的批判,批评者认为该种不可假释的终身监禁侵犯了罪犯的基本人权、违背人道主义原则。

由于这种不可假释的终身监禁除了对罪犯的自由进行实际限制外,还会对服刑罪犯的精神造成严重的摧残,扭曲认知观念,毁坏健全人格。为了改变这种状况,1977 年德国联邦宪法法院认为"设立终身不得假释的无期徒刑(除非获得特赦)是对人性尊严的攻击",判决终身监禁是违宪的。到了 1981 年,德国通过刑法修正的形式对终身监禁进行了修改,将不得假释的终身监禁修改为可以假释的终身监禁。根据新的规定,被判处终身监禁的罪犯在服刑 15 年后,再经过 5 年的观察期,就有重新获得假释的机会,但犯罪情节特别严重时,法官可以无限推迟其获得假释的机会。例如,赫格尔杀人案,赫格尔在 1999 年至 2005 年先后至德国下萨克森州奥尔登堡和代尔门霍斯特的医院从事护理工作,其在 2000 年至 2005 年竟然至少向 87 名重症患者注射高剂量药物,并最终导致病人心脏衰竭死亡。该事件被披露后,震惊了整个德国。赫格尔被认为是从第二次世界大战结束以来在德国行凶次数最多的杀手。经德国奥尔登堡法院审判,赫格尔于2019年6月7日被判终身监禁,且不得在服刑满15年后提前释放。

二、法国的终身监禁制度

法国终身监禁制度的发展,经历了从“终身劳役”到“无期徒刑”的沿革过程。在死刑废除前,法国实行的是“终身劳役”。根据法国旧刑法的规定,被判处“终身劳役”的犯罪人需从事苦力劳动,这种“终身劳役”在服刑时犯人脚上需戴沉重的镣铐或用铁链将犯人两两绑定在一起。[①] 到了1960年,法国通过法令以“无期徒刑”的名称代替“终身劳役”。自此,法国以无期徒刑和终身羁押的方式实施终身监禁的刑罚,此种方式固定并沿用至今。

法国终身监禁制度实际执行的人数并不多。法国在1981年取消了死刑,无期徒刑和终身羁押成为最高刑。1994年法国新的《刑法典》规定对自然人所犯重罪可以判处无期徒刑或终身羁押的刑罚。但在司法实践中实际适用无期徒刑和终身羁押的人数并不多。据资料反映,截至1996年1月1日,法国各监狱关押的无期徒刑罪犯共510人,仅作为犯叛国罪和间谍罪的政治犯才可能适用这种刑罚方式,终身羁押则没有正在服刑的罪犯。作为对比,该年法国各个监狱执行的10年以上重罪犯人共计6451人。[②]

在性质上,法国属于相对终身监禁刑的国家。法国宪法法院认为,被判处无期徒刑的罪犯“享有一项基本权利就是被考虑获得释放”。因此,法国刑法规定了终身监禁的犯罪分子在刑罚执行一定的年限后有机会获得假释。

---

① 参见张亚平:《法国刑事执行法》,法律出版社2014年版,第101页。

② 参见[法]卡斯东·斯特法尼:《法国刑法总论精义》,罗结珍译,中国政法大学出版社1998年版,第459~463页。

三、日本的终身监禁制度

在日本的刑罚体系中，终身监禁的刑罚是无期徒刑，它是仅次于死刑的刑罚种类。日本刑法学界对终身监禁的研究，主要始于两个原因：第一，在废除死刑的背景下提出的。在日本一些死刑废除论者的设计方案中提出，为了在废除死刑的情况下使刑罚体系依旧保持强大威慑力，终身监禁是一种选择。第二，针对无期徒刑的实际效果不佳的情况，提出了“终身监禁”的思想，认为终身监禁可以增强刑罚效果。根据日本刑法的规定，无期徒刑是可以被假释的，只要达到假释条件，一般执行10年就可以被假释。这样，无期徒刑实质上成了有期徒刑，刑罚的实际效果不佳，特别是刑罚的威慑力显得不足。这种无期徒刑执行10年就可能有期化的状况，显然与担当死刑替代重任的刑罚要求是不相符的。因此，日本刑法学者就提出了需要设置一种刑罚实际执行效果比无期徒刑强的刑罚方法，以真正实现“无期”的要求，终身监禁就被推到了首选位置。

在司法实践中，日本对无期徒刑的适用主要也是针对严重暴力犯罪的。如日本东京高等法院以杀人罪判处岩崎龙也无期徒刑。[①]

四、意大利的终身监禁制度

意大利终身监禁制度的依据是宪法和刑法。《意大利宪法》第27条第3款规定，“刑罚不得成为违反人道精神的待遇，并且应当侧重于对被判刑人的再教育”。宪法对于防止国家刑罚权盲目扩张有重要的制约作用，对宪法人道理念的维护成为意大利刑法界对终身监禁制度共识的基础。同时，意大利刑法也明确了刑罚应该以对罪犯的再教育和复归社会为目的，这彰显了意大利刑罚体系中犯罪人“再教育”理念，体现出特殊

---

① 2017年，日本横滨市无业男子岩崎龙也杀害了一对中国籍姐妹。事发后，岩崎龙也被日本检方以杀人和遗弃尸体等罪名起诉。横滨地方法院在一审阶段判决其有期徒刑23年。东京高等法院在二审判决中驳回其上诉，判处其无期徒刑。据日本共同社2022年4月19日报道，罪犯岩崎龙也现年44岁，与受害的中国籍姐妹是熟人关系。

预防作用在刑罚体系的重要地位,尤其体现在终身监禁制度的立法和司法实践中。

意大利终身监禁的立法允许与减刑、假释相关联。意大利的宪法中均规定刑罚“应该以对罪犯的再教育和复归社会为目的”。《意大利刑法典》规定了终身剥夺人身自由的无期徒刑。与多数欧洲国家相同,这种无期徒刑可以被减刑,也可以得到假释或半自由的处理。意大利刑法规定,执行刑罚的关键在于使被执行人能够重新回归社会,因此在监狱服刑的犯人根据其参加的改造活动和服罪表现可以得到每年不超过 45 天的“减刑奖”。①

意大利无期徒刑的司法实践在执行中分为两种情况:一种是“一般的”无期徒刑,称为“ergastolo”;另一种是不允许犯罪人在没有特定条件下取得相关减刑福利的无期徒刑,称为“ergastolo ostativo”。但后者在欧洲人权法院审理的 Viola v. Italy 一案中被认为违反了欧洲人权法,引起了广泛讨论。②

此外,意大利宪法法院也作出相关裁判,认可被判处无期徒刑的罪犯“享有一项基本权利就是被考虑获得释放”。

五、其他大陆法系国家的终身监禁制度

除了上述国家外,大陆法系的其他国家,如奥地利等一些国家的法律中明确规定,被判处无期徒刑的罪犯在服刑 15 年之后,必须被考虑是否能够获得假释。即使是那些犯最严重罪的罪犯,其一旦被宣告假释,也应该获得立即释放。此外,挪威、西班牙、葡萄牙三个国家更是直接废除了无期徒刑制度,而将一定期限的有期徒刑作为最为严重的刑罚。

---

① [意]杜里奥·帕多瓦尼:《意大利刑法学原理(注评版)》,陈忠林译评,中国人民大学出版社 2004 年版,第 324 页。

② See *Life Imprisonment Without Prospect of Release: Comparative Remarks from a Human-Rights Perspective*, Diego Mauri, Vol. 41, No. 4 (2019).

第二节　英美法系的终身监禁制度

域外的终身监禁一般认为是在以自由刑接替死刑、肉刑的过程中,强化对监狱功能的转化而实现的。16 世纪英国的收容所和矫正院被赋予了限制和剥夺人身自由的功能,成为当今意义上的监禁场所——监狱。

一、美国的终身监禁制度

根据 1913 年施行的《美国联邦量刑规则》的规定,被判处终身监禁的罪犯,有获得假释的机会,一般在服刑 15 年后就可以被假释。

(一)美国终身监禁被独立讨论的历史过程

美国的终身监禁是在废除死刑的过程中被提出来的,在 20 世纪 60 年代已初步有了讨论。面对死刑废除的话题,必然相伴的一个话题是"没有了死刑如何惩治极端严重的犯罪"。

1972 年的福尔曼案(Furman v. Georgia)①,让废除死刑进入了司法层面,联邦最高法院决定用该案来讨论死刑的存废问题,认为死刑的适用属于"残酷的刑罚"。在这种背景下,终身监禁被摆到了理论界和实务界的面前。就美国刑法对终身监禁的理论研究而言,如同中国讨论无期徒刑在刑罚体系中的地位、无期徒刑与死刑与有期徒刑的衔接以及无期徒刑实际适用的效果一样,从未有过间断,但都没有影响终身监禁在具体案件中的适用。因此,在美国真正把终身监禁以其实际效果进行选择适用的角度推到台前来的,是担当一定立法功能的司法判例。通过上述司法案例,终身监禁进入了美国的司法讨论范围。在 Furman v. Georgia 案之后,各死刑州修改了其死刑法律,先后有 43 个州颁布了不得假释的终身

---

① 这是一个上诉庭案件,上诉人和被告声称格鲁吉亚的死刑违反了第八修正案和第十四修正案。1968 年,威廉·亨利·弗曼被控谋杀,并在佐治亚州查塔姆县高等法院受审。尽管他的证词显示威廉·米克在闯入他的房子后被意外枪杀,但他仍然面临死刑。See Christianson, Stephen G:Furman v. Georgia: 1972,EBSCO,2003.

监禁刑罚措施,以便与美国联邦最高法院的标准相一致。但路易斯安那、北卡罗来纳等州仍对强制性死刑条款予以保留。

1976年美国联邦最高法院审理了Roberts v. Louisiana、Sumner v. Shuman、Woodson v. North Carolina等案,[①]通过这些案件的判决表明了强制性死刑规定违反美国宪法的立场。

相较于其他域外国家,美国较为广泛地适用不得假释的终身监禁,这与当时美国限制或废除死刑的背景相关。美国终身监禁不仅适用于暴力性犯罪,同样适用于非暴力性犯罪,如毒品犯罪等。除此之外,美国终身监禁还具有一个不同之处,即它适用的对象不仅可以是成年人,也可以是未满18周岁的未成年人。当前,美国是世界上唯一将未成年人视为不可假释终身监禁适用对象的国家。

反对不得假释终身监禁的学者,他们的主要观点是:这使罪犯看不到重新获得自由的希望而产生消极服刑等系列负面影响。而针对这个问题美国出台了一系列的救济制度,如赦免、沉默权、辩诉交易权、人身保护令等。其中,赦免是被判处不得假释终身监禁的罪犯通往自由的最后一条出路。

立法上,在联邦政府和伊利诺伊州、艾奥瓦州、路易斯安那州、缅因州、宾夕法尼亚州、南达科他州,所有的终身监禁都是不可假释的。由于英美法系的特点,决定了先例具有必须遵循的要求,因此,某一些著名案件的司法判决,也起到了立法的作用。

除此之外,对于不得假释的终身监禁的适用对象,一些州还在立法中予以了明确。例如,夏威夷州规定,犯一级谋杀罪或者犯一级谋杀罪(未遂)的被告人,应被判处不得假释的终身监禁;马萨诸塞州规定,因一级谋杀被判处终身监禁的罪犯,将终身丧失假释的机会;密歇根州规定,被判

---

① 被告James Tyrone Woodson和Luby Waxton被控犯有一级谋杀罪。对两被告进行的起诉是依照Furman案后所修订的死刑法律进行的。根据该法律的规定,构成一级谋杀罪的罪犯将被强制性地判处死刑。判决作出后,被告以该强制性死刑规定违宪为由上诉至北卡罗来纳州最高法院,但被驳回。联邦最高法院于1976年对该案进行审理,最终以5:4的比例判决北卡罗来纳州的强制性死刑规定违宪。参见赵秉志、郑延谱:《美国刑法中的死刑限制措施探析——兼及其对我国的借鉴意义》,载《江海学刊》2008年第1期。

处一级谋杀的罪犯排除有假释的可能性。

(二)美国终身监禁的实施状况

1. 终身监禁的适用区域

美国的终身监禁是随着死刑废除运动而展开的,除阿拉斯加州外,美国的其他州及联邦司法区,均有绝对终身监禁的相关规定。

2. 终身监禁的适用对象

终身监禁的适用,通常是与立法(或判例)的规定(确定)相关联的,按照确定提示的内容进行。在司法中,适用对象会根据是否有法律的强制性规定而不同,对于绝对的终身监禁,主要适用于罪行极其严重的犯罪,包括本来应当判处死刑而不判死刑的罪犯,以及虽然不用判处死刑但罪行严重应判处终身监禁而不宜假释的人。前者如一级谋杀罪,后者如二级谋杀中的重罪谋杀。

对于相对的终身监禁,其适用对象是刑法确定的范围,主要还是针对生命权的暴力性犯罪。但近年来,受美国联邦最高法院在 Harmelin v. Michigan 案中对于毒品犯罪的主犯适用终身监禁并未违背宪法上的比例原则的影响,一些州就把终身监禁制度适用到毒品犯罪案件中。也就是说,终身监禁已不再只适用于谋杀罪,非谋杀罪的终身监禁判决在不断增加。

3. 终身监禁的适用数量

美国联邦为严厉打击累犯规定了《暴力犯罪控制与执法条例》,俗称"三振出局法",即如果一个美国公民有三次以上定罪,其中有两次由于"暴力重罪"或"严重毒品犯罪"定罪,那么该公民将被适用不得假释的终身监禁。在华盛顿州,仅 2012 年一年就有 430 多名犯罪人因该法而被判处终身监禁,占总终身监禁人数的 68.1%。在 2012 年这一年,美国全国共有 49,081 位服刑犯人被判处没有假释可能的终身监禁,占全部服刑人员的 3.3%。[①] 由于犯罪记录留存的原因,在美国被判处终身监禁的罪犯数量不断持续增长。没有假释可能的终身监禁罪犯从 1992 年的 12,453

① 参见吴雨豪:《论作为死刑替代措施的终身监禁》,载《环球法律评论》2017 年第 1 期。

名增加到 2012 年的 49,081 名,20 年间增加了 36,628 名;2012 年被判处不可假释的终身监禁的罪犯,就占全部终身监禁罪犯数的 30.8%。与此同时,被判处终身监禁的犯罪人数量增长率远远高于监狱总犯罪人数量的增长率,在 30 年间美国终身监禁罪犯的比例大约增加了 30 倍。

在美国,终身监禁适用的主要对象是严重的暴力犯罪,如一级谋杀罪。也就是说,在立法上保留死刑的州,对于犯有一级谋杀罪而没有被判处死刑的罪犯,就判“不得假释的终身监禁”。在美国的终身监禁又分为不得假释的终身监禁和可以假释的终身监禁。可以假释的终身监禁类似于我国的“无期徒刑”,都可以假释,仅是“假释范围”的法律规定有所不同。

从总体上来看,美国大部分立法上保留死刑的州,同时规定终身监禁刑是可以被假释的。但是随着死刑不配置,或者虽然配置了死刑但立法授予法官或/和陪审团自由裁量权而未被适用死刑时,为了在制度上进行反向钳制,保证“刑罚严厉的效果”,越来越多的州规定了不得假释的终身监禁,也就是确定某些犯罪不得假释。据统计,目前美国联邦和 37 个死刑州都规定了不得假释的终身监禁制度(仅新墨西哥州没有规定),12 个非死刑州中有 11 个州规定了不得假释的终身监禁(仅阿拉斯加州没有规定)。①

4. 美国终身监禁的适用事例

由于美国各州的法律不完全相同,因此在对待终身监禁问题上,尤其是实际执行中都有差异,使被终身监禁的统计口径也不一样。但有些典型的案例仍可以被作为研究对象。例如,美国被判处终身监禁、服刑时间最长的约瑟夫·利冈在监狱中度过了 68 年,于 2021 年出狱。1953 年,15 岁的约瑟夫·利冈因被指控参与在费城的系列抢劫,袭击一群酗酒青少年,被法庭判处终身监禁。他因认为自己从未杀过人而拒绝申请假释。

(三)美国终身监禁的救济

美国联邦和大部分的州均规定了无假释的终身监禁。这在制度层面

---

① 参见赵秉志、郑延谱:《美国刑法中的死刑限制措施探析——兼及其对我国的借鉴意义》,载《江海学刊》2008 年第 1 期。

就会出现"牢底坐穿"的情形。从人道主义考虑,美国对终身监禁的罪犯可以予以保外就医。这实际上是对绝对的终身监禁(无假释的终身监禁)的一种变通。有假释的终身监禁,对于服刑表现良好的犯罪人,在经过一段时间的必要监禁以后可以获得假释,这个假释由假释委员会作出。

二、英国的终身监禁制度

英国的终身监禁是一种具体的刑罚,可以由法官在裁判具体案件时予以适用。法官的这种权力来自英美法系司法运行的机制。在 1957 年《杀人罪法》颁布之前,英国所有犯谋杀罪的人均要被判处死刑。而《杀人罪法》第五章单列了几种仍应当处以死刑的谋杀罪,除此之外的谋杀罪只需要被处以终身监禁。这是对罪名的专项规定,不能适用于其他可能危及生命的犯罪。

由于谋杀犯罪的情况是千差万别的,即使在列举的谋杀罪类型中,也存在可能不至于被判处死刑的情形。因此,在列举的谋杀罪与列举之外的谋杀罪的司法裁量中,就必然涉及法官的自由裁量权的范围问题。因此,在废除死刑框架下,就产生了法官对谋杀罪适用死刑的限制。英国在 1965 年对《杀人罪法》进行了修改,[①]谋杀罪的死刑适用被停止。此后,英国对于谋杀罪就适用了终身监禁。

尽管终身监禁的罪犯也存在被假释的可能性,但从制度层面来看,不判死刑而判终身监禁的"终身监禁"的本来意思是"牢底坐穿"。英国对谋杀罪的终身监禁判例,至今仍然有效,凡是犯谋杀罪,均被判处终身监禁。这就使英国的终身监禁取得了强制替代死刑的地位,或者说,英国出现了强制适用的终身监禁刑。

---

① 刑法修改委员会提议给法律委员会的定义表述:"一个人犯有谋杀罪,如果其造成他人死亡-(1)故意造成他人死亡,或者(2)故意造成他人严重伤害,并且明知会引起他人死亡。"该提议得到了法律委员会一些委员的赞成,但尚未通过表决予以采纳。参见李韧夫:《英国刑法中的谋杀罪》,载求学网,https://lunwen.7139.com/298/29/73414.html。

三、其他英美法系国家和地区的终身监禁制度

澳大利亚已废除了死刑,终身监禁成为最严厉的刑罚。澳大利亚不同州的终身监禁类型也是有不同的,一些州规定了不可减刑的终身监禁,一些州规定了可减刑的终身监禁。不可减刑的终身监禁事实上处在了绝对终身监禁的地位,主要适用于谋杀警察等公务员的行为以及劫机等犯罪。我国香港特区的《刑事诉讼程序条例》第67B条第1项规定:"法官在就某罪行而判处任何人酌情性终身监禁刑罚时,须指明该人就该罪行而必须服的最低刑期,以作为该刑罚的部分。"明确规定了终身监禁刑有最低服刑期限,并且可以被假释。

第三节　域外终身监禁制度对我国的启示

由于世界范围内废除死刑运动的不断推进,刑罚理念也在不断更新,终身监禁的适用方式及其范围在全世界也出现了分化:一些废除了死刑的国家和地区,终身监禁表现出重刑化的趋势,成为替代死刑的角色;另一些尚未完全废除死刑的国家和地区,终身监禁则相对往轻的方向发展,成为限制死刑的一个路径。

一、确立终身监禁以充分必要为原则的理念

从全世界范围来看,终身监禁毫无疑问是一种重刑。对于以欧洲为代表的一些国家早已废除了死刑,绝对的终身监禁作为最严厉的刑罚正在遭受死刑曾经受到的质疑。对于尚未废除死刑的国家和地区来说,绝对的终身监禁对于慎用死刑和打击犯罪都有显著的效果。各国和地区采取终身监禁制度作为本国刑罚制度的补充都以国内刑罚制度存在不足为前提。因此,在一般刑罚手段能够满足惩治犯罪的情况下,终身监禁只能作为万不得已才使用的手段,以防止不适用死刑情形下终身监禁被滥用。

二、终身监禁制度的设计与本国刑法体系相匹配

在域外，绝对的终身监禁是指不能减刑和假释的终身监禁，即终身剥夺自由直至死亡。随着死刑废止的推行，一些西方国家选择了绝对的终身监禁作为死刑替代措施，以弥补废除死刑后对于严重犯罪威慑和惩罚手段的缺失。但是，随着社会文明程度进一步的提高，不少国家认为绝对的终身监禁同样不符合刑罚人道主义精神，并且加重了监狱的成本负担，无法达到改造犯罪人和重返社会的效果。因此，部分国家逐渐将绝对的终身监禁更改为可以假释、减刑的非绝对的终身监禁，如意大利。由此可知，我国的无期徒刑和大多数域外国家和地区的终身监禁具有相同的本质内涵，即它们的概念更偏向于不定期的自由刑，而非绝对的不可假释、减刑。

综合起来，域外的终身监禁分为绝对的终身监禁与相对的终身监禁。按照话语体系来看，它是指的“终身监禁本身”，是把终身监禁作为一个独立的制度对待的，它是“刑罚种类”与“刑罚执行”二者的结合体。正是这种结合为一体的整体性，才可以有“绝对的终身监禁”与“相对的终身监禁”之分。然而，这种的划分，对于中国是否适用，是需要专门研究的。尽管从文字上中国“刑罚种类”的无期徒刑本身还有“终身监禁”的可能性，它可以分为“绝对的无期徒刑”和“相对的无期徒刑”，在这个语境中，“无期徒刑”就是国外的“终身监禁”，它是在刑种意义上进行比较的。

而当在明确中国刑罚种类是无期徒刑的情况下，谈论“终身监禁”，它应当是“无期徒刑”被具体适用后的情形。在中国无期徒刑的刑罚理论框架内，是没有绝对的无期徒刑或相对的无期徒刑之分的，如果要说最终有绝对的无期徒刑，那是被限制假释引起的刑罚执行效果，即在中国语境下的终身监禁，是无期徒刑的特殊执行方式，而非一种独立的刑种。

三、辅之“特赦之外重获自由可能”的制度

在现有的终身监禁制度上，可以将暂予监外执行纳入作为终身监禁的救济措施。将年老、体弱、病患等犯罪人安排适用监外执行，既有利于排解犯罪人的压抑情绪，也有利于降低监狱机关的管理难度。

引入附条件可假释的终身监禁。单一的刑罚执行方式显然不利于样态各异的犯罪人统一适用。借鉴大陆法系国家的终身监禁模式,引入附条件可假释的终身监禁,增加刑罚的多样性,更能够体现罪刑相适应原则,也有助于最大限度上对犯罪人的挽救、教育和改造。

四、提高绝对终身监禁的适用条件

对于绝对终身监禁的适用,要进行适度控制。一方面,要从对象上进行控制,把终身监禁的适用对象限缩在特别严重犯罪的范围,同时将未成年人、老年人和怀孕的妇女排除在终身监禁的适用范围之外。另一方面,在对“严重犯罪”的把握上,要在具体审判裁量适用终身监禁时提高对犯罪性质、危害程度和其他情节的适用条件,使作为死刑替代措施的终身监禁的适用能够非常审慎。

五、适度扩大终身监禁适用罪行的范围

美国作为英美法系国家的主要代表,其与欧洲国家相比,在刑事司法中可以适用终身监禁的犯罪种类是较为广泛的,不仅对谋杀罪可以判处终身监禁,对重大的毒品犯罪也可以判处终身监禁。这种做法是可以考虑借鉴的。因为扩大终身监禁的适用范围,对于打击严重暴力犯罪和毒品犯罪会有良好的效果。

第四章　终身监禁制度的中国实践

第一节　我国终身监禁制度的立法实践

一、对我国终身监禁的立法考察

（一）我国设立终身监禁的立法动因

自党的十八大以来，我国把从严治理贪污腐败问题提到了新的高度，明确提出要以“零容忍”的态度来惩治贪污受贿等腐败现象，坚持把反腐败斗争进行到底。但在司法实践中，也屡屡出现腐败犯罪分子通过各种关系网，利用减刑、假释等执行制度逃避刑罚的实际执行，影响了对贪污受贿犯罪刑罚执行的效力和效果，严重损害了司法公信力。同时，全球废除死刑的刑罚改革趋势越来越明显。目前，我国虽然还不具备废除全部死刑的条件，但通过《刑法修正案（八）》《刑法修正案（九）》取消了22个死刑罪名的实践证明，立法上减少死刑是可行的，效果也是好的。但在不能全面废除死刑的情况下，对于仍然保留死刑的罪名，需要贯彻“少杀”“慎杀”的政策。

为平衡加强反腐败斗争与逐步减少、限制死刑适用的关系，推动刑罚执行的规范化，我国针对贪污罪、受贿罪，设立了不得减刑、假释的终身监禁。立法机关增设终身监禁制度的理由是：“对贪污受贿数额特别巨大、情节特别严重的犯罪分子,特别是其中本应当判处死刑的,根据慎用死刑的刑事政策,结合案件的具体情况,对其判处死刑缓期二年执行依法减为无期徒刑后,采取终身监禁的措施,有利于体现罪刑相适应的刑法原则,维护司法公正,防止在司法实践中出现这类罪犯通过减刑等途径服刑期过短的情形,符合宽严相济的刑事政策。"①

在理论上,许多学者赞同在限制死刑适用的大前提下设立不得减刑、假释的终身监禁,以加强惩处腐败犯罪的力度。因为,在提高贪污受贿犯罪成本和风险的情况下,就能够使贪污腐败分子不敢再下手、意图犯罪的人及时收手,有效起到一般预防作用。同时,终身监禁制度的设立,正好契合了我国反腐败政策的形势,体现出国家从重从严惩治腐败犯罪的决心。当然,也有一些学者认为,终身监禁已经使贪污、受贿犯罪失去了再次实施职务犯罪的可能性,刑罚特殊预防的对象发生了缺位。因此,认为反腐败的关键"不在于立法而在于执行,完善执行能对该类案件的预防和惩治有更好的效果"。②

1. 要求加大对腐败犯罪分子的惩罚力度

(1)我国当前的刑事政策要求对重特大贪腐分子设置终身监禁

自从党的十八大明确提出"必须把反腐败斗争进行到底"后,十八届中央纪委二次全会进一步提出要"坚定不移把反腐倡廉建设引向深入",要坚持"老虎""苍蝇"一起打;十八届中央纪委三次全会提出"反腐败高压态势必须继续保持,坚持以零容忍态度惩治腐败";十八届中央纪委五次会议要求"不断把反腐败斗争引向深入"。在"宽严相济"刑事政策的指导下,要加强对腐败犯罪的严惩,党中央的反腐败政策对立法起到了引导作用,推动了贪污腐败案件的终身监禁立法。

(2)我国民众高涨的反腐呼声需要通过立法予以回应

中共中央纪律检查委员会国家监察委员会网站的数据显示,自党的

① 邢丙银:《刑法拟修正:重特大贪贿罪犯死缓减为无期后,可禁其减刑假释》,载澎湃新闻网2015年8月24日,https://www.thepaper.cn/newsDetail_forward_1367777。

② 刘新华:《"巨贪"将把牢底坐穿?——聚焦刑法修正案(九)草案首次对重特大贪污犯罪增设"终身监禁"》,载《海南人大》2015年第9期。

十八大以来的前三年，全国纪检监察机关全年接收信访举报从 2013 年的 195 万件（次），到 2014 年的 272 万件（次），再到 2015 年的 281.3 万件（次）；而近三年的 2020 年为 322.9 万件（次），2021 年为 386.2 万件（次），2022 年为 344.4 万件（次），[①]总体上呈逐年上升态势，足见民众对于反腐败的呼声日益高涨。立法者关注到了这种反腐败斗争的现状，为回应民众的热切关注，对重特大贪污受贿犯罪设立终身监禁制度。

在现阶段我国反腐败斗争持续保持高位以及各领域腐败案件连续不断显露的前提下，无论是基于“乱世用重典”的治理惯性还是回应希望竭力遏止腐败滋生的广大群众的现实呼声，对贪腐问题治理采取高压的刑事政策是党和国家的必然选择。[②] 为回应民众对严惩贪腐的热切期许而诞生的终身监禁制度，既是死刑的替代措施，也是从严打击贪腐问题的刑事政策下的不得已刑罚手段。

在近几年的司法实践中，之所以对现行死刑立即执行的适用较少、社会群众呼声较高的贪污罪实行作为死刑立即执行替代措施的终身监禁制度，也有其必要性。终身监禁制度是我国在特定社会发展阶段所不得已采取的一项刑事立法措施，也是不得已的一种刑罚制度考量。当前我国贪污犯罪之所以猖獗，并不是因为我国现行法律制度不完善、刑罚力度不够，其本质原因是对公权力缺乏有效的监督和制约。刑事制裁只是对贪腐犯罪的事后惩罚机制，而仅以重刑惩处贪腐犯罪无法从根本上解决贪腐问题。中央领导指出，彻底铲除腐败滋生土壤、实现海晏河清还任重道远。反腐斗争要标本兼治，目前我国的反腐斗争尚处在治标不治本的阶段。终身监禁制度是反腐败治标的关键手段，是治标阶段的必要选择。

2. 改变减刑、假释制度存在不当适用的情况

近年来，最高人民检察院工作报告显示，最高人民检察院针对人民群众反映强烈的“有权人”“有钱人”在犯罪后“以权赎身”“提前出狱”等问题，开展了减刑假释暂予监外执行专项检察，监督纠正了“减假暂”不当

---

① 参见中央纪委监委网站。

② 参见何荣功：《“重刑”反腐与刑法理性》，载《法学》2014 年第 12 期。

案件。这种刑罚执行过程中出现的新的违法犯罪现象,更是严重损害了司法的公信力。

在减刑、假释和暂予监外执行制度的适用过程中,各地司法机关对适用的标准把握不统一。如一些地方的司法机关对减刑的尺度把握较松,使得某些被判处死缓或者无期徒刑的罪犯与判处死刑立即执行的罪犯相比,刑罚执行效果相差悬殊。尤其是在受贿案件中,罪犯依靠其特殊身份地位获取减刑、假释的条件,大幅度缩短其实际执行的刑期,严重妨害司法公正,影响了反腐败的力度。

而终身监禁制度的设立,在一定程度上可以改变刑事执行效果欠佳的状况。通过立法禁止对罪行极其严重的贪污受贿犯罪分子减刑、假释,既表明了国家为改变减刑、假释制度不当适用的现象和提高对腐败犯罪惩治力度的决心,也能够在客观上树立司法公正的良好形象,维护司法权威。

3. 限制死刑、"少杀慎杀"的政策推动了立法改革

在《刑法修正案(八)》《刑法修正案(九)》出台前,我国立法上还有68个死刑罪名,死刑适用的范围较为广泛。为了推动我国限制死刑、"少杀慎杀"的死刑政策的贯彻落实,不仅需要在立法上逐步废除死刑罪名,而且需要逐步减少死刑的适用。

正如某些学者所称,"严格控制和慎用死刑",坚持"少杀慎杀"是我国的死刑政策。但在我国,死刑一直有其存在和适用的土壤,那就是罪责刑相适应的刑罚原则。① 倘若废除死刑,现有刑罚制度恐怕不足以起到惩治犯罪的效果,原因是死刑和无期徒刑之间的衔接并不畅通,无期徒刑的惩罚力度相较于死刑过轻,相邻的死刑和有期徒刑之间刑罚手段缺位产生"死刑过重,生刑过轻"的缺憾。② 随着刑法修正案的推出,我国死刑适用的空间不断减少,严格控制死刑适用、坚持"少杀慎杀"的死刑政策

---

① 参见周振杰:《刑事政策视野中的终身监禁》,载《中国应用法学》2019年第3期。

② 参见楼伯坤:《对中国无期徒刑二分立法的改造——以替代死刑为目标》,载赵秉志主编:《当代刑罚制度改革研究——中国刑法学年会文集(2007年度)》,清华大学出版社2015年版,第259页。

在立法上得到了贯彻。终身监禁凭借其名副其实的制裁方式和与死刑类似的刑罚效果，在死刑被限制甚至是被废止的场合中能够起到最高刑的威慑力和刑法效果。①

(二)我国终身监禁立法选择的模式

1.关于终身监禁的分类

根据不同的分类标准，终身监禁可以分为绝对的终身监禁与相对的终身监禁、劳役型终身监禁与禁锢型终身监禁及不得减刑、假释的终身监禁与可以减刑、假释的终身监禁。我国的终身监禁采用的是分则罪名特殊立法，属于相对的终身监禁(裁量的终身监禁)，不得减刑、假释的终身监禁，劳役型终身监禁。

(1)绝对的终身监禁和相对的终身监禁

以法官是否享有对刑罚的自由裁量权来划分，可以分为绝对的终身监禁和相对的终身监禁。绝对的终身监禁指的是刑事法律明文规定终身监禁为该罪名的唯一刑罚方式，法官没有对该种犯罪适用其他刑罚手段的裁量可能性。相对的终身监禁，又称裁量的终身监禁，指的是对某一犯罪规定了多种刑罚方式，其中一种是终身监禁，至于是否适用终身监禁则有赖于法官依照具体案件事实自由裁量。大多数国家对相对的终身监禁设定了最短服刑期限以约束不当的减刑、假释可能性。

(2)不得减刑、假释的终身监禁和可以减刑、假释的终身监禁

该类型的分类标准以终身监禁是否能够适用减刑和假释制度以获得服刑上的优待，来将终身监禁分为不得减刑、假释的终身监禁和可以减刑、假释的终身监禁。不得减刑、假释的终身监禁的犯罪人在服刑期间不能通过减刑、假释来获得提前释放的可能性，这是真正意义上的终身监禁，即“活多久，关押多久”。最典型的规定不得减刑、假释的终身监禁的国家是美国。美国联邦最高法院在20世纪70年代就通过判例确认了不得减刑、假释的终身监禁的合宪性，尽管该种刑罚制度受到侵犯人权的质

① 参见王世友、周少元：《论我国终身监禁的刑罚属性》，载《重庆社会科学》2021年第4期。

疑,但没有影响该制度在美国的实际运用。①

(3)劳役型终身监禁与禁锢型终身监禁

以犯罪分子在服刑期间是否需要参加劳动改造为标准,把终身监禁分为参加劳动的劳役型终身监禁和不参加劳动的禁锢型终身监禁。从国际社会来看,多数国家和地区都设置有劳役型终身监禁,我国的终身监禁也属于此类。

根据上述分类标准和划分的类型,可以发现,我国的终身监禁在类型上具有三个特征:第一,我国的终身监禁是相对的终身监禁,它被规定在分则的贪污罪和受贿罪中,对于这两个罪名,我国刑法配置了从拘役到死刑的不同刑罚。在定罪后,法官需要根据行为人的犯罪事实、情节、人身危险性等综合考虑是否适用终身监禁,法官拥有一定的自由裁量权。因此,从适用层面讲,我国的终身监禁实际为相对的终身监禁。第二,我国的终身监禁是不可减刑、假释的终身监禁。《刑法修正案(九)》明确在"终身监禁"后增加了"不得减刑、假释",这也就意味着我国的终身监禁是不可减刑、假释的;可以减刑、假释的终身监禁更类似于我国目前的无期徒刑。第三,我国的终身监禁是需要参加劳动的终身监禁。根据我国《监狱法》的相关规定,监狱对罪犯实行教育和劳动相结合的原则,根据改造罪犯的需要,组织罪犯从事生产劳动。因此,我国被判处终身监禁的罪犯,原则上均需要参加劳动。

2. 我国终身监禁的性质

我国的终身监禁并未规定在《刑法》总则之中,且仅适用于贪污罪和受贿罪,故不属于独立的刑种,而是一种特殊的刑罚措施。对于我国终身监禁制度的性质,学界、司法界存在多种观点。

(1)我国的终身监禁是否属于独立的刑种

通说认为,我国的终身监禁并不属于独立的刑种。

首先,刑种规定在《刑法》总则中,《刑法》总则规定的刑种包括五大

---

① 参见武晓雯:《再议死刑之存废与替代——以欧美等国废止死刑的历史实践为切入》,载《河北法学》2016 年第 11 期。

主刑和四种附加刑，显然终身监禁并不在此列。其次，终身监禁仅针对贪污罪和贿赂罪两种罪名，在《刑法》分则的其他罪名中没有普遍的指导性和适用性，因此只能将其认为是防止贪腐犯罪人依靠其特殊的身份地位获取优越的减刑、假释的条件的立法回应。最后，从终身监禁在刑法中的文字表述来看，终身监禁以犯罪人被判处死刑缓期执行时“决定”适用，其决定必须与死刑缓期执行的判决一并作出，在死缓减为无期徒刑后依靠无期徒刑的执行方式来实现。终身监禁从属于死刑缓期执行的判决和无期徒刑的执行的性质，很难认为其具有独立刑种地位，应当将其认定为是一种特殊的刑罚措施。①

(2)我国的终身监禁是怎样一种特殊的刑罚措施

对于终身监禁究竟是属于无期徒刑的刑罚措施、死刑缓期执行的刑罚措施还是死刑立即执行的刑罚措施，各界给出了不同的回答。

第一，立法者的观点。终身监禁是死刑缓期执行的执行方式，其性质类似于《刑法》第50条第2款中人民法院在判处部分犯罪人死缓的同时决定限制减刑的情况，属于死刑缓期执行的执行方式之一。正如2015年全国人大常委会法工委对该项新增制度向记者的解读一样：“对重特大贪污受贿犯罪被判处死刑缓期执行的犯罪分子增加规定了可以终身监禁的措施。应当强调的是，这种措施不是一个新的刑种，它的对象只是针对贪污受贿被判处死缓的犯罪分子在具体执行中的一个特殊的措施。”②

第二，司法界的态度。根据最高人民法院《关于〈中华人民共和国刑法修正案(九)〉时间效力问题的解释》第8条的规定，在修正案实施以前判处死刑缓期执行不能体现罪刑相适应原则，而根据修正后的刑法判处死刑缓期执行同时决定适用终身监禁可以罚当其罪的，适用修正后的刑法规定。基于限制死刑适用的刑事政策考量，判处死刑立即执行过重，判处死刑缓期执行又过轻，这种情况判处死刑缓期执行并决定适用终身监

---

① 参见石经海、刘桂源：《“终身监禁”的困境释读与司法改善——以刑事政策和刑法的体系化适用为视角》，载《中国应用法学》2019年第3期。

② 朱建华、甄航：《“不得减刑、假释”终身监禁适用的溯及力证成》，载《西南政法大学学报》2017年第6期。

禁可以达到罪刑相适应。从死刑的角度来看,终身监禁是死刑立即执行的替代措施;从生刑的角度来看,终身监禁是死刑立即执行与死刑缓期执行的"中间刑"。[①]

第三,刑法学界的看法。在刑法学界,终身监禁是死刑立即执行的替代措施的观点有一定影响力。首先,从立法目的上来看,《刑法修正案(九)》之所以增设终身监禁,主要是基于对限制死刑适用、少杀慎杀的刑事政策和防止司法实践中对减刑、假释、暂予监外执行的滥用导致刑期过短情况的考量,再加上该规定仅适用于最严重的贪污贿赂案件,本就有代替死刑的意味。其次,终身监禁依附于死刑缓期执行制度,而死缓制度又是死刑立即执行的适用方式,认为终身监禁是对本应判处死刑立即执行但出于限制死刑思维考量而适用的观点,也具有一定合理性。

第四,还有部分学者认为,终身监禁是对无期徒刑刑罚执行的限制。在内容上,终身监禁与无期徒刑,都是以剥夺人身自由为内容,这与死刑这种生命刑明确区分开了。在性质上,终身监禁只是对被判处死缓的贪污受贿罪减为无期徒刑以后的具体执行过程,终身监禁与无期徒刑不是并列更不是包含关系,而是依附于无期徒刑的执行。[②] "从立法论上来说,'终身监禁'不具备刑罚的正当化根据,也与削减、废除死刑的根据不协调,倘若认为死刑侵犯了人的尊严,不得减刑、假释的终身监禁同样侵犯了人权。"[③]从执行上来看,即便法院判处死刑缓期执行并决定适用终身监禁的,如果在死缓执行期满后并未被减为无期徒刑,便丧失了终身监禁的适用可能。

(三)我国终身监禁立法规定的内容

1.我国终身监禁的立法内容

《刑法修正案(九)》明确规定了对于因贪污罪、受贿罪被判处死刑缓

---

① 黄永维、袁登明:《〈刑法修正案(九)〉中的终身监禁研究》,载《法律适用》2016年第3期。

② 参见赵赤:《〈刑法修正案(九)〉中的终身监禁制度探析》,载《净月学刊》2016年第3期。

③ 张明楷:《刑法学》(上),法律出版社2016年版,第528页脚注。

期执行的,人民法院可以根据犯罪情节等同时决定对其实行不得减刑、假释的终身监禁。司法解释则对这一规定进一步阐明了适用标准。

2016 年 4 月 18 日施行的最高人民法院、最高人民检察院《关于办理贪污贿赂刑事案件适用法律若干问题的解释》对终身监禁作出了具体规定。该解释第 4 条规定:“贪污、受贿数额特别巨大,犯罪情节特别严重、社会影响特别恶劣、给国家和人民利益造成特别重大损失的,可以判处死刑。符合前款规定的情形,但具有自首,立功,如实供述自己罪行、真诚悔罪、积极退赃,或者避免、减少损害结果的发生等情节,不是必须立即执行的,可以判处死刑缓期二年执行。符合第一款规定情形的,根据犯罪情节等情况可以判处死刑缓期二年执行,同时裁判决定在其死刑缓期执行二年期满依法减为无期徒刑后,终身监禁,不得减刑、假释。”

2. 我国终身监禁立法内容的适用

(1)我国终身监禁适用的对象

我国刑法中的终身监禁只适用于贪污罪和受贿罪,且仅适用于重特大贪污贿赂犯罪案件的罪犯。

(2)我国终身监禁适用的条件

第一,符合判处死刑的要求。根据最高人民法院、最高人民检察院《关于办理贪污贿赂刑事案件适用法律若干问题的解释》第 4 条的规定,贪污受贿罪满足数额和情节两种条件后,具体而言就是同时满足“数额特别巨大”“使国家和人民利益遭受特别重大损失”“犯罪情节特别严重”“社会影响特别恶劣”四个要件,人民法院可以判处死刑。在满足上述可以判处死刑条件并有自首立功等情节被判处死刑缓期执行时,才可以适用终身监禁。因此,适用终身监禁需要以犯罪分子所犯贪污受贿罪满足判处死刑的要求为条件。

第二,犯罪人被判处死缓。法院判处犯罪人死刑缓期执行是终身监禁适用的前提条件。我国刑法和相关司法解释明确规定,只有当人民法院对犯罪人判处死刑缓期执行时才能决定适用终身监禁。也即,法院需要经过事实认定和法律适用的实质审理过程,在对自首、坦白等从轻处罚情节予以认定过程中,认为符合死刑缓期执行的条件后才能决定是否决定适用限制减刑。

第三,犯罪人被减为无期徒刑。“同时决定死缓减为无期徒刑后终身监禁”是适用终身监禁的最关键条件,终身监禁的执行需要符合“死刑缓期执行二年依法减为无期徒刑”的条件。细言之,法院除了需要作出“死刑缓期二年执行并决定适用终身监禁”的判决以外,还需在死缓二年执行期满后依法对犯罪人作出“减为无期徒刑”的裁定。对于在死缓执行期间故意犯罪被最高人民法院核准执行死刑、有重大立功表现被减为有期徒刑的,就不再适用终身监禁。也正因如此,最后是否依法减为无期徒刑成为适用终身监禁的决定性因素。①

(3)我国终身监禁适用的具体内容

我国终身监禁适用的内容具体包括:第一,终身监禁适用的罪名是贪污罪和贿赂罪,并且是特别重大恶劣的贪污罪和贿赂罪。第二,终身监禁不是新的刑种,也不能认为是新的刑罚执行措施,应当认为是刑罚执行的方式。刑法及其司法解释相关条文规定了,终身监禁只有在死刑缓期执行期满减为无期徒刑以后才能够适用,对于死缓执行期内因故意犯罪被核准执行死刑、死缓执行期内因重大立功被减为有期徒刑等情况,即使法院作出死刑缓期执行并决定适用终身监禁也不再可能适用终身监禁。第三,终身监禁不能适用减刑、假释,但没有规定不得适用暂予监外执行和赦免制度,因此可以适用赦免或暂予监外执行。② 第四,终身监禁制度能够溯及既往。根据最高人民法院《关于〈中华人民共和国刑法修正案(九)〉时间效力问题的解释》第8条规定,修正前刑法判处死刑缓期执行不能体现罪刑相适应原则,而根据修正后刑法判处死刑缓期执行同时决定在其死刑缓期执行二年期满依法减为无期徒刑后,终身监禁,不得减刑、假释可以罚当其罪的,适用修正后的刑法,适用终身监禁。对本条应当理解为修正前对法院审理认为“死刑过重,生刑过轻”而基于有利于被告人原则最终判决死缓的具体案件,在修正后判决死刑缓期执行并决定

---

① 参见黄京平:《终身监禁的法律定位与司法适用》,载《北京联合大学学报(人文社会科学版)》2015年第4期。

② 参见张长青:《论我国刑法中终身监禁的性质及反思》,南昌大学2018年硕士学位论文。

适用终身监禁能够罚当其罪的，适用终身监禁。但本条款引起了部分学者关于终身监禁溯及力的规定违反了罪刑法定原则的担忧。①

(四)我国终身监禁立法规定的特点

1. 适用对象的特定性

我国终身监禁的适用对象是特定的，只针对重特大贪污受贿的犯罪分子。这就使终身监禁的适用范围比较窄，品种单一。这一点是我国与其他设立“终身监禁”(无期徒刑)的国家明显不同的。其他一些国家，如美国，终身监禁不仅可以适用于特定的严重暴力犯罪，也可以适用于其他重罪(如毒品犯罪)，也适用于未成年人的某些重大犯罪。我国刑法的终身监禁，在现行立法框架内，是不能在贪污罪和受贿罪之外适用的。

2. 选择“不适用死刑情形下”的最重刑

终身监禁主要针对那些判处死刑立即执行偏重，判处一般死缓(缓期考察二年)又偏轻的重大贪污受贿犯罪分子，根据最高人民法院《关于〈中华人民共和国刑法修正案(九)〉时间效力问题的解释》第 8 条规定，实施贪污、受贿行为的犯罪人在判处死刑缓期执行不能罚当其罪的情形适用终身监禁制度。

3. 以罪犯不需要执行死刑而能转为无期徒刑为默认前提

我国《刑法》第 383 条第 4 款和相关司法解释明确规定，只有当人民法院对犯罪人不需要判处死刑立即执行，而是判处死刑缓期执行时，才能决定适用终身监禁。

4. “不得减刑、假释”仅在分则中予以规定

我国《刑法》虽然在总则中规定了对某些特定犯罪分子限制适用减刑、假释的制度。《刑法》第 50 条第 2 款规定，“对被判处死刑缓期执行的累犯以及因故意杀人、强奸、抢劫、绑架、放火、爆炸、投放危险物质或者有组织的暴力性犯罪被判处死刑缓期执行的犯罪分子，人民法院根据犯罪情节等情况可以同时决定对其限制减刑”。上述规定并没有对“贪污罪和受贿罪”作出限制减刑规定。

---

① 参见吴玉萍:《终身监禁之立法解读、法律性质及溯及力》，载《法学》2017 年第 10 期。

根据《刑法》第81条第2款的规定，对累犯以及因故意杀人、强奸、抢劫、绑架、放火、爆炸、投放危险物质或者有组织的暴力性犯罪被判处10年以上有期徒刑、无期徒刑的犯罪分子，不得假释。同样地，《刑法》总则也未对“贪污罪和受贿罪”作出不得假释规定。

5. 法官据情裁量

对于一项法律规定，在司法实践中要落地，通常会采取两种方式：一是强制适用，法官没有自由裁量权；二是自由裁量，法官有考量实情、据情适用的权力。终身监禁制度也同样具有这两种不同的适用要求。前述“绝对终身监禁”和“相对终身监禁”的两种类型，是根据法官裁量角度所作的一种分类。我国刑法中的终身监禁制度，由于立法规定“人民法院根据犯罪情节等情况可以同时决定”是否适用终身监禁，而非“应当同时决定适用终身监禁”，这表明我国终身监禁制度的适用与否的决定权在法院，因此它属于裁量权。

6. 由一审判决时同时宣告

尽管我国刑事诉讼规定的是二审终审制，一审判决不是确定的生效判决，但基于“上诉不加刑”的原则，如果一审没有宣告“不得减刑、假释”，二审法院是不能加上去的。因此，一审对“终身监禁”的决定是具有实际效果的。

（五）我国终身监禁立法的社会影响

1. 平息了公众的合理愤怒

我国国民对于贪污腐败犯罪的憎恨感尤为强烈，严惩贪腐犯罪一直是人民群众的呼声。立法设立专门针对贪污贿赂犯罪的终身监禁制度是对公众法治需求的回应。在各种腐败案件连续不断显露的情况下，对贪腐问题严厉打击也是中央严惩贪腐犯罪的政策考量。

2. 缓解了我国“生刑过轻，死刑过重”的司法现状

近几年来，一方面被判处重刑的犯罪分子利用减刑、假释制度大幅缩短实际执行的刑期；另一方面法官基于民意的影响不得不适用死刑立即执行，两种情况同时存在，形成强烈的反差。终身监禁的立法有效缓解了这种司法现状。

二、我国终身监禁制度立法的缺陷

(一)终身监禁制度刑罚地位的正当性拷问

1. 终身监禁制度的刑罚地位及范围

(1)终身监禁制度的刑罚地位

终身监禁制度涉及的内容比较广泛。它不仅包括刑种,也包括刑罚适用和刑罚执行过程中落实刑罚任务、讲究刑罚效果的方法和措施。因此,终身监禁是一种相对具有综合性内容的刑罚措施。

(2)终身监禁刑罚制度的范围

由于终身监禁制度的综合性,它的范围主要包括这样几个方面:第一,终身监禁的目标是为了替代死刑,其适用对象所犯的罪行应当需要被判处死刑但实际被判处死缓,因此,终身监禁制度的适用对象与死刑有关。而死刑是我国刑法规定的刑种之一。所以,终身监禁制度的范围之一是"刑罚种类"。第二,终身监禁是在死缓减为无期徒刑的基础上作出的,此时是"执行的无期徒刑",是在执行角度被提前限定的无期徒刑,因此,"刑罚实施状况"也是终身监禁的范围之一。第三,终身监禁是在死缓减为无期徒刑后的限制减刑、假释,是刑罚执行制度在"无期徒刑"上的适用,因此,"刑罚执行制度"是终身监禁制度范围的内容。

2. 终身监禁制度刑罚正当性拷问的根据

在刑法理论上,刑罚的正当性根据,经历了从报应刑论到预防刑论再到合并主义的变化。报应刑论和预防刑论,是刑罚正当性的核心理论。

(1)报应刑论不能完全作为终身监禁刑罚的正当性依据

所谓报应刑论,是指刑罚是对犯罪的报应,刑罚是犯罪带来的果,犯罪是刑罚的因。它具有两个特点:第一,刑罚是犯罪的法律后果,没有犯罪就没有刑罚,刑罚对应的是已然的犯罪。第二,犯罪的危害结果大小决定刑罚大小。在传统刑法理论上,报应根据分类标准的不同可以分为等害报应和等价报应、道义报应和法律报应。等害报应来自同态复仇。等价报应主张刑罚应该与实际危害相对应,以危害的程度为依据。道义报应也叫责任报应,指的是个人应当对由于自由意志而行动的结果承担责任。法律报应也称秩序报应,是指犯罪人因其行为触犯了法律的规定对社会秩序造成了混乱所遭受的惩罚。道义报应论和法律报应论是报应刑论的两个最重要的理论依据。

道义报应论的基础是行为人的自由意志,但"现代实证研究方法武装起来的近代心理学否定了自由意志的存在,并证明个人的因素,诸如环境、性格等才是人所实施行为的内因"。[①] 因此,从社会学和法学的角度来看,作为道义报应论基础的自由意志是否真实存在,也是值得怀疑的。法律报应论的前提是刑法具有保护个人和社会法益的功能,为了维护刑事秩序、做到有罪必罚,刑罚是具有正当性的。然而,法律秩序与正义并不完全等同。人定法完全存在属于恶法的可能性。因此,将法律规则的落实等同于法律正义的实现,显然是不当的;并且,用报应论维持法秩序,其作用也不一定尽如人意。

从20世纪70年代始,报应论有了新发展。新的报应论将刑罚目标从同态复仇转向了主观醒悟,刑罚的施行应当以法律为依据,坚持罪刑相适应原则。随着时代的发展和人们思想观念的变化,报应论的残酷惩罚性也在不断地弱化。

(2)预防刑论也不能完全作为终身监禁刑罚的正当性根据

预防刑论,也称刑罚功利主义,是指设定一定的合理的目标,为达到这样的目标采用的手段和方式都是合乎情理的方式。该说主张刑罚不能只关注对已然犯罪的惩罚,也应重视未然犯罪的发生。刑罚的对象不仅是行为,还应该包括行为人,要教育、改造和感化已经犯罪的人,实现预防犯罪的目的。

一般预防论主要强调对罪犯的处罚程度应该比罪犯通过犯罪行为所获取利益高,同时也要考虑司法成本。一般预防通常具有威慑功能、鉴别功能、补偿和安抚功能和鼓励功能。[②] 但一般预防的效果往往是非常有

---

① [意]恩里科·菲利:《实证派犯罪学》,郭建安译,商务印书馆1987年版,第9页。

② 参见陈兴良:《刑法哲学》(第5版),中国人民大学出版社2015年版,第396~399页。

限的，它会因人、因时、因地、因罪而异。

特殊预防论则是强调针对犯罪人本身的遏制措施，其目的在于预防犯罪的人再次实施犯罪。特殊预防能够客观上消除犯罪人继续犯罪的可能性，对个体具有识别与威慑作用，有利于改造作用的发挥。但特殊预防论也有两方面的局限性：第一，特殊预防的对象是犯罪人，其评价的依据是行刑效果，而刑罚的改造效果并不乐观；第二，特殊预防效果的实现还需要社区矫正等配套措施的支持，而配套措施达到有效支持也面临很多困难。

(3)并合主义的双重预防是终身监禁刑罚正当性的依据

调和报应刑论和功利主义刑罚论的合并主义将二者作了一定的融合，尽力实现一体化的目标。基于报应与功利一体的合并主义的刑罚观认为，现今的刑事处罚措施废除了肉刑，死刑的存在空间已大为缩减，自由刑和财产刑将占主导地位，重刑主义也将逐渐向人道化和轻缓化的方向发展。在这个过程中，刑罚的局限性也为人们所认识到，扬长避短，终身监禁的替代措施地位得到了加强和提高。

3. 终身监禁制度刑罚正当性的评估

(1)终身监禁制度刑罚超越了罪责刑相一致原则，超过了贪腐犯罪的报应程度

对于我国终身监禁立法是否能够体现罪责刑相一致原则，即是否符合报应程度，学界对此有不同的看法。

支持的观点认为"终身监禁"符合报应观。首先，终身监禁制度的设立的立法目的是对重大贪污腐败案件的严厉惩处，防止作为国家机关工作人员的犯罪人利用其特殊身份获取不当减刑、假释的特殊优待。《刑法修正案(九)》规定贪污贿赂犯罪的犯罪嫌疑人适用终身监禁后不得减刑和假释，使犯罪和刑罚趋于平衡，这体现了终身监禁制度的报应刑色彩。其次，在限制死刑适用、坚持少杀慎杀的刑事政策驱动下，《刑法修正案(八)》以来减少死刑适用罪名等立法趋势，刑法的严厉性恐遭到质疑。设立终身监禁制度一方面以生刑替代死刑，彰显人道主义的责任，减弱了

死刑的残酷性，体现了以人权价值为责任限度；[①]另一方面，不得减刑、假释的终身监禁意味着刑罚执行的严厉性。最后，严惩贪腐犯罪一直是人民群众的呼声，设立终身监禁制度是对公众法治需求的回应，反映了国家惩治腐败犯罪的坚定立场。

反对的观点认为"终身监禁"缺乏报应的正义性。报应刑论认为刑罚是对犯罪人行为所造成的客观危害结果的报应。刑罚与责任的均衡才能体现报应的公平与正义，这就要求刑罚的严厉性与犯罪的严重性相对称。

首先，对罪行程度相当的犯罪，量刑与执行应当一致。将贪污受贿犯罪与严重侵害人身法益的犯罪相比较，贪腐犯罪侵害的法益主要是"职务的廉洁性"，故意杀人、强奸、抢劫、放火、投放危险物质等罪行侵害的是公民的生命健康安全。严重侵害人身法益的犯罪社会危害程度与贪污受贿犯罪的危害程度相当甚至更高，这类犯罪的法定刑也与贪污受贿犯罪相当甚至更高。但是，终身监禁制度仅适用于贪污受贿犯罪而不适用于上述重罪，并且贪污受贿犯罪不得减刑、假释，而那些"杀人、抢劫、强奸"等严重侵害人身的犯罪只是限制减刑和假释。因此，如果在同等量刑以后，这些严重犯罪的罪犯可以通过减刑在服刑几年或者十几年后获释，而犯贪污受贿的犯罪分子要在狱中度过一生，从报应主义角度看，也是不平衡的。

其次，之所以废除死刑成为世界上多数国家的选择，是因为人们很早就认识到死刑的严酷性与犯罪人的刑事责任不相当，也即死刑不符合刑罚报应观。终身监禁作为死刑消减或废除后的替代措施，其严酷程度并不亚于死刑。刑事法律因其严厉性、谦抑性等特征决定了刑事立法必须具有专业性和严谨性。[②] 立法者为了基于民众的情感要求设计一种严酷的制度来制裁某种犯罪，显然会与这种犯罪所应当得到的报应程度不相

① 参见何显兵：《死缓终身监禁的价值审视及适用规诫》，载《中国政法大学学报》2018年第5期。

② 参见刘宪权：《刑事立法应力戒情绪——以〈刑法修正案（九）〉为视角》，载《法学评论》2016年第1期。

适应。

最后,《刑法修正案(九)》对贪污贿赂犯罪增加了终身监禁,如果认为终身监禁是死刑的替代措施,该罪在增加终身监禁后并未废除死刑。[①]如果认为终身监禁是无期徒刑的执行方式,终身监禁却仅适用于贪污受贿犯罪,显然与贪污受贿犯罪的责任和刑罚是不相适应的,超出了报应刑的范畴。

(2)终身监禁制度并不能合理、高效地预防贪污受贿犯罪

第一,我国终身监禁立法不能实现特殊预防的目的。刑法学界大多认为终身监禁的特殊预防效果不足。首先,被决定适用终身监禁的犯罪人由于无法减刑和假释,不能到社会上再次犯罪,在表面上看似达成了特殊预防的安保目的,也即通过适用刑罚,限制和消灭犯罪人再次犯罪的外在可能性,使犯罪人一定时期内或者是永远不能再犯罪。[②] 但事实上,犯罪人一旦判刑,其国家工作人员的身份便会永久被剥夺,失去了国家机关工作人员的身份便不再有犯贪污受贿罪的可能性,而此犯罪外部条件的剥夺不应归功于终身监禁制度的适用,而应当是刑罚本身的设计。其次,终身监禁的法律效果决定了犯罪人无法回归社会。那么对犯罪人的个别威慑效果便失去作用。对于被决定适用终身监禁的犯罪人而言,在再次回归社会的机会渺茫的情况下再努力证明自己已经改过自新都是徒劳,被执行死刑的犯罪人被认为是没有改造可能性,而终身监禁的犯罪人也没有改造的可能,终身监禁的特殊预防效果与死刑立即执行没有什么区别。[③] 终身监禁由于其严厉性可能导致犯罪人很难主动承认罪行,因为犯罪人为了避免永久服刑很可能会极力否认自己的罪行。刑罚的教育和改造作用也会由于缺乏减刑假释的激励功能而失去作用。这样一来,涉及终身监禁的犯罪人受到制裁的机会减少,而已经受到制裁的犯罪人管理和教育的难度增加了。

即使是认为我国的终身监禁具有特殊预防作用的学者,也同时提出

---

① 参见陈章旭:《对终身监禁制度设立的思考》,载《大庆师范学院学报》2018 年第 5 期。

② 参见张明楷:《刑法学》(上),法律出版社 2016 年版,第 510 页。

③ 参见郑朝旭、徐久生:《“终身监禁”的问题分析》,载《海峡法学》2017 年第 3 期。

需要关注在贪污腐败案件中适用终身监禁的适当性问题。有学者认为适用终身监禁需考虑"比例原则",这种观点认为通过对犯罪人终身监禁而彻底消除其再犯可能性是不可能的。一方面,只要有与外界接触的机会,在客观上就不能完全排除犯罪人再次实施犯罪的可能性。即使是一辈子在监狱内服刑的犯罪分子也要与监狱管理人员接触,在关押时也会与同样服刑的犯罪人接触,即便是单独关押也会有再次犯罪的机会,意图通过终身监禁达到永远不再犯罪的效果是很难的。另一方面,"已经服刑十五年左右的人,在释放后基本上很少重新犯罪"。在达到15年以上长期自由刑的情况下,自由刑的特殊预防效果是否还存在是值得推敲的。因此,在具体案件的刑罚裁量中,考虑特殊预防时要遵循"比例原则",需要细致衡量获得的特殊预防效果与终身监禁带来的损失之间关系。

第二,我国终身监禁立法的一般预防作用不大。对于我国终身监禁立法的一般预防作用,学界虽有人持肯定态度,但大多学者还是持批评态度。

肯定终身监禁的一般预防作用的学者认为,刑罚的一般预防效果指的是国家通过对犯罪与刑罚的明确规定、对犯罪人的判刑和行刑来表明国家对犯罪的否定,对社会大众形成威慑力,从而达到预防社会大众从事犯罪的效果。通常认为终身监禁的设立符合了一般预防的需要。一方面,不难看出,终身监禁制度的设立,立法者考虑了职务犯罪特殊的身份性,提高贪污受贿罪犯罪人自由刑的量刑幅度,防止犯罪人利用手中剩余的影响力取得从宽的减刑、假释机会。而这种刑罚措施有利于遏制贪腐犯罪,体现了国家严惩腐败的决心,从而使拥有同样身份的公职人员不敢犯、不能犯,在一定程度上威慑犯罪发生。① 另一方面,在人民群众要求严惩贪腐犯罪的背景下,设立终身监禁符合宽严相济的刑事政策,有利于强化民众对我国刑法的信赖,增强国家的司法公信力。

持批评态度的学者则认为我国终身监禁的一般预防作用非常有限。自近代以来,刑罚理念体现出从"严刑峻法"威慑犯罪到"宽和人道"预防

---

① 参见陈章旭:《对终身监禁制度设立的思考》,载《大庆师范学院学报》2018年第5期。

犯罪的发展趋势,这也体现在刑罚制度的改造中。刑罚制裁手段逐渐宽松,但并没有导致社会出现严重的犯罪浪潮,这表明严酷的刑罚对于预防犯罪效果并不如想象中有效。首先,刑罚制度发展到现今阶段,对重罪尤其是职务犯罪的治理应有多种。对于贪污腐败犯罪层出不穷的现状,除了科处严酷的刑罚以外,还需要完善监督机制、促进法制建设等配套措施才能有效实现治理目标。如果只是加重刑罚而不适用配套政策,那么即便具体的贪污腐败犯罪分子受到了刑罚的制裁,但职务犯罪的诱惑没有从根本上得到遏制,刑罚的一般预防效果就不能达到立法者的目标。其次,法律的根本目的在于保障人的尊严的实现,因此,只有符合人的尊严要求的法律才具有正当性。终身监禁的适用,有明显的体现刑罚一般预防的追求。具体而言,被决定适用终身监禁的犯罪人除为自己所犯下的罪行承担责任以外,还要为他人将来的错误决断起警示作用,犯罪人所受的刑罚很大程度上有国家对贪污腐败犯罪零容忍的宣誓作用。这样一来,与国家打击贪腐犯罪的政策相比,犯罪人个人权利的考虑被置于次要地位。[①] 国家通过设立严酷的终身监禁制度对民众"宣誓"严惩贪腐犯罪,这种目的存在的刑罚方式难以获得正当性的评价。最后,终身监禁的一般预防实际效果也是难以预估的。正所谓"没人清楚死刑到底有多少震慑增量,以及就此而言终身监禁有多少震慑增量"。[②] 一般预防作用的发挥,实际上依靠着心理强制作用,其作用大小难以通过科学证明,并且通常会受到各种因素的影响,呈现出因人、因罪、因地、因群、因行而异的情况。[③] 同时,罪犯一般不会在实施犯罪之前将犯罪可能取得的收益和刑罚所带来的痛苦进行比较,在进行价值衡量后决定自己是否进行犯罪。绝大多数罪犯只会考虑自己被发现的可能性大小,以及如何降低自己被发现的可能,并且在期待自己不被发现的侥幸心理下实施犯罪行为。[④]

---

① 参见吴玉萍:《终身监禁正当性之检讨》,载《法学》2020年第10期。

② [美]理查德·波斯纳:《波斯纳法官司法反思录》,苏力译,北京大学出版社2014年版,第75页。

③ 参见邱兴隆:《关于惩罚的哲学——刑罚根据论》,法律出版社2000年版,第107~113页。

④ 参见张明楷:《责任刑与预防刑》,北京大学出版社2015年版,第53页。

因此对于普通群众而言,“终身监禁”这一概念尽管表现出很大的威慑力,但与死刑相比威慑力还是有所欠缺,究其原因,终身监禁的威慑力源于自由刑。因此,终身监禁所预期的一般预防作用已经在修改前的条文中体现完毕了。

（二）我国终身监禁制度设计存在的突出问题

1. 立法理念的冲突

《刑法修正案(九)》规定的终身监禁仅是针对贪污受贿犯罪的,并规定了该终身监禁不得减刑和假释,这一规定表明了立法者对于罪犯的彻底否定态度。在刑法理论上,一般认为,罪犯的不可改造和教育性是立法者必须将其与社会永久隔离的核心因素。这一主张虽然得到了近代刑事实证学派对天生犯罪人进行特殊预防的刑罚理念的论证,但从实质上考察,它与我国传统的刑罚目的观是不相一致的。因此,依照人总是可以教育的立场,我国现有不得减刑、假释的终身监禁制度(是从制度内容完整性角度考察),是对传统立法观的挑战,换言之,也可以称为创新。

2. 立法程序不够严格

(1)我国终身监禁立法未经过严格的三审,立法程序存在瑕疵

我国终身监禁制度首次正式出现是在《刑法修正案(九)(草案三次审议稿)》中,此前的立法审议稿中尚没有出现终身监禁制度。这种只经过一审就通过的做法是否合适值得推敲。因为我国《立法法》第32条第1款规定“列入常务委员会会议议程的法律案,一般应当经三次常务委员会会议审议后再交付表决”。这样规定的原因,一方面,是为了体现出立法活动的科学性,有个循序渐进的过程;另一方面,将法律草案面向社会广泛征求意见,可以更好地体现立法的民主性。

但从《刑法修正案(九)》的审议历程来看,2014年11月在中国人大网第一次公布《刑法修正案(九)(草案)》和2015年7月6日公布的《刑法修正案(九)(草案二次审议稿)》中均没有将终身监禁制度囊括在内。2015年7月27日,全国人大常委会法工委召开会议研究的10个问题,才涉及对重特大贪污受贿犯罪死缓犯增设终身监禁制度的问题。同年8月24日,全国人大常务委员会审议《刑法修正案(九)(草案三次审议稿)》

规定对重特大贪污受贿罪死缓犯增设终身监禁制度。同年 8 月 29 日，《刑法修正案(九)》正式通过，其中第 44 条明确规定对重特大贪污受贿犯罪死缓犯实行终身监禁制度。

所以，终身监禁制度仅经过一次审议便成为法律，审议的程序不足，导致该制度受到质疑。

(2)由全国人大常委会通过的《刑法修正案(九)》实质修改了《刑法》总则的内容，程序上也有瑕疵

根据我国《立法法》第 10 条的规定，修改刑事基本法律应当由全国人民代表大会进行，在全国人大闭会期间，全国人大常委会可以对全国人大制定的法律进行部分补充或修改，但是不得同该法律的基本原则相抵触。刑法修正案的制定属于《立法法》第 10 条规定的修改刑事基本法律的活动范围，因此要求全国人大常委会制定的刑法修正案不得同《刑法》的基本原则相抵触。我国《刑法》在总则第 5 条规定了罪责刑相适应原则作为刑法的基本原则，《刑法修正案(九)》不得与上述原则相抵触。但通过对终身监禁制度与死缓限制减刑制度的比对，可以发现终身监禁制度并没有全面贯彻该基本原则。因为严重侵害人身权利的犯罪的社会危害性程度通常比贪污、受贿犯罪的危害性程度高，所配置的法定刑也高，但不得减刑、假释的终身监禁在贪污受贿犯罪与暴力性犯罪中的分别规定，导致了适用的选择性机会不同，影响罪刑均衡原则的贯彻。而这与《刑法修正案(九)》没有按照《立法法》第 10 条的规定执行有关，存在程序上的瑕疵。

3. 立法内容不明确

《刑法修正案(九)》所规定的终身监禁制度的含义和具体适用条件不明确，其中既包括死刑缓期执行的适用标准不明确，也包括终身监禁的标准不明确。

(1)终身监禁制度的含义不明确

我国通过《刑法修正案(九)》的立法形式新增终身监禁制度，修正案中仅对该制度描述为“不得减刑、假释”，相关司法解释也没有更加具体的解释。有学者认为，我国的终身监禁制度是一种由法官决定适用的、剥

夺犯罪人终身自由的刑罚,不得减刑、假释是其法律后果;有学者认为,终身监禁制度是针对社会危害极其严重的贪污受贿罪犯适用的,不得减刑、假释的死刑缓期执行的执行方式;[①]有学者则认为,终身监禁制度是"足以对罪犯囚禁终生的自由刑";[②]也有学者认为,终身监禁本质上就是真正意义上的无期徒刑;[③]还有学者认为,我国的终身监禁制度事实上只是贪污受贿犯罪的特殊刑罚制度。

最高人民法院裴显鼎法官曾表述终身监禁制度的法律定位,他说,"我国的终身监禁制度是介于死刑立即执行与死缓之间的执行措施",它可以从实体与程序两个方面进行理解:在实体上,终身监禁是适用于特大贪污受贿犯罪的死缓执行方式,在具体审判时面对判处死刑缓期执行和死刑立即执行都不能做到罚当其罪的时候可以决定适用终身监禁;在程序上,法院要适用终身监禁应当在判决犯罪人死刑缓期执行的同时决定适用,而不能等到死缓执行期间届满再视情况而定。[④]

(2)终身监禁的具体适用标准不明确

第一,行为人因犯贪污受贿罪被判处死刑缓期执行的具体适用标准不明确。我国仅规定死缓适用于罪行极其严重但又不是必须死刑立即执行的犯罪分子,而《刑法》及其司法解释中也没有明确死缓的具体适用标准,在具体司法裁判中量刑依靠法官自由裁量,导致对死缓的适用缺乏统一的掌握。在不同历史时期、不同的地域之间都存在死缓适用标准不一的现实问题。[⑤] 死缓的适用标准尚不明确,在死缓的基础上适用的终身监禁制度的规定更加模糊,法官会采取更加审慎的态度对待终身监禁制度,司法实务上会陷入困境也就不难预见了。

第二,决定终身监禁的"犯罪情节等情况"适用标准模糊。根据《刑

---

① 参见马克昌主编:《刑罚通论》,武汉大学出版社2006年版,第126页。

② 储槐植:《刑事一体化论要》,北京大学出版社2007年版,第222页。

③ 参见王志祥:《死刑替代措施:一个需要警惕的刑法概念》,载《中国法学》2015年第1期。

④ 参见刘霜:《终身监禁的法律定位研究》,载《西部法学评论》2017年第1期。

⑤ 参见詹奇玮:《关于我国终身监禁制度的批判性思考》,载《信阳师范学院学报(哲学社会科学版)》2016年第6期。

法》第 383 条第 4 款的规定，人民法院根据犯罪情节等情况可以同时决定适用终身监禁。但是对于什么是“犯罪情节等情况”，修正案和司法解释都没有再具体细化规定。这将导致司法实践的认定会过度依赖法官的裁量水平。

2016 年最高人民法院、最高人民检察院发布的《关于办理贪污贿赂刑事案件适用法律若干问题的解释》第 4 条第 1 款规定了贪污贿赂犯罪判处死刑立即执行的四种情况：“贪污、受贿数额特别巨大”“犯罪情节特别严重”“社会影响特别恶劣”“给国家和人民利益造成特别重大损失”。第 2 款规定了死缓的适用情形是“具有自首，立功，如实供述自己罪行、真诚悔罪、积极退赃，或者避免、减少损害结果的发生等情节”。该款要求法官在审判中考察犯罪人的减轻情节。然而，第 3 款又再次规定了法院可以根据“犯罪情节等情况”同时决定适用终身监禁。一方面，死缓已经是考量减轻条件下的刑罚方式，以死缓为前提的终身监禁又规定再一次考量减轻情节，有重复评价的嫌疑。① 另一方面，终身监禁和死缓作为两档力度不同的刑罚方式，适用的标准在表述上较模糊以致难以区分。在具体实践中，法官在审理适用“死刑立即执行”还是“死刑缓期执行”时需要判断一次情节，在审理适用“死刑缓期执行”还是“死缓并决定适用终身监禁”时又要再次判断有无情节，但法庭显然不会为此进行重复考察，在两者所需要考察的情况并没有实质区别时更是如此。

（三）我国终身监禁立法规定的得失分析

1. 我国终身监禁立法规定的积极意义

（1）对死刑制度改革的意义

我国的终身监禁立法是否有利于推动死刑改革，学界的观点并不一致。有学者认为，依赖于死刑缓期执行制度的终身监禁不仅不能推动死刑的废除，反而会阻碍死刑的逐步废除。② 但也有学者认为，终身监禁制度作为死刑废除改革的过渡性措施，有利于推动限制死刑、废除死刑的进

---

① 参见黎宏：《死刑缓期执行制度新解》，载《法商研究》2009 年第 4 期。

② 参见王志祥：《贪污、受贿犯罪终身监禁制度的立法商榷》，载《社会科学辑刊》2016 年第 3 期。

程。笔者赞同这种观点,理由如下:

第一,设立终身监禁有利于进一步控制腐败犯罪中的死刑立即执行的适用。在限制死刑的刑事政策的指引下,在贪腐案件的司法实践中已很少适用死刑立即执行。在贪污、受贿数额特别巨大或犯罪情节特别严重的情形下,基于限制死刑的刑事政策考量,适用死刑缓期执行的案件居多。然而,死缓执行期届满后减为无期徒刑或有期徒刑的犯罪人通常又能继续减刑、假释,导致犯罪人实际服刑时间过短,受到较多诟病。由于死刑立即执行和死缓之间巨大的刑罚落差,亟须有新的内容来填补空缺,终身监禁制度应运而生。一方面,在厉行反腐的背景下,终身监禁制度的立法举措满足了从严惩治腐败犯罪的需求,对于实践中由于死刑政策大背景被判处死缓的犯罪人难以完全做到罪责刑相适应的,适用终身监禁制度或许能够做到罚当其罪。另一方面,终身监禁制度能够压缩贪污罪、受贿罪的死刑立即执行的适用空间。对可能被判处死刑立即执行的特别严重贪污受贿犯罪适用终身监禁刑罚,能够明显减少死刑立即执行的实际执行数量,使死刑立即执行成为贪腐犯罪中备而不用、备而少用的刑罚处罚方式,为未来彻底废除贪污罪、受贿罪的死刑奠定基础。

第二,设立终身监禁有利于引导民众改变"言及重罪必死刑"的观念。基于"杀人偿命"的朴素价值观、"乱世用重刑"的刑罚观以及我国民众对贪腐行为的低容忍度,在贪污腐败案件不断浮出水面的当下,对于贪腐犯罪废除死刑往往很难得到支持。终身监禁作为一种同样有高威慑力的刑罚手段,一方面迎合了民众严惩犯罪的呼声,另一方面能够让公民意识到剥夺犯罪人生命并不是重罪刑罚的最优解,改变"言及重罪必死刑"的观念。

第三,终身监禁具有试验田的价值。尽管废除死刑是刑罚理念进步的重要体现,也是国际社会的基本趋势,但由于我国政治、经济、文化、民意等各种因素的影响,要全面直接废除死刑是难以实现的。我国终身监禁立法的确立,"以终身监禁制度替代死刑,对于慎用并减少死刑的适用具有试验田的意义”。[①] 据此可以认为,通过急迫的程序来设立终身监禁制度只是从司法角度对死刑改革的可行方向进行了一个证明。通过该制度的实际实施效果来引导民意对死刑的态度,可以为在立法层面进一步废除贪污罪、受贿罪的死刑创造条件。[②] 在短期内无法完全废除死刑的背景下,将终身监禁的适用限制在民众希望严惩的贪污罪和受贿罪之中,能够得到更具真实性的民意反馈,也是未来扩大终身监禁制度的适用范围,逐步减少死刑的实际适用的有效方案,能够推动死刑制度的深层次改革。[③]

(2)对反腐败的意义

终身监禁制度是反腐的又一利器。监狱里“赎身”现象也时有发生,职务犯罪等犯罪中的部分有权人、有钱人较之普通罪犯,减刑间隔时间短、减刑幅度大、假释和暂予监外执行的比例高,特别是一些严重的贪污受贿罪犯,经常采取假计分、假立功、假鉴定等手段,违法获取减刑、假释、暂予监外执行,不仅严重损害了法律的权威,而且导致司法不公,公众诟病颇多。对重特大贪腐犯罪适用不得减刑、假释的终身监禁,体现了中央对反腐倡廉的高度重视和对当前部分贪腐者利用关系或影响力收买司法工作者以提“钱”出狱的警惕。

第一,终身监禁有利于践行并深化我国当前“零容忍”的反腐刑事政策。“终身监禁”是对严惩腐败犯罪刑事政策的立法回应。作为反腐败犯罪治理体系中对重大贪污受贿犯罪的处罚制度,终身监禁是贯彻“限制死刑适用”的政策要求,也是反腐败部署的行动表现,它体现了从严惩治腐败犯罪与慎用死刑的宽严相济的结合。有学者认为,宽严相济刑事政策具有双重性,“宽”表现为慎用死刑“少杀慎杀”;“严”表现在高压反

---

① 黄永维、袁登明:《〈刑法修正案(九)〉中的终身监禁研究》,载《法律适用》2016 年第 3 期。

② 参见梁根林:《刑事制裁:方式与选择》,法律出版社 2006 年版,第 208 页。

③ 参见石经海、刘桂源:《“终身监禁”的困境释读与司法改善——以刑事政策和刑法的体系化适用为视角》,载《中国应用法学》2019 年第 3 期。

腐上。[①]

第二,我国的终身监禁立法有助于我国刑事法律与世界接轨,推动国际反腐败工作的发展。根据域外立法经验,贪污受贿犯罪法定刑不一定涉及死刑,特别是随着全球死刑废除趋势显明、死刑适用罪名缩减,一些国家已经不再判处死刑。我国对贪污受贿犯罪是规定了死刑的,因此,对贪污受贿罪终身监禁制度的设立,至少可以减少死刑的适用率,向国际社会轻刑化趋势靠拢。

(3)对遏制严重暴力犯罪的意义

所谓暴力犯罪,一般是指行为人以暴力或者暴力胁迫为手段,非法侵犯他人合法权益的犯罪行为。它包括直接以暴力为手段的犯罪(如暴力干涉婚姻自由罪),也包括以暴力为内容的犯罪(如武装叛乱、暴乱罪),还可以包括内含暴力或类似情节的犯罪(如组织、领导、参加恐怖组织罪)。《刑法》中使用"暴力犯罪"的概念,通常具有概括性,如第20条第3款规定的"严重危及人身安全的暴力犯罪",第50条第2款规定的"有组织的暴力性犯罪"。

扩大终身监禁适用范围有利于遏制严重暴力犯罪。在刑法修正案将终身监禁的适用范围确定在贪污受贿罪时,就有学者提出了扩大适用范围的设想,旨在探索扩大终身监禁的适用范围。有学者提出将严重的恐怖活动犯罪纳入终身监禁制度的适用范围,[②]也有学者赞同将危害国家安全、危害公共安全的严重犯罪和侵犯人身权利的严重暴力犯罪,以及毒品犯罪等非暴力犯罪纳入终身监禁的适用范围。[③] 笔者认为,立法将终身监禁适用于贪污受贿案件,实践表明已有一定成效,可以仿效。同时,终身监禁依照现行刑法对减刑、假释的限制规定,对于因罪犯抗拒改造而成为实际的终身监禁的可能性也是存在的。因此,可以考虑选择适当的

---

① 参见王世友、周少元:《论我国终身监禁的刑罚属性》,载《重庆社会科学》2021年第4期。

② 参见舒洪水:《论终身监禁的必要性和体系化构建———以恐怖主义、极端主义犯罪防控为视角》,载《法律科学(西北政法大学学报)》2018年第3期。

③ 参见商浩文、赵秉志:《终身监禁新规法理争议问题论要》,载《现代法学》2017年第4期。

范围，对于一些短期内难以废止死刑的严重暴力犯罪，纳入判处死缓减为无期徒刑后，实行终身监禁的范围。

(4)对遏制倾向犯的意义

倾向犯，一般指行为人具有超罪过的心理倾向作为构成要件的犯罪。[①] 在主客观相统一的定罪原则下，在犯罪的确定过程中，主观要素的认定往往比较困难，需要从客观的事实特征中予以概括证明或反向印证；而在犯罪构成的各要素中，主观要素就需要有相应的客观要素与之对应。超出一般构成要件的主观要素，属于"主观超过要素"，倾向犯中的内心倾向是犯罪的主观超过要素。它是在罪过形式之外，对具体犯罪的额外的要素，是构成倾向犯的必要要素。

终身监禁制度对于倾向犯的控制和改造都是具有重要价值的。第一，终身监禁现有法定适用对象中的贪污受贿犯罪，能成为《刑法》第 383 条第 1 款第 3 项规定情形的，往往犯罪数次多、数额大，这说明犯罪人对于非法利益的追求是十分关注和在乎的，在心理上形成了一定的心理定式。因此，要矫治这种心理，需要有较长的时间来验证改造效果。第二，除上述法定的贪污受贿犯罪为对象外，对于已经可以适用限制减刑、假释的其他严重犯罪中的倾向犯，也是适用同样的原理的。第三，从一般倾向犯的角度来看，现行立法规定要对其进行社区调查，听取社区的意见，在对其进行假释时是否对社区安全会产生严重不良影响，就说明了对倾向犯的改造比一般罪犯难。因此，对于被判处无期徒刑或者(死缓)减为无期徒刑的倾向犯，适用终身监禁无疑是一种有效措施。

2. 我国终身监禁立法规定的消极影响

(1)对刑法基本观念的冲击

现行终身监禁是对贪污罪和受贿罪的规定，它对于无职务的普通民众是否能起到一般预防效果，是存在疑问的。从制度层面来看，终身监禁已经阻断了罪犯重返社会的可能性，这也在一定程度上限制了终身监禁特殊预防效果的发挥。

① 参见董玉庭：《主观超过因素新论》，载《法学研究》2005 年第 3 期。

(2)对刑罚体系完整性的影响

第一,我国终身监禁制度与《刑法》总则规定的死缓限制减刑制度不协调。《刑法修正案(八)》在《刑法》总则中增设死缓限制减刑制度,规定对被判处死刑缓期执行的累犯以及因故意杀人、强奸、抢劫、绑架、放火、爆炸、投放危险物质或有组织的暴力性犯罪被判处死刑缓期执行的犯罪分子,人民法院根据犯罪情节等情况可以同时决定对其限制减刑。死缓限制减刑制度与终身监禁制度虽然在适用对象、适用条件、行刑效果等方面有相似之处,但依罪责刑相适应原则的要求,刑罚的严厉程度应当与所犯罪行的社会危害性和人身危险性相适应,而严重暴力犯罪与贪污受贿犯罪在限制减刑、限制假释和终身监禁的关系处理上,并没有理顺,没有完整全面的体系性安排,且制度间的匹配度比较差。

第二,我国终身监禁制度与《刑法》总则确立的减刑、假释制度有冲突。《刑法》总则是对犯罪和刑罚的一般原理、原则的规定,"刑法总则对刑罚种类、非刑罚制裁措施以及有罪宣告做了一般性、指导性规定",[①]分则是对犯罪类型化规定及个罪的具体规定。总则与分则是一般与特殊、抽象与具体的关系。根据《刑法》第101条的规定:"本法总则适用于其他有刑罚规定的法律,但是其他法律有特别规定的除外。"分则以总则为纲,在没有法律规定的特殊情形时,分则应当服从总则的规定。《刑法》第50条规定了限制减刑的情形,第81条规定了限制假释的情形,而分则跳开了假释的相关规定,对总则中没有规定的犯罪规定了终身监禁。这显然与减刑、假释制度的适用范围是不相一致的,导致了《刑法》分则具体规定与总则的不协调。

(3)对刑罚适用制度的影响

第一,导致刑罚适用混乱,不符合罪责刑相适应原则。从联合国《公民权利和政治权利国际公约》第6条对死刑适用犯罪的规定中可以发现,所谓的极其严重的犯罪,是指侵害生命权的暴力犯罪。这是适用死刑的条件。在我国立法将严重经济犯罪(包括职务类经济犯罪)规定了死刑

---

① 张明楷:《刑法学》(上),法律出版社2016年版,第497页。

的情况下，对之适用死刑应当比极其严重的暴力犯罪要更严格些。贪污贿赂犯罪中的严重贪污罪、受贿罪，并非最为严重的罪行，它与严重暴力犯罪的社会危害性和人身危险性都是不对等的。因此，希望通过增设终身监禁以逐步废除贪污受贿罪死刑的观点内部是矛盾的。有学者认为，在废除非暴力犯罪死刑的大趋势下，贪污贿赂罪非但没有废除死刑，反而增设了仅次于死刑严厉程度的终身监禁，这使原本可以依靠减刑和假释重返社会的犯罪人的幻想破灭。[①] 因此，对贪污受贿犯罪增设终身监禁不符合罪责刑相适应原则的要求。

第二，不合刑罚适用目的，导致犯罪预防功能难以体现。刑罚观念在经历几个世纪的发展以后，逐步从单纯的"以牙还牙"的报应观转向报应刑与预防刑相结合为目的。

从特殊预防的角度来看，由于终身监禁"牢底坐穿"的特性，犯罪人一旦被判处终身监禁就失去了回归社会的可能性，对于被判处终身监禁的犯罪人而言，其事实上与被判处死刑立即执行的效果类似，加之剥夺了公职人员的身份就能够达到防止再次犯罪的目的，特殊预防的现实意义不大。

从一般预防的角度来看，普通民众尽管高声呼吁严惩腐败犯罪，但无论是否严惩，没有公职身份的普通民众是不可能实施此类犯罪的。在刑罚政策上，如果只是用加重刑罚而没有进行体系性预防，由职务产生的诱惑因素没有消除，那么刑罚的一般预防效果也就比较差。

(4)对刑罚执行制度的影响

第一，缺乏执行制度衔接。国家虽然通过立法将死缓限制减刑制度和终身监禁制度写入了刑法，最高人民法院、最高人民检察院也出台了相关司法解释，然而至今依旧没有对终身监禁具体执行面临的问题形成统一意见。作为最终执行主体的监狱，由于缺乏相应的法律法规和政策指导，往往导致对终身监禁犯罪人的管理标准不统一。同时，这些规定也与《监狱法》的规定不一致，在一定程度上限制了监狱刑罚执

① 参见舒心萍：《"终身监禁"打碎巨贪幻想》，载《检察日报》2015年8月26日，第6版。

行的范围、内容与方式，使得对于犯罪人如何改造、管理和进行安全防范面临挑战。

第二，增加监禁成本。由于职务犯罪的犯罪人通常年龄较大，加之被判处终身监禁，服刑期长，监狱机关的管理成本势必增加。

首先，贪污受贿犯罪作为职务犯罪，犯罪人在犯罪时的年龄往往不小了，如果到了犯罪数额特别巨大的程度，一般都是时间长、次数多、被查处晚，因此，到了被判处终身监禁的时候，往往年龄比较大了。加上出狱的希望几乎不存在（除了特殊政策机会外），传统的服刑激励制度和改造制度效果欠佳。①

其次，由于终身监禁服刑期长所引发的关押处所问题，也会增加监管成本。这方面，直接面临的问题是对终身监禁的罪犯是单独关押还是集中混合关押。如果对其单独关押，就需要投入更多的人力、物力，管理成本增高；如果采用混合关押形式，将其与其他罪犯关押在一起，就会出现改造效果消极化影响，影响全羁押室人员的改造效果，延长监禁时间，增加监管成本。如果终身监禁制度适用对象进一步扩大，还会再次加剧监狱系统压力。

最后，终身监禁的罪犯发生狱内死亡的情况将会有所增加。对于长期服刑、出狱无望的犯罪人，往往会较多出现违纪、违法情形，自杀或袭击他人的情形也会增多，徒增监狱管理难度。②

第三，执行效果差。这主要表现在两个方面：一是刑罚执行中对于患病或者其他不适宜羁押的情形，各国都规定了保外就医等监外执行的措施。而终身监禁的执行，原则上排除了保外就医等监外执行措施的适用，这会带来刑罚执行的不经济和不够人道等问题。二是终身监禁也是要接受刑罚效果的检验的。尽管终身监禁对罪犯的精神压力是巨大的，但其作为服刑人员在监狱期间的活动是否正常、是否符合人类生存和发展的

---

① 参见刘毅：《“终身监禁”的法律定位及其对刑罚执行权的影响》，载《河南司法警官职业学院学报》2019 年第 2 期。

② 参见江峰、汪德超、胡鹏：《论总体国家安全观视野下监狱对终身监禁形势的有效应对》，载《中国监狱学刊》2020 年第 2 期。

一般状态,也是很重要的。从一定意义上来讲,终身监禁不仅是保障罪犯死在监狱里以证明其是“终身监禁”的,而且也要考虑其在服刑期间的生活是正常的,心理反应是与其他罪犯一致的。但由于被判处终身监禁的罪犯,其内心纠结于失去了重新获得自由的希望,因而在服刑期间会放松对自己的要求,往往会出现不服管教甚至对抗管理的行为。这就会大大增加监狱管理工作的难度,对周边产生不良影响,引起连锁反应,导致整体罪犯改造的效果不佳。

第二节　我国终身监禁制度的司法实践

一、我国终身监禁制度司法实践的概况

(一)我国适用终身监禁的案例

从《刑法修正案(九)》实施以来,根据网络公开的信息,到 2022 年 6 月 30 日止,我国司法机关共对 15 起案件的被告人[①]适用了终身监禁。现根据判决时间的先后,分别是:(1)白恩培受贿罪、巨额财产来源不明罪案(2016)[②];(2)魏鹏远案受贿罪、巨额财产来源不明罪案(2016)[③];(3)于铁义受贿罪案(2016)[④];(4)武长顺贪污罪、受贿罪、挪用公款罪、单位行贿罪、滥用职权罪、徇私枉法罪案(2017);(5)孙正启、石伟贪污罪、受贿罪、非法经营同类营业罪案(2017)[⑤];(6)杨成林贪污罪、受贿罪、

① 在此处将适用终身监禁的对象称为“被告人”,是基于这个终身监禁的结论是在判决生效前决定的,是属于法的适用阶段,这与处于刑罚执行阶段的“终身监禁”对象是“罪犯”,是有区别的。

② 参见罗书臻:《白恩培一审被判死缓》,载人民法院报 2016 年 10 月 10 日,https://www.court.gov.cn/zixun-xiangqing-27961.html。

③ 参见张艳玲:《魏鹏远受贿 2.11 亿被判死缓　终身监禁不得减刑假释》,载中国青年网 2016 年 10 月 17 日,http://news.youth.cn/gn/201610/t20161017_8755556.html。

④ 参见梁书斌:《黑龙江龙煤矿业集团物资供应分公司原副总经理于铁义一审被判死缓》,载中央人民政府网 2016 年 10 月 22 日,https://www.gov.cn/xinwen/2016-10/22/content_5123162.htm。

⑤ 参见陈彤彤:《孙正启案:党的十九大后山东终身监禁第一人》,载济南时报 2021 年 2 月 4 日,https://baijiahao.baidu.com/s?id=1690729270943717923&wfr=spider&for=pc。

挪用公款罪案(2018)[①];(7)邢云受贿罪案(2019)[②];(8)姜喜运贪污罪、受贿罪、违规出具金融票证罪、故意毁坏会计凭证、会计账簿罪案(2019)[③];(9)赵正永受贿罪案(2020)[④];(10)张中生受贿罪、巨额财产来源不明罪(2021)[⑤];(11)蔡国华国有公司人员滥用职权罪、贪污罪、挪用公款罪、受贿罪、违法发放贷款罪案(2021)[⑥];(12)孙力军受贿罪、操纵证券市场罪、非法持有枪支罪案(2022)[⑦];(13)王立科受贿罪、行贿罪、包庇、纵容黑社会性质组织罪、伪造身份证件罪案(2022)[⑧];(14)傅政华受贿罪、徇私枉法罪案(2022)[⑨];(15)刘彦平受贿罪案(2023)[⑩]。

(二)终身监禁案件的特点

1.案件性质集中于受贿罪

《刑法修正案(九)》规定,犯第一款罪(贪污罪、受贿罪的处罚依照贪污罪的处罚规定),有第三项规定情形(贪污数额特别巨大或者有其他特别严重情节的、数额特别巨大,并使国家和人民利益遭受特别重大损失的)被判处死刑缓期执行的,人民法院根据犯罪情节等情况可以同

① 参见孙航:《受贿、贪污、挪用公款超6亿元内蒙古"巨贪"杨成林一审被判死缓》,载《人民法院报》2018年12月22日,第3版。

② 参见《内蒙古原政法委书记邢云获死缓:受贿4.49亿余元》,载中国网"三农"2019年12月3日,https://baijiahao.baidu.com/s?id=1651890704560378875&wfr=spider&for=pc。

③ 参见《被终身监禁的银行董事长:姜喜运的恒丰银行往事》,载中国经济网2019年12月27日,http://finance.ce.cn/bank12/scroll/201912/27/t20191227_33995977.shtml。

④ 参见徐隽:《死缓!赵正永受贿案一审宣判》,载《人民日报》2020年7月31日。

⑤ 参见张婷婷:《张中生受贿、巨额财产来源不明案二审宣判》,载人民网—山西频道2021年10月29日,http://sx.people.com.cn/n2/2021/1029/c189132-34981511.html。

⑥ 参见公雪:《恒丰银行原董事长蔡国华上诉案二审公开宣判死刑,缓期二年执行》,载人民网—山东频道2021年8月27日,http://sd.people.com.cn/n2/2021/0827/c166192-34887818.html。

⑦ 参见陈卫东:《孙力军受贿、操纵证券市场、非法持有枪支案》,载人民法院网2023年1月7日,https://www.chinacourt.org/article/detail/2023/01/id/7091752.shtml。

⑧ 参见张晨:《王立科一审被判死缓 终身监禁》,载中华人民共和国最高人民法院网2022年9月22日,https://www.court.gov.cn/zixun-xiangqing-372811.html。

⑨ 参见周经纬:《傅政华,被判死缓、终身监禁》,载北京日报客户端2022年9月22日,https://baijiahao.baidu.com/s?id=1744643421559020881&wfr=spider&for=pc。

⑩ 参见人民法院新闻传媒总社:《国家安全部原党委委员、中央纪委国家监委驻国家安全部纪检监察组原组长刘彦平受贿案一审宣判》,载中华人民共和国最高人民法院网2023年1月10日,https://www.court.gov.cn/zixun-xiangqing-386021.html。

时决定在其死刑缓期执行二年期满依法减为无期徒刑后，终身监禁，不得减刑、假释。因此，从立法层面来看，终身监禁只能适用于贪污罪、受贿罪。换言之，被判处终身监禁的案件性质通常都是职务犯罪，并且只限于职务犯罪中的贪污、受贿罪。在司法实践中，从《刑法修正案(九)》实施以来15起被判处终身监禁的案例来看，被判处终身监禁的罪名均是受贿罪。

当然，犯罪分子除被判处贪污罪、受贿罪以外，常常也伴随其他罪名，如巨额财产来源不明罪、挪用公款罪、滥用职权罪、非法持有枪支罪等。特别是其中的"巨额财产来源不明罪"值得高度重视，因为它对于反腐败是否具有力量是有重大影响的。鉴于对巨额财产来源不明罪的研究，还涉及整个"持有型犯罪"的逻辑结构和具体形态的应用，需要另行开题研究，在此不再展开。

2. 涉案金额超过亿万元

自《刑法修正案(九)》规定终身监禁制度以来，已有15位官员被判处终身监禁。从立法的层面讲，"贪污、受贿数额特别巨大或者有其他特别严重情节，并使国家和人民利益遭受特别重大损失的，被判处死刑缓期二年执行，人民法院可以根据犯罪情节等情况，同时决定在其死刑缓期执行二年期满依法减为无期徒刑后，终身监禁，不得减刑、假释"。其中，最高人民法院、最高人民检察院《关于办理贪污贿赂刑事案件适用法律若干问题的解释》规定"数额特别巨大"标准是在人民币300万元以上。可见，贪污、受贿金额在300万元以上的，人民法院可判处其死刑缓期二年执行。但对于金额达到多少可以决定对其终身监禁呢？并未有相关司法解释予以说明。对司法实践现有案例中涉案金额进行整理如下：

(1)白恩培案：受贿金额折合人民币2.47亿元。

(2)魏鹏远案：受贿金额折合人民币2.11亿元。

(3)于铁义案：受贿金额折合人民币3.06亿元。

(4)武长顺案：贪污金额折合人民币3.42亿元，受贿金额折合人民币8440万元，挪用公款金额折合人民币1.01亿元，单位行贿罪金额折合人民币 1057 万元。

（5）孙正启、石伟案：二人各自分得受贿金额折合人民币 3.39 亿元，其中孙正启另收他人财物折合人民币 618 万元；共同贪污金额 1.71 亿元，其中石伟另贪污金额折合人民币 600 万元；共同经营与所任职公司同类的营业，获取非法利益人民币 8205 万余元。

（6）杨成林案：受贿金额折合人民币 3.07 亿元；贪污金额折合人民币 628 万元；挪用公款金额折合人民币 2.92 亿元。

（7）邢云案：受贿金额折合人民币 4.49 亿元。

（8）姜喜运案：贪污金额折合人民币 7.54 亿元；受贿金额折合人民币 6037 万元；故意毁坏会计凭证、会计账簿，涉及金额 6.598 亿余元。

（9）赵正永案：受贿金额共计折合人民币 7.17 亿余元，其中 2.9 亿余元尚未实际取得，属于犯罪未遂。

（10）张中生案：受贿金额折合人民币 10.4 亿余元。

（11）蔡国华案：滥用职权，违规在恒丰银行发放核心员工奖励薪酬，推行员工股权激励计划，造成恒丰银行经济损失共计 8.9 亿余元；贪污金额折合人民币 1018 万元；受贿金额折合人民币 11.8 亿余元，其中 10.7 亿余元系未遂；违法发放贷款涉案金额 35 亿元；挪用公款涉案金额 48 亿元。

（12）孙力军案：受贿金额折合人民币 6.46 亿余元；操纵证券市场，帮助他人避免损失 1.45 亿余元。

（13）王立科案：受贿金额折合人民币 4.4 亿余元；行贿金额折合人民币 9731 万余元。

（14）傅政华案：受贿金额折合人民币 1.17 亿余元。

（15）刘彦平案：受贿金额折合人民币 2.34 亿余元。

3. 犯罪的其他后果或情节不至于需要立即执行死刑

《刑法修正案（九）》规定，贪污、受贿数额特别巨大或者有其他特别严重情节，并使国家和人民利益遭受特别重大损失的，被判处死刑缓期二年执行，人民法院可以根据犯罪情节等情况，同时决定在其死刑缓期执行二年期满依法减为无期徒刑后，终身监禁，不得减刑、假释。可见，终身监禁的适用前提并不是唯数额论,还要根据"犯罪情节等情况"综合判断。

(三)终身监禁案件的裁判思路及理由

1. 在法定刑幅度内,由轻到重选择

司法人员在处理特重大贪污受贿犯罪案件时,依据案件情况,既可以适用无期徒刑,也可以适用死缓,还可以适用死刑立即执行。当选择死缓时,应当考虑是否需要在宣告判决的时候同时决定"不得减刑、假释"。

由此建立了一个司法选择的基本顺序:无期徒刑—终身监禁(无期徒刑不得减刑、假释)—死刑缓期执行—死刑立即执行。

2. 裁判理由要素提炼

在15起被判处终身监禁的案件中,"人民法院认为"的理由有较大差异,特别是对数额的把握和情节的适用,放在一般的数额犯中,显示出了较大差别。

(四)终身监禁案件的社会反响

1. 社会层面民众的支持度较高

就社会层面而言,可能被判处终身监禁的案件本身受到舆论较大关注,从而所带来的社会反响也是比较大的。一方面,自古以来人民群众对于贪污腐败的官员就深恶痛绝;另一方面,党中央自十八大以后严打贪污腐败案件,已经在全社会树立起对贪污受贿腐败分子"零容忍"的态度。因此,从社会层面上看,这类案件的方方面面都备受关注,民众对判决普遍持支持态度。

2. 司法层面裁判的法治性得到体现

就司法层面而言,被判处终身监禁的罪犯,人民法院有时会在裁判文书中说明其对社会造成的影响。例如,邢云受贿案、魏鹏远受贿案、赵正永受贿案、杨成林受贿案、孙力军受贿案、王立科受贿案、傅政华受贿案和刘彦平受贿案中,人民法院认为其受贿行为"社会影响特别恶劣",严重侵害了国家工作人员的职务廉洁性,给国家和人民利益造成了特别重大损失。

同时,从张中生上诉改判、蔡国华上诉驳回等诉讼过程中,可以清晰地看到相关司法机关对于涉案的犯罪事实、性质、情节和社会危害性,以及案发后的坦白、自首、立功、退赃等因素的甄别、认定，做到了公开、细致，使终身监禁的案件的个案公正性有了充分的保障。

3. 对适用终身监禁既考虑数额也考虑情节

在上述论述中，从2016年10月9日白恩培的受贿2.47亿元、2016年10月17日魏鹏远的受贿2.1亿元，到2016年10月21日于铁义的受贿3.06亿元，再到2017年5月27日武长顺的贪污3.4亿元、2017年12月25日孙正启、石伟共同犯罪的受贿3.4亿元，[①]再到2018年12月21日杨成林的受贿3.07亿元、2019年12月3日邢云的受贿4.49亿元，进而到2019年12月26日姜喜运的贪污7.54亿元、2020年7月31日赵正永的受贿7.17亿元、2021年10月29日张中生的受贿10.4亿元，最后到2021年8月27日[②]蔡国华受贿的11.8亿元，[③]适用终身监禁案件的犯罪数额在不断上涨。

因此，犯罪数额巨大对于决定适用终身监禁是有重要作用的，但数额并不是唯一的因素，犯罪情节也是重要因素，孙力军受贿6.46亿余元、王立科受贿4.4亿余元、傅政华受贿1.17亿余元、刘彦平受贿2.34亿余元均被判处终身监禁，就是考虑了其他犯罪情节得出的结论。它体现了《刑法修正案（九）》的立法指导思想，严惩腐败。

（五）终身监禁制度的实际效果

通过终身监禁制度的适用可以反观目前终身监禁的效果与该制度设立当初的设想，还存在较大差距。

1. 终身监禁的威慑力并没有得到理想发挥

（1）实际被适用终身监禁的案例较少

终身监禁制度设立以前，司法实践中存在腐败案件的官员即使被判处无期徒刑，也可以通过减刑、假释、暂予监外执行等制度逃避刑罚执行的问题。党的十八大作出全面从严治党的重大战略部署，“坚持以零容忍态度惩治腐败”，针对贪污贿赂案件刑罚执行不严的问题，通过《刑法修

① 另有共同受贿1.71亿元。

② 一审宣判时间是2020年11月6日。

③ 另有贪污1018万元。

正案(九)》设立终身监禁制度以提高对腐败官员的惩治力度。

自《刑法修正案(九)》设立终身监禁以来,截至目前,我国司法实践中实际适用终身监禁的案件合计仅15例。而且,从适用的时间上来看,这15例适用终身监禁的案件中,都是在《刑法修正案(九)》生效后的2016年开始判决的,如从终身监禁制度设立的"强化无期徒刑威慑力,减少死刑适用"的目的来看,实际适用终身监禁的案例较少的问题导致了终身监禁制度只是强化了部分贪污贿赂犯罪案件中无期徒刑的威慑力,至于终身监禁制度是否减少了死刑在此类案件中的适用,至少从目前的实际适用情况所体现的数据来看,是不得而知的。因此终身监禁制度更像是特定时期解决特定问题的特定制度。

(2)终身监禁的一般预防效果较弱

由于一般预防需要通过对犯罪人适用刑罚来防止社会上的一般性群体中的潜在犯罪人,不多的判决(示例)是不会产生高强的影响力的。在我国,终身监禁的设置与适用至少在两个方面与刑罚一般预防之目的存在逻辑矛盾。

一是终身监禁适用的对象局限于贪污受贿犯罪,适用范围较小,刑罚一般预防效果自然也小。通常意义上,刑罚一般预防目的的对象为潜在的犯罪人,积极的刑罚一般预防目的之实现还将社会上的其他守法者也作为刑罚一般预防的对象,旨在通过刑罚的实施培养、巩固、提高守法者的守法意识,防止其向潜在犯罪人演变,同时也鼓励他们与犯罪行为作斗争。根据《刑法》规定,我国现有可以适用死刑的罪名共有46个,而现有可以适用终身监禁的只有《刑法》第382条、第385条所规定的贪污罪、受贿罪2个罪名。而刑罚一般预防的理论认为,对于特殊的、较不容易发生的犯罪行为,应当更加注重刑罚的特殊预防,而对于一般性的、较容易发生的犯罪行为,应当更加注重刑罚的一般预防;对责任较大、性质较为恶劣的犯罪行为侧重特殊预防,而对责任较小、性质不那么恶劣的犯罪行为侧重一般预防。而终身监禁的设置却与一般预防理论的协调性尚需改良。因为与应适用死刑的行为相比较,需要适用终身监禁的行为显然更轻,而在适用范围上却比可以适用死刑的行为更窄。终身监禁在设置上就更倾向于特殊预防而非一般预防。

并且,从刑罚所针对的对象上来看,终身监禁制度一般预防的对象仅是可能实施贪污贿赂犯罪行为的潜在犯罪人,而贪污贿赂犯罪是职务犯罪,犯罪主体必须是国家工作人员。换言之,我国对于终身监禁制度的立法规定就决定了终身监禁的一般预防对象只能局限于具有国家工作人员身份的人,相比较于刑罚体系中其他面向社会不特定群体产生刑罚执行的威慑力以实现刑罚一般预防之效果,终身监禁适用罪名上的局限性也直接导致了终身监禁制度的一般预防效果与特殊预防效果的竞合。

二是终身监禁所适用的贪污罪、受贿罪在终身监禁制度设立以前的法定最高刑为死刑,终身监禁作为严厉程度相较于死刑更低的刑罚措施,如何在已经有更严厉的刑罚的罪名之中,通过设置严厉程度更低的刑罚来提升对触犯该罪名的行为人的威慑力度同样也存在逻辑上的矛盾。从积极的一般预防目的实现的角度来看,如果需要让社会大众与贪污贿赂这样的严重犯罪进一步作斗争,至少应当在原本立法的基础上,设置更为严厉的刑罚以达到惩治的效果,而目前的立法结果显然影响了此种刑罚一般预防目的之实现。

2. 导致了刑罚效果的比对对象发生了错位

从我国终身监禁制度的立法设置上来看,终身监禁仅适用于贪污受贿犯罪的立法规定决定了现阶段我国的终身监禁制度是应打击腐败运动需要而产生的一项制度,其目的是增强绝对无期徒刑的威慑力,也是因此终身监禁在立法上的设置为在无期徒刑之上增加“不得减刑、假释”的限制条件。然而在现有的立法表述上,终身监禁的适用是在适用死刑(死缓)的基础上作出的,立法条文规定,“死刑缓期执行二年期满依法减为无期徒刑后,终身监禁,不得减刑、假释”,这实际上就使终身监禁的刑罚效果的比对对象发生了错位。从刑法惩治效果的实现的角度来看,终身监禁刑应当是在无期徒刑的基础上作出的,即如一犯罪行为比《刑法》所规定的最高应当判处无期徒刑的行为的性质更为恶劣时,通过进一步适用终身监禁以达到更严厉惩治这种犯罪行为的效果,笔者认为,无论是现阶段终身监禁制度仅适用于贪污受贿案件之中,还是此后终身监禁制度可以扩大适用到其他类型的严重犯罪案件之中,应当将终身监禁在刑罚体系中作为比无期徒刑更严厉的刑罚,而非将其作为比死刑更轻缓的刑罚。

3. 推高了贪污受贿罪判处死刑立即执行的数额

《刑法》第383条第1款第3项规定:“贪污数额特别巨大或者有其他特别严重情节的,处十年以上有期徒刑或者无期徒刑,并处罚金或者没收财产;数额特别巨大,并使国家和人民利益遭受特别重大损失的,处无期徒刑或者死刑,并处没收财产。”最高人民法院、最高人民检察院联合发布的《关于办理贪污贿赂刑事案件适用法律若干问题的解释》规定,贪污受贿的数额较大标准为3万元至20万元;数额巨大,为20万元至300万元;数额特别巨大,为300万元以上。

判断终身监禁是否推高了贪污受贿犯罪判处死刑立即执行的数额,可以将终身监禁制度设立以前被判处死刑立即执行的罪犯的犯罪金额与终身监禁制度设立以后被判处终身监禁的犯罪数额进行比较。在已统计的15例最终被判处终身监禁的案件中,犯罪金额最低的为傅政华案,受贿数额折合人民币1.17亿元,犯罪数额最高的为蔡国华案,受贿数额折合人民币11.8亿元。特别是党的十八大以后首个受贿数额超过10亿元的张中生案,张中生一审被判处死刑立即执行,而二审改判为死刑缓期执行二年期满依法减为无期徒刑后,终身监禁,不得减刑、假释。终身监禁在本案中的适用,在形式上就将贪污受贿犯罪适用终身监禁的犯罪金额提升至10亿元以上。也就是说,即使是犯罪数额达到10亿元以上的贪污受贿案件,也可以仅适用严厉程度低的终身监禁而非死刑。对比在终身监禁刑设立以前被判处死刑立即执行案件的犯罪数额,2011年许迈永案的犯罪数额为人民币2.69亿元,2011年姜人杰案的犯罪数额为1.08亿元,这两名官员都被判处了死刑立即执行,并经最高人民法院核准后执行了死刑。虽然这当中并非完全以数额来决定的,但数额无疑是考量的主要因素。2016年以来,这种特别高数额的案件未判处死刑立即执行而适用了终身监禁,虽然符合我国限制死刑适用的死刑政策理念,但对法律适用的统一性提出了新的难题。

二、我国终身监禁制度司法适用的范围

(一)终身监禁适用的法定要素

1. 贪污罪、受贿罪

根据《刑法修正案(九)》的规定,终身监禁仅适用于贪污罪和受贿罪两个罪名,而不是指贪污贿赂罪这个“类罪名”。当出现多个受贿罪或贪污罪时,应当分别进行评价。在司法应用的层面,必须要注意两个方面。

(1)应以多个贪污、受贿罪中的某一个罪是否适用普通死缓作为适用终身监禁的首要条件。首先,不能将两个以上的死刑缓期二年执行合并升格为死刑立即执行;其次,也不能将数个自由刑合并升格为死刑立即执行。根据上述原理,如果犯罪分子被指控犯有数个贪污罪、受贿罪,应当分别考察其所犯每个贪污罪或受贿罪是否符合“罪行极其严重”的标准,若其被指控的任一贪污或者受贿罪均没有达到“罪行极其严重”的标准,不能将数个犯罪进行综合评价而将其升格为符合“罪行极其严重”的标准。如果犯罪分子所犯数个贪污罪或受贿罪中,任一罪符合“罪行极其严重”的标准,那么再分别考察是否具有其他肯定性情节、否定性情节,从而确定能否适用终身监禁。

(2)应以贪污罪、受贿罪中某一个罪符合死刑缓期执行作为适用终身监禁的必要。在确定能否适用终身监禁时,其前提必须是犯罪分子的某一贪污罪或受贿罪单独可以适用死刑缓期二年执行。不能因为其他犯罪可以适用死刑缓期二年执行,而考虑是否适用终身监禁。例如,某一犯罪分子所犯的数个贪污、受贿罪均不能适用死刑缓期二年执行,但其所犯故意杀人罪可以适用死刑缓期二年执行,就不能对其所犯贪污罪、受贿罪宣告适用终身监禁。

2. 数额特别巨大,并使国家和人民利益遭受特别重大损失

(1)犯罪分子的人身危险性、再犯可能性(否定性情节),应当结合全案进行综合判断。虽然终身监禁中的“罪行极其严重”和肯定性情节均应依据不同罪名进行分别判断,但是否定性情节的判断应当综合全案。举例来说,某一犯罪分子的贪污罪符合“罪行极其严重”标准,同时存在

肯定性情节，因而可以适用死刑缓期二年执行。然而，在判断是否适用终身监禁时，应当结合该犯罪分子所犯的其他罪名来对其人身危险性、再犯可能性进行判断。若仅就犯罪分子的贪污、受贿罪犯罪事实而言，不足以体现其严重的人身危险性、再犯可能性，但其被指控的其他犯罪可以体现上述特性，应当决定适用终身监禁。①

（2）数额和情节是指贪污罪或受贿罪的单罪数额或情节，而不是同时犯数罪情形下两个罪的综合数额或情节。具体而言，当出现漏罪时，应当与前罪分别进行评价。例如，某一贪污犯罪分子已经因为贪污5000万元，被判处无期徒刑，判决生效后发现其另有贪污1亿元的行为之前未被发现。在这种情况下，是只能对一前一后的每一个犯罪分别进行单独评价，还是可以对原生效裁判确定之罪和所发现的漏罪进行综合评价？《刑法》第70条规定，“判决宣告以后，刑罚执行完毕以前，发现被判刑的犯罪分子在判决宣告以前还有其他罪没有判决的，应当对新发现的罪作出判决，把前后两个判决所判处的刑罚”，依照数罪并罚的原则，决定执行的刑罚。根据上述刑法规定，对于发现漏罪的，应当与前罪分别进行评价，也即漏罪如果属于“罪行极其严重”且存在肯定性情节的，对其适用死刑缓期二年执行。

但是，对于上述情况能否适用终身监禁，应当将前罪和漏罪进行综合评价。如果前罪被判处无期徒刑或者有期徒刑，漏罪被判处死刑缓期二年执行，应当将前罪和漏罪综合起来判断应否适用终身监禁；如果前罪虽判处死刑缓期二年执行，但未决定终身监禁，之后又发现同种漏罪被判处无期徒刑或者有期徒刑，如果决定执行的刑罚还是死刑缓期二年执行的，也应当将前罪和漏罪综合起来进行评价，以确定应否适用终身监禁；如果前罪被判处死刑缓期二年执行，但未决定终身监禁，之后发现的同种漏罪也被判处死刑缓期二年执行，同样应当将前罪和漏罪综合起来进行评价，以确定应否适用终身监禁。需要指出的是，如果前罪虽被判处死刑缓期二年执行，但二年考验期满后，已经减为有期徒刑的，如果漏罪只能判处

① 参见王岸东：《论终身监禁适用的判断》，载《湖南警察学院学报》2020年第2期。

无期徒刑或者有期徒刑的,由于决定执行的刑罚已不可能是死刑缓期二年执行,就无所谓适用终身监禁的问题。[①]

3. 罪该判处死刑

罪该处死,是指根据犯罪的事实、性质、情节和对社会的危害程度,应当被判处死刑。这是实体条件。这里的"死刑",既包括死刑立即执行,也包括死刑缓期二年执行。从立法所追求的本来意义看,主要是指"死刑立即执行",但由于在司法实践中权衡是判处"死刑立即执行"还是判处"死刑缓期二年执行",往往没有一个明确的界限,因此,从理论上应当把握其适用对象是"死刑立即执行",为"限制死刑的适用"而"实际判处死刑缓期二年执行"。

4. 终身监禁的适用对象不包括单纯无期徒刑

需要特别指出的是,这里的适用对象不包括单纯无期徒刑。这里的"单纯的无期徒刑",是指法定最高刑是无期徒刑而被判无期徒刑,或者法定最高刑是死刑而实际被判处无期徒刑的情形。

有学者认为,"我国的终身监禁是规定在刑法分则贪污、贿赂罪的条款中,并对处以无期徒刑或死刑的贪污犯罪分子在被判死缓之后,根据其犯罪情节、死缓二年期满之后减为无期的情形,予以终身监禁,同时不得减刑、假释"。[②] 这是值得商榷的。

我国《刑法修正案(九)》将《刑法》第 383 条修改后,增加了第 4 款,其文字是这样描述的"犯第一款罪,有第三项规定情形被判处死刑缓期执行的,人民法院根据犯罪情节等情况可以同时决定在其死刑缓期执行二年期满依法减为无期徒刑后,终身监禁,不得减刑、假释"。虽然这一规定中"终身监禁,不得减刑、假释"适用于贪污受贿罪是无异议的,但将它理解成可以适用于贪污受贿罪被判处无期徒刑的犯罪分子,则是不当的。因为第 4 款中所指"犯第一款罪,有第三项规定情形"依照第 1 款第 3 项的法定刑,确实有"贪污数额特别巨大或者有其他特别严重情节的,处十

---

① 参见王岸东:《论终身监禁适用的判断》,载《湖南警察学院学报》2020 年第 2 期。

② 马微:《终身监禁制度研究》,武汉大学 2017 年博士学位论文,第 22 页。

年以上有期徒刑或者无期徒刑,并处罚金或者没收财产;数额特别巨大,并使国家和人民利益遭受特别重大损失的,处无期徒刑或者死刑,并处没收财产”的规定,其中最严重的“数额特别巨大,并使国家和人民利益遭受特别重大损失的”情形可以被判处“无期徒刑或者死刑”,但是,立法在此将“终身监禁,不得减刑、假释”的对象限定在“有第三项规定情形被判处死刑缓期执行的”,而不包括被判处无期徒刑的犯罪分子。也就是说,无论是数额巨大而被判处无期徒刑,还是数额特别巨大并使国家和人民利益遭受特别重大损失而被判处无期徒刑,都不是终身监禁的适用对象。

在理论上,所有的无期徒刑都有可能因没有减刑、假释而“被关到死”,比如被判处无期徒刑的罪犯在刑罚执行期间,抗拒改造,不具有可以减刑、假释的条件,一直被关着直到死亡。但这是执行中由罪犯本人的表现形成的事实状况,不是由司法机关决定或宣布的。因此,不属于本书所讨论的“终身监禁”的范畴。

而当立法将贪污罪法定刑(受贿罪援引该法定刑)死刑中具备“死缓”适用条件的情形单独对其减刑、假释问题予以明确规定时,由死缓减下来的“无期徒刑”已经成为“刑罚执行的方式”而不是普通意义上的“刑种”。

(二)牵连行为介入对罪名的影响

实践中,行为人在实施贪污、受贿行为的同时,还可能实施了滥用职权、玩忽职守、挪用公款、非法经营同类营业等行为,甚至会因“不能说明财产来源”的巨额财产来源不明罪,从而出现数罪并罚的情形。

当出现终身监禁和限制减刑并存的情形时,数罪并罚应当适用终身监禁。亦即,当犯罪分子在被判处贪污受贿罪而被决定终身监禁,同时因为犯有暴力性犯罪而被决定限制减刑。那么,如何处理终身监禁与限制减刑的数罪并罚问题呢?值得注意的是,决定终身监禁与限制减刑的前提均在于行为人被判处死缓,两者属于同一刑种之下;然而,《刑法》第69条规定的数罪并罚是针对不同种类的刑种,而终身监禁与限制减刑并不是刑种,不能适用第69条的规定。

笔者认为,在此种情形下,需要分两种情况进行讨论:第一,假如终身监禁存在减刑、假释的路径,就意味着终身监禁比限制减刑更为苛刻,当二者存在混同并需要并罚时,就直接适用终身监禁;第二,假如终身监禁不存在减刑、假释的路径,那么被判处的终身监禁与另一个判处的死缓,并罚时只需要执行终身监禁即可。因此,当涉及终身监禁与限制减刑的数罪并罚问题时,尽管分析路径不同,但最终都是适用终身监禁。

(三)法定适用范围外的对象

当犯罪分子的犯罪行为同时触犯了贪污罪、受贿罪和其他类型的犯罪,数罪并罚后被判处死缓时,人民法院是否能够直接对数罪并罚的被告人判处死缓并对其决定终身监禁呢?

这里涉及的是以犯罪分子的贪污受贿行为并非其主要罪行为前提。依据法条的解释,对于被告人因犯贪污受贿罪和其他类型的犯罪数罪并罚时,能否适用终身监禁并无明确规定。若司法实践中遇到此类案件,就会涉及如果多罪合并后执行死缓,能否适用终身监禁的问题。

例如,某人因犯故意杀人罪而被判处死缓,同时犯重大贪污受贿罪被判处 10 年有期徒刑,数罪并罚后决定执行死缓。就此案而言,故意杀人是主要罪行,重大贪贿是次要罪行。仅从《刑法修正案(九)》的字面规定来看,其是符合终身监禁的适用条件的,但我国设立终身监禁的立法意图是打击贪污受贿犯罪,在这种情况下适用终身监禁,是否意味着对终身监禁适用范围的扩大呢?一方面,如果适用,则有违终身监禁的立法原意和创设目的;另一方面,如果不适用,是否不利于打击贪污受贿呢?终身监禁的适用范围,就目前而言,只规定在贪污受贿犯罪中,但这并不排除今后可能应用于其他犯罪类型中。因此,笔者认为,以打击贪污受贿犯罪为出发点,在实践中出现以其他类型的犯罪为主要罪行,同时牵涉贪污受贿,只要其他罪行具备了判处死缓的条件,也可以依照《刑法》第 50 条和第 81 条规定的限制减刑、假释的规定,对其实施终身监禁。若因为其他类型的罪名导致犯贪污受贿罪的犯罪分子无法适用终身监禁,就不符合我国设立终身监禁的初衷。

但是,从司法的角度来看,对于犯有严重贪污受贿犯罪的人因其他犯罪被判处死缓而适用限制减刑、假释的规定,可以在法律文书中引用《刑法》第50条第2款和《刑法》第81条第2款的条文内容，对犯罪分子限制减刑、限制假释，但不采用“终身监禁”的表述。因为这种因（非贪污受贿的）其他罪名被“终身监禁”的结果，只有在刑法实际执行中才会出现，不会出现在一审判决书宣告时。而其属于终身监禁的适用范围，则是可以被认可的。

三、我国终身监禁司法适用的条件

在当前的刑法学界，关于终身监禁的适用条件一般主张围绕适用前提、适用对象和适用范围三个方面进行分析。其中，终身监禁的适用前提应当以死刑案件的适用条件为参照系，即应当以死刑适用的标准而确立自身的个性化适用前提。进一步说，终身监禁的适用前提应当参照两个规范性标准，分别是客观危害、主观恶性属性。由于本书研究的对象在立法上有了特定的指向，司法中对于法定的贪污罪和受贿罪的犯罪分子也是比较明确的，所以，我们在此主要结合这两种罪被追究时涉及的条件，从实体和程序两个方面进行分析。

（一）终身监禁的实体条件

1. 犯罪事实（行为）

由于《刑法修正案（九）》仅规定因贪污罪、受贿罪被判处死刑缓期二年执行的罪犯，人民法院可以根据犯罪情节等情况，同时决定对其终身监禁。因此，在犯罪事实（行为）上，其基本条件是：第一，因为其利用职务上的便利，索取他人财物的（索贿），或者非法收受他人财物，为他人谋取利益的（受贿）或利用职权和地位形成的便利条件，通过其他国家工作人员职务上的行为，为他人谋取不正当利益，非法收受他人财物（斡旋受贿）。第二，利用职务上的便利，侵吞、窃取、骗取公共财物，数额特别巨大并使国家和人民利益遭受特别重大损失的（贪污）或其他以《刑法》第383条论处的行为（以贪污论的行为），例如《刑法》第394条规定的国家工作人员在国内公务活动或者对外交往中接受礼物，依照国家规定应当交公而不交公，数额较大的。

2. 犯罪结果(数额)

在数额标准的认定上,《刑法修正案(九)》将贪污罪和受贿罪“符合判处死刑的要求”,由原先10万元以上的数额认定改为“数额特别巨大”的认定标准,并且相关司法解释将这一标准统一为“300万元以上”。然而,这并不代表贪污、受贿犯罪数额问题得到统一的解决。一方面,目前有实证分析指出,我国贪污受贿罪的不同刑度裁判结果之间数额差距较小,存在量刑不平衡问题。[①] 另一方面,在实务上,我国被适用终身监禁的罪犯涉案数额均达到了1亿元以上,超出司法解释对重特大贪污受贿罪的数额认定标准,换言之,300万元以上的数额标准与实务认定情况存在差距。

结合我国经济发展速度和既判案例可以发现,目前“小官巨贪”的情况较突出,同时,犯罪数额客观上达到“数额特别巨大”标准的贪污受贿罪犯,都面临10年以上有期徒刑、无期徒刑与死刑三个量刑幅度。这就是说,一个数额标准面临三个不同的量刑幅度,由此,就难以从数额标准上体现不同的刑罚力度。因此,笔者认为,可以根据经济发展情况、终身监禁案例、判决为不同刑度的案件涉案数额统计情况等因素,因时因地区别判处死刑的数额标准,从而避免实务与司法解释的差距悬殊,实现罪刑均衡。

3. 犯罪情节(与数额共同考察)

终身监禁司法适用的对象是因贪污、受贿犯罪被判处了死缓的罪犯。这个结论,不仅是对案件性质的确认,还对犯罪的情节提出了要求。这是根据《刑法修正案(九)》的立法修改提出的要求。《刑法修正案(九)》将贪污受贿罪的适用标准由此前的“绝对数额+情节”改变为“概括数额+情节”,不再唯数额论,而是将数额和情节作为并列条件予以考量。

① 参见张兆松:《贪贿高官量刑规范化研究——基于2013年—2017年省部级以上高官刑事判决的分析》,载《法治研究》2019年第2期。

(1)"使国家和人民利益遭受特别重大损失"是判处终身监禁的前提条件

第一,这里的贪污、受贿犯罪不是类罪名,而是特指《刑法》第382条的贪污罪或者以该条论处的贪污罪和《刑法》第385条的受贿罪或者以该条论处的受贿罪。新法改变了贪污、受贿犯罪的数额和情节要件,将1997年《刑法》对贪污罪、受贿罪规定的"绝对数额+情节"方式改成了具有弹性的"概括数额+情节"模式。司法认定必须要同时考虑数额和情节两个要素;以数额为主,情节为辅。

第二,与原先规定不同,《刑法修正案(九)》中"使国家和人民的利益遭受特别重大损失"的表述较为单一,其实质是比较侧重贪污、受贿行为所带来的危害后果。[①] 换句话说,《刑法修正案(九)》对贪污罪和受贿罪适用死刑的条件进行严格限定,其具体操作标准已经从以前的全方位考虑,转变成了单一的对危害结果的考察,这是我国严厉整治贪污腐败的重要表现。

第三,在情节标准的认定上,"使国家和人民利益遭受特别重大损失""犯罪情节特别严重""社会影响特别恶劣"这三者实质上是存在重叠的,其本质都是犯罪客观方面的社会危害性。然而,司法解释对于三者没有一个明确的说明,导致法官在情节认定上存在较大的自由裁量权。例如,在白恩培、魏鹏远等人的具体判决中,人民法院对以上三个要件均无具体说明,仅是将犯罪事实和上述要件罗列在判决中,没有进一步阐明理由。同时,根据相关实证分析可知,由于情节的认定本身具有模糊性,可操作性不强,因此在定罪量刑中其实际作用常常被弱化,导致数额标准仍然处于中心地位。[②] 这种客观情况容易导致实务中"唯数额论""计赃论罚的量刑失衡",[③]其他情节不能对定罪量刑发挥应有的作用,直接影响适用终身监禁的正当性、客观性。

---

① 参见赵秉志:《贪污受贿犯罪定罪量刑标准问题研究》,载《中国法学》2015年第1期。

② 参见胡冬阳:《贿赂犯罪"数额+情节"模式运行实证研究——以J省2016—2017年的判决书为研究样本》,载《湖北社会科学》2017年第10期。

③ 茅仲华:《刑罚代价论》,法律出版社2013年版,第238~239页。

因此，为了明确“符合判处死刑的要求”中的情节标准，可以通过司法解释对符合判处死刑要求的犯罪手段、时间长度、危害后果等客观情况予以细化。具体而言，可以考虑借助《关于办理贪污贿赂刑事案件适用法律若干问题的解释》第 1 条中关于贪污罪、受贿罪的“其他较重情节”来认定上述三个情节标准。同时，《刑法》第 383 条所表述的“使国家和人民利益遭受特别重大损失”，在法官的定罪量刑活动中应当得到重视。在适用时要避免重复评价，明确罪犯所造成的“特别重大损失”是指国家和人民在数额评价外的其他损失。

（2）“犯罪情节等情况”是判处终身监禁的实质条件

“犯罪情节等情况”应当是包括犯罪手段、犯罪对象、犯罪的后果、犯罪的时间、犯罪的地点等各种反映行为人主观恶性和其犯罪行为客观危害的内容。由此可见，“犯罪情节”是一个范围极其广泛的概念，周延地罗列其中所有情况是不切实际的，只能由法官在裁判过程中根据法律条文对案件的具体情节进行抽象的把握和评价。

有学者指出，在是否适用终身监禁的过程中，需要对有关贪污、受贿行为的犯罪情节进行至少两次评价才能作出最终的决定。换言之，在决定是否对贪污、受贿犯罪分子判处死刑缓期二年执行的过程中，对有关犯罪情节进行第一次评价，而之后在是否符合适用终身监禁的实质条件问题上进行第二次评价。然而，正如上文所提到的，对于“死刑缓期二年执行”与“死刑立即执行”而言，本就无法进行区分。在这种前提下，使用“犯罪情节等情况”这种模糊的表述，也会造成在应否适用终身监禁问题上逻辑的混乱，一定程度上也有违反禁止重复评价原则的嫌疑。

在这里，或许有人会说，死缓适用条件中的“不是必须立即执行”的犯罪情节与终身监禁适用实质条件中的“犯罪情节等情况”，在功能定位上是完全不同的，前者表明犯罪人的犯罪行为的客观危害和主观恶性有所减弱，后者则表现为有所增强。在这一前提下，如果将两者进行简单地抵消，犯罪分子最终所面临的就是死刑立即执行，这显然与设置死缓制度和终身监禁制度的初衷不相符。但是，如果只是单纯说明犯罪人具备或不具备哪些犯罪情节，而不对每个具体的犯罪情节的性质和作用在量化之后，比照某种确定的规则进行综合评价，那么适用终身监禁的评价过程必然是混乱的。最终，将会导致在案件审理过程中无法形成统一的适用标准，死刑立即执行、终身监禁与一般死缓三者之间的界限也会变得更加模糊。[①]

（二）终身监禁的程序条件

程序条件是指在适用终身监禁时，需要遵循的秩序或步骤。依照《刑法》第383条的规定，对于终身监禁的适用，必须以判处死刑（缓期二年执行）这一主刑作为前提条件，是不可以独立适用的。事实上，无论对终身监禁如何定性，它必定是依附于死刑（死缓）的。但"终身监禁"又不是附加刑，它是主刑通过执行制度的内设路径，是提前将结果予以设定的一种制度。

如果分解开来，终身监禁由人民法院在宣告判决时"同时决定"下来，它的程序步骤依次是：（1）判处死刑缓期二年执行；（2）（假定没有情节恶劣的故意犯罪）二年考验期满后减为无期徒刑；（3）（假定服刑期间表现较好，具备了减刑、假释的条件）但不适用减刑、假释；（4）尚不具备特赦的条件。

鉴于终身监禁的程序性条件是依赖于刑事诉讼过程进行筛选和确定下来的，对于上述四个方面条件的认定、确定程序，主要涉及司法操作问题，笔者将在第六章"我国终身监禁制度的配套改革"中一并论述，在此不再展开。

四、我国终身监禁司法适用遇到的难题

《刑法修正案（九）》施行以来，终身监禁制度在司法适用中都遇到了一些问题，既有宏观的，也有微观的。从宏观上讲，终身监禁与我国参加的国际公约的规定精神不协调。一些废除死刑的国家在应中国政府要求需要将涉嫌贪污受贿犯罪人员引渡中国时，不得不面临如何解决其国内法律无死刑与中国法律如何对接的问题，因为其引渡前必须保证引渡人

① 参见詹奇玮：《论我国贪污受贿罪中的终身监禁》，载《北京政法职业学院学报》2016年第3期。

员回国后不能遭受加重的刑罚,特别是不能被判处死刑。国际追逃追赃的适用对象主要是携款潜逃的贪污、受贿官员,而对于这些官员,引渡回国将面临被判处死刑立即执行的可能,这是国际社会在引渡前所担心的问题。现在我国又规定有不得减刑、不得假释的终身监禁,国际社会尤其是轻刑的国家,可能会不情愿将中国的犯了罪的昔日官员引渡回中国,而且极有可能与这些国家的国内法律相抵触。在这种情况下,如何克服国际社会的障碍,推行建构国际社会追逃追赃合作机制,就成为一个需要研究如何克服的难题。[①] 从微观上讲,终身监禁适用中的"犯罪情节等情况",没有相应司法解释的规定,这导致法官实践中把握的"可以同时决定"没有一个客观标准,也难以在判决书中对具体情节的量刑作出说明,困惑较大。现对在司法实践中比较突出的几个问题进行分析论证,提出笔者的观点。

(一)重大立功对终身监禁适用的影响

我国的终身监禁制度是《刑法》第78条减刑、假释制度的例外,终身监禁制度的适用与否跟死缓减为无期徒刑有重要关系。根据《刑法》的规定,被判处死缓的罪犯,是减为无期徒刑还是有期徒刑,是与立功的情节相关联的。立功可能是一般立功,也可能是重大立功;立功情节可能出现在一审判决生效前,也可能发生在一审判决生效后。因此,对于一审判决生效前的重大立功是否能够影响终身监禁的适用,争议较大。一种观点认为,如果被告人在一审或者二审的过程中有重大立功表现,据情节就可能被减为有期徒刑而不是无期徒刑,也就存在不能被适用终身监禁的可能性。但也有学者持反对意见,认为"虽然被判处终身监禁的罪犯可能会在死缓执行期间由于重大立功而在刑罚方面有所降格,刑罚层次从无期徒刑滑入有期徒刑,然而,还应当看到纵然罪犯可能从死缓滑入无期徒刑之后,会有重大立功的情况出现,但是也不能成为改变适用终身监禁的依据"。[②]

---

① 参见刘正全:《"终身监禁"制度司法适用问题探究》,载《湖南警察学院学报》2018年第1期。

② 欧阳本祺:《论〈刑法〉第383条之修正》,载《当代法学》2016年第1期。

1. 死刑缓期执行期间的重大立功对终身监禁的影响

终身监禁的执行需要经过死刑缓期执行阶段和死刑缓期执行期满后依法被减为无期徒刑两个阶段。对于死刑缓期执行期间，罪犯如果有重大立功情形，是否应当根据我国《刑法》第 50 条的规定，在缓期执行阶段直接因重大立功而获得减刑，而阻却终身监禁的执行，学界与司法界观点不一。

(1)否定论者主张死缓执行期间的重大立功表现不影响终身监禁的定论。否定论者认为，被宣告终身监禁的罪犯在死刑缓期执行二年考验期内，即使有重大立功表现也不能在死缓 2 年考验期满后减为 25 年有期徒刑，从而排除终身监禁的适用。[①] 其主要理由是：第一，终身监禁制度的设置是为了控制死刑的适用。这是贯彻我国“人权保障”原则，慎用死刑的需要，采用终身监禁替代死刑的实际执行，但同时要重视贯彻“宽严相济”刑事政策。因为，在立法上对重特大贪污受贿犯罪分子不判处死刑立即执行，而是判处死缓并适用终身监禁，已经是对重特大贪污受贿犯罪分子的从宽适用刑罚。它是制度设计的门槛，也就是“罪该处死的”底线是适用终身监禁，而不能一味地、无底线地从宽，否则就难以体现罪责刑相适应的原则。第二，将“终身监禁”规定在《刑法》第 383 条是为了解决贪污罪、受贿罪不适用死刑的问题。

刑法立法将死缓犯终身监禁制度适用的对象限定为原本应当被判处死刑立即执行的重特大贪污受贿犯罪分子，是基于慎用死刑的考量出发的。限制贪污罪、受贿罪死刑适用是立法的目的，法律也以此为追求。如果这些犯罪分子在死缓考验期内因重大立功表现减为 25 年有期徒刑，从而排除终身监禁的适用，显然违背了上述初衷。[②]

(2)肯定论者主张被宣告终身监禁的罪犯在死刑缓期执行二年考验期内有重大立功表现则依法减为 25 年有期徒刑，不再存在“终身监禁，不

---

① 参见黄京平：《终身监禁的法律定位与司法适用》，载《北京联合大学学报(人文社会科学版)》2015 年第 4 期。

② 参见赵秉志、商浩文：《论死刑改革视野下的终身监禁制度》，载《华东政法大学学报》2017 年第 1 期。

得减刑、假释”的法定依据。[①] 其主要理由如下：第一，终身监禁的实际执行以死刑缓期执行二年期满依法减为无期徒刑为前提，如果贪污受贿犯罪中的罪犯在死缓考验期内因重大立功被减为25年有期徒刑，则失去了适用“终身监禁，不得减刑、假释”的法律前提——无期徒刑，故不再适用终身监禁的立法规定。[②] 第二，最高人民法院明确表示，终身监禁是排除适用重大立功制度的。最高人民法院的意见是“为强化终身监禁的执行刚性，终身监禁将不适用刑法总则关于死缓执行期间有重大立功表现减为25年有期徒刑的规定”[③]，“一、二审作出死缓裁判的同时应当一并作出终身监禁的决定，而不能等到死缓执行期间届满再视情况而定，以此强调终身监禁不受执行期间重大立功等服刑表现的影响”。[④]

2. 减为无期徒刑后再执行期间的重大立功对终身监禁的影响

对于死刑缓期二年执行考验期满依法减为无期徒刑期间，能否适用重大立功，学界同样存在不同的观点。

(1)否定论者的主要观点

第一，从《刑法》第383条第4款的“二年期满依法减为无期徒刑后，终身监禁，不得减刑、假释”的规定来看，自然无再减刑的可能。如立法机关、司法实务部门相关人士编写的资料中，均对此采取了否定的态度，认为此处无期徒刑与其他无期徒刑有区别。[⑤] 第二，终身监禁中“不得减刑”是《刑法》第78条的例外规定，被判处终身监禁的罪犯在减为无期徒刑后不能适用重大立功的规定。如果允许在无期徒刑执行期间适用重大

---

① 参见黄京平：《终身监禁的法律定位与司法适用》，载《北京联合大学学报(人文社会科学版)》2015年第4期。

② 参见石经海、刘桂源：《“终身监禁”的困境释读与司法改善——以刑事政策和刑法的体系化适用为视角》，载《中国应用法学》2019年第3期。

③ 拟判处死缓并决定适用终身监禁的贪污、受贿案件，要逐一报请最高人民法院内审决定。参见最高人民法院刑事审判第一至第五庭主办：《刑事审判参考》总第106集，法律出版社2017年版，第186页。

④ 裴显鼎等：《〈关于办理贪污贿赂刑事案件适用法律若干问题的解释〉的理解与适用》，载最高人民法院刑事审判第一至第五庭主办：《刑事审判参考》总第106集，法律出版社2017年版，第127页。

⑤ 参见雷建斌主编：《〈中华人民共和国刑法修正案(九)〉释解与适用》，人民法院出版社2015年版，第221～222页。

立功减为25年有期徒刑从而排除终身监禁制度的实际适用,一定程度上将折损终身监禁制度的刑罚力度。[①] 第三,从减刑、假释本质论来看,减刑、假释的本质是持"权利说"还是"奖励说",对这一问题的看法是不同的。对重特大贪污受贿犯罪分子本应判处死刑,基于刑事政策的考量才判处死缓并宣告终身监禁,这一做法本身就体现了严厉惩治前提下的适度宽容,因此,对终身监禁原则上无须再行减刑、假释之"奖励"。第四,否定性意见可能遇到的问题就是:同样为"重大立功",为何在死缓期间可以适用,而在(死缓减为)无期徒刑期间则不能适用?对此,这是终身监禁制度设计的巧妙之处,同时,"重大立功"的时间节点不同本身所体现的对服刑人员的可宽宥程度也有所不同。[②]

(2)肯定论者的主要观点

肯定论者认为,《刑法》第383条第4款关于终身监禁的规定,并不是《刑法》第78条的例外规定。"死刑缓期执行二年期满依法减为无期徒刑后"因重大立功而减为有期徒刑的,同样不再具有执行终身监禁的法定依据。其主要理由是:第一,死缓减为无期徒刑后的重大立功,与死缓执行期间的重大立功,其内涵和性质并无区别,只是发生时间和阶段不同而已。[③] 第二,从刑罚的严厉性角度来说。终身监禁是在死刑缓期执行二年期满时才生效的。一般情况下,经历二年的考验期后,犯罪分子的人身危险性就大大降低了,再经历若干年的改造教育甚至是可以消除社会危险性重新回归社会的。然而,终身监禁制度的设计是要剥夺一个没有人身危险性的人的余生自由。因此,有必要适时稍微缓和终身监禁的这一刚性规定,给罪犯改过自新和回归社会的希望。

(3)折中主义者的主要观点

折中说认为,不得减刑的终身监禁制度是《刑法》第78条"可以减

---

① 参见石经海、刘桂源:《"终身监禁"的困境释读与司法改善——以刑事政策和刑法的体系化适用为视角》,载《中国应用法学》2019年第3期。

② 参见黄永维、袁登明:《〈刑法修正案(九)〉中的终身监禁研究》,载《法律适用》2016年第3期。

③ 参见黄京平:《终身监禁的法律定位与司法适用》,载《北京联合大学学报(人文社会科学版)》2015年第4期。

刑”的例外规定而非“应当减刑”的例外规定。主张折中说观点的学者主要以限制终身监禁适用的立场为出发点，同时兼顾《刑法》第383条关于终身监禁立法与《刑法》第78条关于减刑立法之间的文义与内在逻辑。①

上述不同学说观点，如果单纯从一个角度理解，往往是不够全面的，即使按照折中说，也只是对已有两种观点的调和。笔者认为，从基于死刑限制的立场出发，应当考虑两个角度：一是作为死刑立即执行的替代措施（无论是因何种原因不适用死刑），终身监禁已经是从宽了，因此在死缓期间的立功（含重大立功）不能影响终身监禁立法目的的实现，不能作为改变终身监禁结论的因素；二是从无期徒刑不得减刑、假释的限制要求看，它只是限制减刑、假释的适用，在无期徒刑为基石的情形下，起影响力的是“不得减刑、假释”，而不得减刑、假释是为了保障执行刑的严厉性，如果出现了重大立功的情形，尤其是有一些对国家和人民利益有特别重大贡献的，就应当从执行层面打开一个小口子，以使立法追求的公平正义目标有实现的机会，弘扬法治正气。

（二）终身监禁与暂予监外执行的关系问题

目前的刑事立法中只规定了对于贪污受贿案件被判处死刑缓期执行的罪犯，在其减为无期徒刑并决定对其终身监禁时，不得减刑、假释，但是没有排除暂予监外执行的适用。司法实践中对于被决定终身监禁的罪犯是否可以适用暂予监外执行制度是有争议的。

1. 支持适用暂予监外执行

有的学者从人道主义和特殊预防的角度进行考虑，认为应该允许终身监禁的监外执行的特例存在。② 在现行《刑法》框架中，需要通过对终身监禁的执行过程来缓和其严厉性，例如，对一些患有重病和生活不能自理的罪犯，应当允许保外就医。具体理由如下。

（1）从监外执行适用对象解析

我国《刑法》规定监外执行的对象是“被判处拘役、有期徒刑、无期徒

---

① 参见张明楷：《终身监禁的性质与适用》，载《现代法学》2017年第3期。

② 参见张明楷：《刑法学》（第5版），法律出版社2016年版，第1188页。

刑”的罪犯，从立法用语上，被人民法院判处的死缓犯不可以适用暂予监外执行，即使他们被减为无期徒刑、有期徒刑。然而，被判处死刑缓期执行的罪犯经过二年考验期的改造，如果依法减为无期徒刑或者有期徒刑，意味着其人身危险性与社会危险性已经减小。因此，将原判死缓依法减为无期徒刑或有期徒刑的罪犯纳入暂予监外执行的适用对象是合理、可行的。

(2)从终身监禁在监外执行上的适用要求分析

首先，针对被判死缓并决定终身监禁的犯罪分子，如果认为在死缓考验期间内可以适用重大立功的规定，那么，出现《刑事诉讼法》第265条第1款中具有严重疾病或者生活不能自理这两种情形时，满足暂予监外执行的法定条件，可以适用监外执行。

其次，对于被判死缓并同时决定终身监禁的罪犯，依法减为无期徒刑后，此时即便满足了《刑事诉讼法》第265条第1款中的具有严重疾病或者生活不能自理这两种情形，但由于无法减为有期徒刑，不符合暂予监外执行的法定对象条件，因此终身不得暂予监外执行。

最后，对于“怀孕或者正在哺乳自己婴儿的妇女”这一情形，要作两方面的分析：一方面，《刑法》明确规定，审判时怀孕的妇女不适用死刑，这就意味着怀孕的妇女不能适用死刑缓期二年执行，因此，不能适用终身监禁；另一方面，对审判时正在哺乳自己婴儿的妇女，由于其不属于死刑限制适用的对象，就有可能适用终身监禁。当终身监禁的前提死缓二年考验期结束后，“正在哺乳自己婴儿的妇女”的一年法定哺乳期限已经超过，此时已不符合暂予监外执行的法定条件，也就不能适用暂予监外执行。

2. 认为不应当适用暂予监外执行

(1)对于被判处终身监禁的罪犯，若认为死缓考验期满后不能被减刑为有期徒刑，那么，就不能因为有严重疾病或生活不能自理而被决定暂予监外执行。

(2)适用终身监禁的前提是被判处死刑缓期执行，而死缓只是死刑的一种执行方式。根据《刑法》第49条的规定，审判的时候怀孕的妇女，不适用死刑,所以怀孕的女性是不能被判处终身监禁的,也就不存在是否应当适用暂予监外执行的问题。

(3)《刑事诉讼法》第265条规定,暂予监外执行的适用主体是被判处拘役、有期徒刑和无期徒刑的罪犯。2012年《监狱法》第25条规定的适用主体是符合条件的被判处有期徒刑和无期徒刑的罪犯。2014年《暂予监外执行规定》第5条规定的适用主体则是符合条件的被判处拘役、有期徒刑、无期徒刑或者已经减为有期徒刑的罪犯。从"判处"一语可知,被判处终身监禁的罪犯若依上述方法仍无法适用暂予监外执行,因为它不符合终身监禁的适用主体必须是被"判处死缓"的罪犯的要求。

3. 简要评析

终身监禁是要求剥夺罪犯的全部人身自由,不得减刑、假释,在监狱中度过一生。因此,从原则上来说,终身监禁的罪犯是不能到社会上服刑的。

但是,由于我国《监狱法》对刑罚的执行(除死刑外),并没有排除暂予监外执行的适用。因此,从理论上来说,终身监禁的罪犯是可以适用暂予监外执行的。然而,基于立法目的的达成和现实中对终身监禁案件执行的困难,本书主张不能将暂予监外执行的全部情形都适用于终身监禁的罪犯。申言之,对终身监禁的罪犯,如果符合保外就医的条件,从保护生命权和刑罚人道主义的立场出发,可以适用保外就医型的暂予监外执行。

(三)终身监禁的时间效力

刑法时间效力,是指刑法的生效、失效以及溯及力问题。关于终身监禁的生效和失效时间应当毫无疑问地遵循《刑法修正案(九)》的生效和失效时间规定,即2015年11月1日起生效,直至新法的实施而失效。

根据最高人民法院《关于〈中华人民共和国刑法修正案(九)〉时间效力问题的解释》第8条的规定,对于2015年10月31日以前实施贪污、受贿行为,罪行极其严重,根据修正前《刑法》判处死刑缓期执行不能体现罪刑相适应原则,而根据修正后《刑法》判处死刑缓期执行同时决定在其死刑缓期执行二年期满依法减为无期徒刑后,终身监禁,不得减刑、假释可以罚当其罪的,适用修正后《刑法》第 383 条第 4 款的规定。根据修正前《刑法》判处死刑缓期执行足以罚当其罪的,不适用修正后《刑法》第 383 条第 4 款的规定。

1. 适用终身监禁与从旧兼从轻原则关系的争议观点

自终身监禁制度明文规定在《刑法》中后,司法实践也对多起贪腐案件罪犯决定适用终身监禁。但是,涉案的犯罪事实多发生于 2015 年 10 月 31 日之前,学界对于终身监禁是否能够适用这些案件产生了争议。

(1)肯定说认为适用终身监禁不违反从旧兼从轻原则

将终身监禁适用于 2015 年 10 月 31 日前的犯罪事实,没有加重行为人的刑事责任,不违反从旧兼从轻原则。理由可归纳为三个方面。

第一,在贪污受贿罪最高法定刑幅度中,旧法的最高刑为死刑,新法的最高刑同样是死刑。故新法中的终身监禁规定并未提高对贪污受贿罪刑罚处罚的严厉程度。终身监禁仅是法定刑幅度内的一个具体量刑,是法官作出最终宣告刑的选择之一,而不是法定刑。终身监禁作为新法的刑罚内容,并没有使法定刑的幅度升高,没有违背"从旧兼从轻原则"。第二,修正后的《刑法》第 383 条以及相配套的司法解释明显提高了贪污受贿犯罪死刑的适用标准。现行《刑法》有关贪污受贿犯罪死刑适用的相关规定较旧法从整体上看对被告人更加有利,对于根据修正前《刑法》原本应当判处死刑立即执行者,依据修正后《刑法》仅判处死刑缓期执行并适用终身监禁,故新法处刑较轻。因此,终身监禁制度在适用上应视为有利于被告人的规定,符合从旧兼从轻原则。① 第三,结合《刑法修正案(九)》增设的贪污受贿从宽处罚规则来看,该规定将过去贪污受贿案件中酌定从宽处罚情节明确规定为法定从宽处罚情节,总体上是有利于被告人的。②

---

① 参见黎宏:《终身监禁的法律性质及适用》,载《法商研究》2016 年第 3 期。

② 参见黄永维、袁登明:《〈刑法修正案(九)〉中的终身监禁研究》,载《法律适用》2016 年第 3 期。

(2)否定说认为适用终身监禁违反从旧兼从轻原则

有学者认为,将终身监禁适用于2015年10月31日前的犯罪事实,不当地加重了行为人的刑事责任,违反了从旧兼从轻原则。主要理由如下。

第一,结合《刑法修正案(九)》之前的刑法关于死缓与无期徒刑的规定以及司法实践的实际执行情况来看,终身监禁的立法实质上加重了贪污受贿罪的刑罚。[①] 换言之,最高人民法院《关于〈中华人民共和国刑法修正案(九)〉时间效力问题的解释》第8条的规定违背了“从旧兼从轻”原则。根据“从旧兼从轻”原则,只有在适用新法时所判处的刑罚更轻时才能适用新法,而根据该解释显然是根据旧法所判刑罚轻的情况下适用新法。以白恩培案为例,判决中明确写道其“具有法定、酌定从轻处罚情节,对其判处死刑,可不立即执行”。所以,既然是“可不立即执行”,那么根据旧法就应当仅判处死缓,而不得在减为无期徒刑后附加终身监禁,但司法机关适用新法对其作出了终身监禁的判决。第二,通过将最高人民法院《关于〈中华人民共和国刑法修正案(九)〉时间效力问题的解释》与《关于办理减刑、假释案件具体应用法律的规定》比较可以发现,与《刑法》第12条的原则是不相一致的。第三,有学者指出,“若不规定本条(即最高人民法院《关于〈中华人民共和国刑法修正案(九)〉时间效力问题的解释》第8条),那么针对2015年10月31日以前实施的贪污、受贿犯罪案件需要适用终身监禁制度的话,就存在法律依据不足的问题,难免引发重大争议”[②]。此解释使之前未经审理的贪污受贿案件在修正案之后可以适用终身监禁,超过了犯罪人的预测可能性,不可取。从某种意义上来说,导致罪责刑不相适应是司法审判机关与执行机关之间协调不够,才使刑罚处罚悬殊较大,不应把实务中操作上的漏洞引发的加重后果让犯罪人承担。

---

① 参见姚建龙、李乾:《贪污受贿犯罪终身监禁若干问题探讨》,载《人民检察》2016年第2期。

② 黄应生:《〈关于刑法修正案(九)时间效力问题的解释〉的理解与适用》,载《人民司法》2015年第7期。

(3)区别对待说

终身监禁溯及力问题的复杂性在于,新法与旧法孰轻孰重是一种综合性判断。应结合慎用死刑立即执行的立法原意、贪污受贿犯罪定罪量刑标准法律规范与司法解释的修改、《刑法》第 383 条第 3 款新增设的法定从宽处罚情节等方面。[①] 主要理由如下。

第一,对于终身监禁制度正式生效以前犯贪污罪、受贿罪的被告人,依据旧法应当判处死刑立即执行而根据新法判处终身监禁可以罚当其罪的,适用新法第 383 条第 4 款的规定(新法较轻),即终身监禁新规具有溯及既往的效力。对于终身监禁制度正式生效以前犯贪污罪、受贿罪的被告人,根据旧法应当判处死刑缓期执行的,就不再适用新法第 383 条第 4 款关于终身监禁的规定(旧法较轻),即终身监禁新规不具有溯及既往的效力。[②] 第二,有学者认为,最高人民法院《关于〈中华人民共和国刑法修正案(九)〉时间效力问题的解释》依照修正前《刑法》判处死缓是否体现罪刑相适应原则来确定终身监禁的溯及力,即如果根据修前的《刑法》判处死缓畸轻则适用修后的终身监禁制度,如果依据修前法规判处死缓罪刑相适应则不再适用终身监禁制度,认为这是对从旧兼重轻原则的正确把握。[③] 但也有学者持不同意见,认为该司法解释把罪责刑相适应原则凌驾于罪刑法定原则之上,属于无效解释。[④] 第三,当新法与旧法中都规定有利于被告人的法条时,是否可以同时适用新旧两种法律规定?有学者指出可以同时适用。《刑法》第 12 条规定了本法不认为是犯罪或处刑较轻的,适用本法。这里的"处刑较轻"既包括量刑较轻,也包括处罚较轻。也就是说,应当同时考虑量刑和实际处罚。当新、旧法中分别存在量刑轻或处罚轻的规定时,应当可以同时适用新、旧法中量刑轻、处罚轻的条款。

---

① 参见黄京平:《终身监禁的法律定位与司法适用》,载《北京联合大学学报(人文社会科学版)》2015 年第 4 期。

② 参见欧阳本祺:《论〈刑法〉第 383 条之修正》,载《当代法学》2016 年第 1 期。

③ 参见赵秉志:《终身监禁第一案之观察》,载《人民法院报》2016 年 10 月 10 日,第 2 版。

④ 参见张明楷:《终身监禁的性质与适用》,载《现代法学》2017 年第 3 期。

同时,有学者认为新、旧《刑法》的同时适用仅以有利于被告人为唯一标准,抛弃了作为基础和根本的“从旧”原则,而将本属于例外和辅助地位的“从轻”原则升格为唯一的主导地位,此做法违背了从旧兼从轻原则的基本精神。[①] 实际上,无论是“从旧”还是“从轻”,从本质上考察就是要从轻,即选择有利于被告人的标准是正确的。

2. 简要评析

为了说明问题,我们就结合白恩培案进行论述。根据案情,白恩培案所认定的受贿犯罪行为发生在2000年至2013年,那么白恩培案能否适用新的规定对其判处终身监禁呢?答案是肯定的。

因为,根据一审法院审理查明的事实,其受贿数额特别巨大,犯罪情节特别严重,按照《刑法修正案(九)》修订前的《刑法》第383条之规定,其受贿犯罪应当判处死刑立即执行;但因其具有法定和酌定从轻、减轻处罚情节,至少应当考虑对其从轻处罚,死刑的从轻就是死缓,并且这也能够保持罪刑均衡。因此,鉴于“从轻处罚”的溯及力原则选择适用了死缓附加终身监禁的新法,这样选择应适用的法律,方向是正确的。

因此,根据最高人民法院《关于〈中华人民共和国刑法修正案(九)〉时间效力问题的解释》第8条的规定,终身监禁的规定仅适用于原本应当判处死刑立即执行而根据具体案情从宽适用死缓的情形,而不能适用于原本应当判处死缓或者无期徒刑的贪污受贿犯罪分子。当然,原本适用死刑立即执行还是死刑缓期执行,在实践中往往是很难区分的。然而,这是一条界限,应当引起重视并时刻关注。

(四)终身监禁应用的可操作性问题

根据已有实践的状况,笔者认为,终身监禁制度在司法实践中的具体应用可能存在以下几个操作性方面的问题。

1. 缺乏相应的考核机制

(1)监狱管理的考核机制对于终身监禁来说是无效的。对于被判处

① 参见姜涛:《死刑制度改革与文化守成改造》,载赵秉志主编:《刑法论丛》2013年第1卷,法律出版社2013年版。

终身监禁的罪犯而言,其已经没有减刑、假释的可能,那么这些罪犯在监狱中的表现不会对他实际服刑期限产生任何影响。因此,我国监狱中目前实施的奖惩机制对于这类罪犯而言,没有产生应有的效果。①

(2)被判处终身监禁的罪犯在服刑时没有分级处遇制度。分级处遇,就是依照罪犯不同的服刑表现将其处遇划分为不同的级别,施以差别化待遇的制度,其作用在于通过升降处遇级别,对罪犯实施正负激励来强化其良好行为习惯的养成。② 宏观来看我国分级处遇制度的规定较为单一,罪犯处遇在执行中大多与减刑、假释相挂钩。但对于不得减刑、假释的终身监禁罪犯来说,现行分级处遇制度难以满足其改造需求。

2. 加重监狱管理负担

终身监禁制度使监狱管理的负担加重。在我国,被判处终身监禁的罪犯与因职务犯罪而被关押的罪犯大多数都会在专门的监区服刑,这种专门的监区服刑,客观上导致管理这些服刑人员的成本要有所增加。一方面,终身监禁的服刑人员所需要的医疗投入远比其他犯人要多;另一方面,这些服刑人员随着年龄的增长逐渐丧失劳动能力,基本不会为监狱创造经济价值,很多地方监狱可能无力承受。③

3. 增加监禁成本

对于终身监禁的执行,监狱机关需付出巨大的人力、物力、财力。具体而言,监禁成本大致包括监狱管理人员的福利待遇,监所的建造、维修费用,狱所日常的基本开支以及被监人员的机会成本等。据吴宗宪教授的保守估计,我国每监禁一名犯罪人,从成本上说,平均每人每年也许会超过 10,000 元人民币。④ 这还是在被监人员无重大疾病、生活可以自理等正常情况下的估计。而现实中,大部分被监人员由于长期的关押易产生心理或生理上的疾病,监狱机关在维持日常开销的同时又得花费资金

---

① 参见陈章旭:《对终身监禁制度设立的思考》,载《大庆师范学院学报》2018 年第 5 期。

② 参见郭家林:《终身监禁制度带给监狱行刑工作的思考》,载《中国监狱学刊》2019 年第 2 期。

③ 参见陈章旭:《对终身监禁制度设立的思考》,载《大庆师范学院学报》2018 年第 5 期。

④ 参见吴宗宪:《试论非监禁刑及其执行体制的改革》,载《中国法学》2002 年第 6 期。

对他们进行诊疗。

4. 终身监禁服刑人员矫治的特殊需求

一些长期徒刑的服刑人员，在服刑初期可能会因为觉得自己没有获得释放的可能而容易情绪不稳、行事冲动，往往不考虑行为的后果。同样，由于终身监禁的罪犯一般没有获释的可能性，监狱的相关措施难以起到激励作用，有的甚至失去了激励的价值功能。根据国外相关经验，多数长刑犯不到服刑很长一段时间是不会考虑假释后生活或为假释后生活作准备的。[①] 相反，能够抵消长期监禁剥夺效果的奖励却为犯人们所珍视，甚至在服刑之初也如此。[②] 这就是说，只有给予"出路"的激励才是有效的，并被一开始就得到重视。重视并解决这种长期自由刑服刑人员特有的心理需求，是取得矫治效果的根本手段。

5. 审判与执行的压力

关于审判与执行压力问题，大致有三个方面：首先，我国终身监禁是由法官根据犯罪情节等情况自由裁量决定是否适用，这对参与此类案件审判法官的专业素养要求很高。其次，民众对这种新制度的理解还不深，容易仅从表面上对此类案件与相似案件进行比较，进而民意、舆论给法院独立公正审判带来了挑战。最后，随着我国刑事司法制度的完善，终身监禁扩大其适用范围也是可能的，这对监狱执行必然会带来一系列困难，需要逐步解决。

五、影响终身监禁制度实施的深层次问题

（一）数额与情节的选择与实际功能异位

1. 数额与情节的选择

根据最高人民法院、最高人民检察院《关于办理贪污贿赂刑事案件适用法律若干问题的解释》第 1 条的有关规定可知，贪污罪、受贿罪的入罪

---

① See Santos, M. G., *Inside: Life behind Bars in America*, New York, St. Martin's Griffin, 2007.

② See Johnson, R., Dobrzanska, A., *Mature Coping among Life-Sentenced inmates: An Exploratory Study of Adjustment Dynamics*, Corrections Compendium, 2005.

标准或者说入罪门槛并不是唯数额论,而是一种数额与情节交织的标准。其中,按照通常的理解,贪污、受贿罪入罪门槛的数额是3万元;若数额在1万元以上3万元以下,具有其他情节的,也可以构成贪污、受贿罪。于是,在数额与情节的选择的问题上,就会出现难题。

例如,甲贪污2万元,其中5000元是救灾款,其余1.5万元是一般性的公款,甲的行为是否构成贪污罪?学界、实务界大致有三种不同的观点。第一种认为,甲构成贪污罪,只要行为人有符合贪污数额的加重情形,就应当适用情节标准,构成犯罪,法律并没有规定加重情形的数额和比例;第二种意见认为,甲不构成贪污罪,理由是司法解释规定的1万元情节数额,是指该1万元均符合加重情节,本案贪污救灾款5000元,达不到情节标准,也不够一般标准,不构成犯罪;第三种意见认为,情节标准的适用,应当考虑比例,以达到50%为宜,因此也不构成贪污罪。① 这三种观点看似都有一定的合理性,也造成了实务的疑难,从而间接地影响对于终身监禁的适用。

2. 情节要素的组成

有学者指出,贪污罪与受贿罪保护的法益不同,不应当共用同一法定刑。数额和情节在二者社会危害性评价中的作用也不同,在对二者法定刑予以分离的立法设想下,贪污罪的法定最低刑应高于受贿罪的法定最低刑,法定最高刑应低于受贿罪的法定最高刑,受贿罪应构建以情节为中心的入罪条件和法定刑升格条件。②

在实践操作中,应当考虑情节的多样性,主要应当考察以下要素:在社会舆论中反响是否很大、被告人是否索贿、犯罪分子之间是否相互包庇、被告人是否拒不认罪。上述情形对贪污受贿的量刑活动是至关重要的,实践操作中如果只认定犯罪数额而忽略其他犯罪情节,往往会造成不妥当的量刑。

此外,对情节还应当从犯罪行为对社会、民众产生的效果方面加以考

---

① 参见刘松:《贪污、受贿罪数额与情节的法律适用研究》,载《刑事法判解》2020年第1期。

② 参见李海滢、王延峰:《贪污罪与受贿罪二元式法定刑的立法形塑》,载《甘肃政法大学学报》2022年第2期。

虑。例如,被告人是否给国家带来极其严重的负面舆论影响;被告人是否有危害国家安全或国防利益、贪污受贿抢险救灾款的行为。[①] 之所以要对具体情节进行严格的法律确定,是因为缺乏具体量刑标准,容易导致审判人员错判,或者自由裁量权过大造成结果明显不当。

3. 情节要素的应用

终身监禁"情节"的应用需要进一步规范。就贪污受贿犯罪"情节"而言,"数额特别巨大,并使国家和人民利益遭受特别重大损失"本身属于加重构成要件要素,"数额特别巨大"与"特别重大损失结果"二者对于判处"无期徒刑或死刑"的法定刑缺一不可。[②] 从构成要件符合性的角度出发,只有同时符合"数额"与"情节"才能适用终身监禁。对于司法而言,终身监禁的适用应当拟定一个相对固定、明确的标准,从而避免法官自由裁量权行使中的偏差。

刑法的罪刑相适应原则要求,对于终身监禁的适用要综合考虑犯罪数额与犯罪情节。要规范终身监禁的适用:第一,必须考虑终身监禁适用的因素、量化的途径与方法;第二,应当考虑量化后,其实行效果能否达到预期以及是否符合设置终身监禁的初衷;第三,为了保证罪责刑相适应原则的观察,量刑规范化不仅要能规范法官的自由裁量权,也要能更好地实现量刑均衡。[③]

(二)态度对于犯罪认定的影响

1. 态度对于事实的确认具有心理印证作用

犯罪人认罪态度能够在一定程度上反映出行为人最基本的价值观念,职务犯罪的认罪态度对于量刑也具有重要影响。《刑法修正案(九)》及最高人民法院《关于办理贪污贿赂刑事案件适用法律若干问题的解释》规定了对贪污受贿罪犯从轻处罚的情形,在此基础上根据犯罪情节决

---

① 参见赵秉志:《贪污受贿犯罪定罪量刑标准问题研究》,载《中国法学》2015 年第 1 期。

② 参见雷一鸣:《构成要件知识本土化视角下受贿罪的数额与情节新解》,载《法学评论》2018 年第 6 期。

③ 参见周少元、王世友:《论我国终身监禁的规范化适用》,载《山东社会科学》2020 年第 4 期。

定是否同时决定适用终身监禁。因此，有必要对犯罪分子的认罪态度等作更为细致的刑罚考虑。

从正面角度来看，终身监禁适用于认罪态度极为恶劣且改善不能的犯罪分子，如罪后拒捕、歪曲隐瞒、避重就轻、时供时翻的行为人，及捕后脱逃并行凶报复的，证据确凿矢口否认的行为人。从反面观之，行为人被“双规”调查时，司法机关发现但尚未掌握全部犯罪事实，在提起公诉前可能存在一般自首；而在行为人被采取强制措施或进入审判阶段后如实供述、真诚悔罪的，成立特殊自首。前者的认罪程度高于后者，均为可予判处死缓的自首情形。在无其他立功、退赃等从轻处罚情节的情况下，依据其认罪、悔罪程度评价行为人改造的难易程度。[①]

2. 事后表现也是影响事实认定的因素

对于行为人的事后表现，审判人员尤其应当关注退赃情况、认罪态度等情节，对可以从宽处罚的犯罪分子适用缓刑，对于适用死缓仍然较轻的情况适用终身监禁，而非死刑立即执行。通过量刑步骤的科学化和常态化，让终身监禁适用条件更加完善，使之既不失于宽，又不失于细。[②]

（三）终身监禁的适用程序

由于终身监禁制度的主要立法目的是限制死刑的实际执行，因此，在对严重贪污受贿犯罪案件的具体处理中，应当根据案件情况优先考虑是否适用死缓，再考虑是否需要适用对死缓可能减为无期徒刑后给予减刑、假释的限制。这是两个基本步骤。

关于终身监禁的适用程序，前面已有概要论述，在此不再重复。但从现实的状况来看，需要讨论的是：在实际执行中，在对死刑缓期执行二年期满减为无期徒刑进行裁定时，该裁定的内容是否需要再次确认“终身监禁、不得减刑、假释”？如孙正启案。

该案 2017 年 12 月 25 日一审判决孙正启死刑缓期二年执行，并同时

① 胡学相、洪莉鸥：《人格刑法理论视域下终身监禁的裁量因素分析》，载《暨南学报（哲学社会科学版）》2017 年第 9 期。

② 韩轶、张栋功：《贪污受贿犯罪终身监禁的配置与适用问题研究》，载《江淮论坛》2016 年第 5 期。

确认终身监禁,不得减刑、假释。二年期满后,鉴于孙正启二年执行期间,没有故意犯罪,执行机关山东省临沂监狱提出减刑建议书,经山东省监狱管理局审核,山东省人民检察院核查,认为孙正启无故意犯罪,确有悔改表现,依法可以减刑,于2020年9月报送山东省高级人民法院审理。

经审理查明,罪犯孙正启犯非法经营同类营业罪、贪污罪、受贿罪,被判处死刑,缓期二年执行,剥夺政治权利终身。在执行期间,罪犯孙正启没有故意犯罪,遵规守纪,积极参加学习和生产劳动。

山东省高级人民法院认为,罪犯孙正启在死刑缓期二年执行期间没有故意犯罪,应予减刑。依照《刑法》第50条第1款、第57条第1款,《刑事诉讼法》第261条第2款的规定,裁定将罪犯孙正启死刑缓期二年执行,剥夺政治权利终身的刑罚减为无期徒刑,剥夺政治权利终身,终身监禁,不得减刑、假释。

然而,对于已经判决终身监禁的案件,在减刑裁定书上是否还需要再确认一遍,这种做法是值得推敲的。

第五章 我国终身监禁制度的创新改良

第一节 终身监禁制度创新改良的定位选择

一、我国终身监禁制度定位的基础

明确终身监禁制度的立法定位是构建中国特色终身监禁制度具体内容的前提。因此,在对中国特色终身监禁制度进行制度创新和改良的构想之前,应当明确并找准终身监禁制度在我国刑罚体系中的定位。这个定位选择,重点在于区分作为刑罚种类的终身监禁与作为非刑罚种类的终身监禁制度二者在制度设计上的差异性。

(一)刑种地位不同对终身监禁制度设计层面的差异性

1. 作为非刑罚种类的终身监禁制度设计层面上的特点

我们可以认为,在终身监禁制度作为非刑罚种类的定位基础上,它并非一种独立刑种,不能独立执行。终身监禁制度必须根据我国《刑法》的刑罚执行方式依附其他刑罚种类才能执行。就我国当前立法规定而言,我国的终身监禁制度具体依附于死刑刑种而存在。这里就需要探讨,针对死刑具体执行方式的不同,终身监禁作为死刑的附属执行方式相应的设计模式是什么。综合学界观点,存在以下两种终身监禁作为非刑罚种类的设计模式:第一种模式是在死刑缓期二年执行后增加终身监禁的执行方式,将终身监禁纳入我国现有的死刑执行体系中。通过拓展死刑执行方式,提供较为对等性的刑罚执行方式为判处死刑的罪犯提供更具有可能性的刑罚变更,有利于死刑立即执行的适用率降低。第二种模式通过增改刑罚规定,将终身监禁作为目前死缓的执行方式。相比于第一种模式,这种模式不改变我国现有的死刑执行方式,而是对死刑缓期执行增加终身监禁的规定。现对两种模式作出以下具体介绍。

(1)将终身监禁作为死刑立即执行的替代措施是终身监禁作为非刑罚种类的一种模式

该种模式下的刑罚执行改造目的,在于将死刑立即执行作为一种备而不用的执行方式,最大程度保障人权。在刑法短期内无法完全废除死刑的前提下,对于某些罪行恶劣的死刑犯罪可以考虑适用终身监禁制度作为死刑立即执行的替代措施,如我国《刑法》规定的严重侵犯人身权利的暴力犯罪、严重危害公共安全犯罪和严重危害国家安全犯罪等。从个人法益、社会法益、国家法益视角,为本该判处死刑立即执行的罪犯提供一种替代措施,如此一来刑罚就形成"四元死刑格局",分别是死刑立即执行、死缓终身监禁、死缓限制减刑和一般死缓。根据保留死刑罪名的罪行严重程度不同,其适用情形有所不同。例如,极为严重的犯罪(应当判处死刑立即执行)替代为不得减刑、假释的死缓(终身监禁),而严重犯罪(应当判处死缓)替代为限制减刑的死缓等。这种针对死刑罪名下的精细化量刑措施,既能尽量减少实务中死刑立即执行的运用,又能尽量保证刑罚执行的谨慎性和刑法运行的权威性。[①]

① 参见赵秉志、商浩文:《论死刑改革视野下的终身监禁制度》,载《华东政法大学学报》2017年第1期。

(2)将终身监禁作为死缓的执行方式是终身监禁作为非刑罚种类的另一种模式

这种模式表明,终身监禁制度是一种刑罚执行方式而不是刑罚独立刑种。因此,将终身监禁制度作为死刑替代措施的观点是不准确的。认为终身监禁制度是刑罚执行方式的观点大致有以下几点理由:第一,终身监禁在《刑法》总则对刑种的规定中没有体现。它是仅适用于我国《刑法》第 383 条贪污受贿犯罪的量刑规定,其特殊之处在于,终身监禁制度作为一项具体行刑措施,充分唤起死刑缓期执行制度、无期徒刑执行制度的实用功能。第二,由于终身监禁制度只存在于《刑法》分则具体罪名之中,不能对其他死刑罪名同样适用,因此不具有普遍适用性,所以不具有独立刑种地位。第三,我国终身监禁制度依附于死刑刑种而存在,况且在刑罚执行层面甚至需要依附无期徒刑,不具有刑种的独立性要素(不依附于其他刑罚种类)。第四,从司法程序来说,我国的终身监禁制度适用是在被判处死刑缓期二年执行的同时“决定”附上适用终身监禁,而不是以“判决”的形式落实量刑。据此说明我国的终身监禁制度就目前而言仅是一项具体的执行措施而非独立刑种。

综上,这种模式需要刑法对此加以补充规定,包括《刑法》总则对执行具体条款规定的细化和《刑法》分则对具体罪名执行措施定位的明确。若死刑废除,那么不具有独立性要素的终身监禁也将不复存在,对此可以同时增加该项罪名下判处无期徒刑时附加禁止减刑、假释的规定,起到同等作用。① 对此,有必要对于第二种模式的观念从理论、立法和司法层面作出实质性强化。第一,理论层面,建议应当重点研究终身监禁制度在我国的正确属性,作出学理解释,再深入刑罚正当性和刑法谦抑性对终身监禁制度的适用进行研究,为立法层面的修法事项提供宏观理念准备。② 第二,立法层面,需要对我国刑法条文进行明确。具体而言,应当将我国

① 参见吴尚聪、万颖颖:《终身监禁对于死刑的“功能替代”及其“总则化”构建——以死刑制度改革为切入点》,载《郑州大学学报(哲学社会科学版)》2020 年第 2 期。

② 参见陈胜、朱玉文:《谦抑性与正当性:刑法终身监禁的合理定位》,载《合肥工业大学学报(社会科学版)》2019 年第 4 期。

《刑法》第 383 条贪污受贿罪中有关终身监禁的表达明确至“执行……措施”,即“……执行终身监禁措施、不得减刑、假释”。这是从立法层面确定终身监禁制度的行刑措施地位,能够明确区别于死刑刑种的量刑方式,有效避免在理论、立法、司法层面产生界定歧义,在执行层面更加规范。第三,司法层面,需要借助司法解释的发布,对终身监禁制度的具体理解和适用作出符合法理利于实务的权威解读。尤其需要针对作为基准的“谦抑性”和作为价值目标的“正当性”这两点有指示作用,能够为实务审判提供可供执行的规范评价体系,促进终身监禁制度的实践效果。

2. 作为刑罚种类的终身监禁制度设计层面上的特点

虽然目前终身监禁制度在立法定位上并非具体的刑罚种类,而被规定为刑罚的执行制度,但有不少观点认为创新和改良中国特色终身监禁制度的前提是将终身监禁制度定位为独立的刑罚种类加以设计。

这一模式下的观念认为,我国终身监禁制度应当具有和刑罚体系内刑种相同的地位,不是一项单纯的刑罚执行制度,而是独立的刑罚种类。从司法实践的适用效果来看,不可否认的是终身监禁制度在某种程度上具有一般性刑罚的功能和作用,司法机关的观念上已经将这一制度对标成了一般性刑罚而进行适用,而主要问题在于《刑法》对终身监禁制度的规定造成了其地位上的冲击,与死刑执行方式的关系不明晰。

正如前文所述,我国终身监禁制度由于定位模糊而导致适用困难,作为依附于死缓的执行方式,其适用效果大打折扣,也不利于该制度的继续完善。终身监禁制度其本身能够强化刑罚威慑力,主要原因是在死刑限制适用的政策背景下,死缓制度的执行力削弱导致难以实现真正意义上的死缓。因此,学界部分学者认为需要对我国终身监禁的定位独立化,往独立刑种的方向改变,将终身监禁制度作为独立刑种确立且正确对待。

回归到终身禁监禁制度作为刑罚种类的观点,我国确立该制度之后,即使仅针对贪污受贿这一具体罪行予以适用,但应当肯定该制度注定作为独立刑种而引起我国刑罚体系的变化。《刑法修正案(九)》正式规定了终身监禁制度在我国的适用。这是我国引入终身监禁制度的标志。但由于其只针对贪污受贿罪适用,因此当然排除了其在《刑法》总则规定中的独立刑种作用和功能。实际上在《刑法修正案(九)》出台之前,我国《刑法》规定的限制减刑、假释的无期徒刑,其法律效果与终身监禁是一样的,但就司法实践层面而言,这种无期徒刑被实际执行为“终身监禁”的概率还是很小的。终身监禁制度的确定,是将可能的终身监禁变为强制的终身监禁,在终身监禁制度不能完全替代死刑的前提下,这一制度就成为死刑和无期徒刑之间的中间刑罚制度。立法者决定终身监禁制度在我国的适用,其作用就在于能够与死刑的执行具有相当性,如此才具有限制死刑适用的功能,这就决定了该制度是我国刑法除五大刑种(覆盖死刑和自由刑)之外的独立刑种(自由刑)。因此,终身监禁制度是一种能够逻辑自洽且符合治国经验的合理选择。

但如何体现其制度设计层面特点呢?这里最重要的是终身监禁制度的本土化改造。应当在保持其引入功能目的不变的前提下,提高其适用效益,实现立法者设计该制度的原意。就我国立法现状而言,我国终身监禁制度并没有在刑法中确定其定位,因此实践中必然会出现理解不一的问题,仅凭立法机关的事后说明(立法草案说明)是不能完全解决问题的。因此,在制度改造设计上应当作出实质性修改,在《刑法》总则中提供正当性依据,明确终身监禁制度应当属于我国刑罚体系的刑种单位,以便于司法适用。

终身监禁制度在我国作为独立刑种进行设计,能够有效衔接死刑废除后的刑种缺失的尴尬境地,能够从功能上保证死刑废除后的刑法威慑力。死刑存废之争,从来都是轻刑主义与重刑主义思想交锋的研究重点。而随着时代发展,废除死刑的呼声高涨,终身监禁刑种化将成为必然趋势。我国现阶段仍保留了极为严重罪行的死刑制度,这是我国的历史发展和社会现状所决定的。应然的死刑废除,自然是消灭了基于死刑而存在的执行方式,即死缓这一刑罚体系连接制度。因此如果终身监禁制度不具有独立刑地位,那么死刑废除后产生的效果则导致终身监禁制度也将不具有适用空间。那时,我国的刑罚体系结构会发生改变,即最严厉的刑罚是无期徒刑(由于终身监禁制度的法律效果是不得减刑、假释,因此终身监禁制度消灭后的无期徒刑特指可以减刑、假释的无期徒刑)。从刑罚执行效果而言,这种无期徒刑与死刑的处罚效果差距较为明显,在报应刑思想下,可以减刑、假释的无期徒刑不利于刑法发挥惩戒作用,差距难以弥补。支撑该结论的理由是:第一,《刑法》规定未给予终身监禁制度独立刑种地位,是因为减刑的过度适用降低刑法威慑力和严厉性。有数据指出,我国刑罚执行中减刑适用率达 1/4。第二,《刑法》分则对某些特别严重的罪行作出了"不得假释"的特殊规定,但其他未被特殊规定的死刑罪行在废除死刑后没有对等性的刑种予以惩罚,容易引起刑罚失衡。第三,限制减刑制度会因为死刑废除而失去应然功能,因为这一制度也是依附于死缓执行方式而存在的。综上,没有与死刑严厉程度相对的刑种,某种程度上会有损于社会稳定和发展。故应当从长远角度考虑确立我国终身监禁作为刑罚种类的独立定位,如此才能完善我国的刑罚体系。

可以预测,将终身监禁制度作为独立刑种后,刑罚轻重阶梯的程度适当,能够形成更为科学、前后衔接恰当的刑罚体系。从具体制度设计而言,将终身监禁设置为独立刑种在操作上需要对我国《刑法》进行修改,因目前我国《刑法》并没有将终身监禁作为独立的刑罚种类。而增加刑种则需要通过立法的方式,改变《刑法》中现有的刑罚体系。在这种情况下,需要考虑终身监禁的适用面扩大的问题。在目前规定之下,终身监禁仅适用于贪污受贿犯罪,这样的适用范围明显较小。如果沿袭现有立法对终身监禁适用范围的规定,是否需要对立法规定进行修改,改变原有的整个刑罚体系,是需要经过必要性论证的。

笔者认为,如果将终身监禁设置为独立的刑罚种类,那么在适用范围上,就必须考虑对终身监禁予以扩大适用,原因在于当终身监禁作为独立刑罚种类规定于《刑法》总则之中时,就必须具有对于一部分犯罪涵盖的可能性。从刑罚的严厉程度来看,我国死刑目前有 46 个罪名,而从立法逻辑以及限制适用死刑的方面考虑,目前已有的设置死刑的罪名,至少应当考虑增加终身监禁的适用。此外,对于目前尚没有规定死刑的罪名,由于终身监禁制度在该种模式下已经作为独立的刑罚种类,从理论上来看,同样有适用终身监禁制度的可能性;对于目前所有规定有无期徒刑限制减刑、假释的罪名,同样可以考虑设置适用终身监禁(当然,在原本没有规定限制减刑、假释的无期徒刑罪名中设置终身监禁是一种从重的规定)。

将终身监禁作为独立刑种予以设置的另一设计特点是要考虑独立刑种本身的体系性,即应当根据终身监禁制度终身服刑的特点,设计刑罚在执行过程中的细节规定以及配套制度。将终身监禁设置为独立刑种也为具体出台有针对性的规定提供了条件,对比目前作为非刑罚种类的终身监禁仅在刑法条文中的一款有提及,可以通过立法、司法解释、具体操作指导意见等方式,对终身监禁作系统性的规定,以使其与其他刑罚种类一样,做到立法上的周延性、执行上的制度化。

(二)未来走向之争——限缩适用还是扩大适用

目前我国终身监禁制度在立法上所规定的可以适用的范围是极其有限的,仅限于特定情况下的贪污罪和受贿罪。关于终身监禁制度在未来我国的司法实践中应当如何适用有两种观点。一种观点认为不宜扩大终身监禁的适用范围,对终身监禁应当保持限缩适用的态度;另一种观点认为终身监禁制度的适用范围应当进一步扩大。

1. 支持限缩适用的理由

支持对终身监禁制度限缩适用,主要是基于刑罚正当化理论中要素完整的优先理论,在该理论下分析并检讨终身监禁制度不具有刑罚正当性。学界从三个角度出发得出该结论:第一,从报应刑角度出发,优先理论认为终身监禁制度是纯粹报应性刑罚,扩张适用容易导致罪刑失衡,该制度不具有正当性;第二,从特殊预防角度出发,优先理论认为终身监禁制度由于其强制不予减刑、假释的规定,消极的特殊预防同时导致罪犯无回归社会的可能性,忽视了其积极特殊预防功能,该制度不具有正当性;第三,从一般预防角度出发,优先理论认为重刑主义下易引发监狱建设成本过高,一般预防作用难以实现,该制度不具有正当性。[①] 综上,从实现刑罚的目的来看,持终身监禁制度在未来应当限缩适用观点者认为终身监禁既有违报应刑理论,超出了犯罪人所犯之罪的报应边界;也无法实现

---

① 参见吴玉萍:《终身监禁正当性之检讨》,载《法学》2020年第10期。

目的刑论中的特殊预防和一般预防的效果。因此,终身监禁应当被限制适用。

而其他有关终身监禁在未来应当限缩适用的理由事实上与反对设置终身监禁的理由具有一致性,主要有终身监禁无法实现刑罚目的、本身较残酷、执行成本高等几个理由。

(1)有违罪责刑相适应原则

有观点认为,终身监禁制度有违罪责刑相适应的原则。这一观点的主要理由是基于我国目前的立法规定而展开的。终身监禁目前规定于贪污受贿犯罪之中,从责任的角度来说,终身监禁仅次于需要剥夺生命的死刑。终身监禁是对人身自由的终身剥夺,许多学者都提出对人身自由的终身剥夺在某种程度上甚至比直接剥夺生命的刑罚更残酷。根据我国目前的立法规定,适用终身监禁的前提是被判处死刑。而对比其他仍设置死刑的罪名,仅规定贪污受贿犯罪适用终身监禁破坏了刑法的体系性。从罪刑相适应的角度来看,贪污受贿犯罪的犯罪人并没有实施最严重的直接侵害他人生命健康的行为,在其他更严重的危害国家安全犯罪抑或暴力性犯罪中都尚未规定剥夺终身自由的终身监禁。这无疑使刑法原本罪刑相适应的刑罚体系出现了不和谐的规定,若不加以限制,不仅加重我国刑罚体系的罪刑失衡,更有悖于刑罚轻缓化的国际趋势。[①]

(2)无法实现刑罚目的

支持对终身监禁制度限缩适用的观点认为,该制度无法实现刑罚的特殊预防和一般预防目的。

一是认为终身监禁无法实现刑罚的特殊预防目的。我国确立的终身监禁制度仅适用于严重的贪污受贿犯罪,为起到惩罚作用,对罪犯执行终身监禁刑依法排除所有具有回归社会可能性的机会,有观点认为这种与死刑立即执行具有相当性的措施达不到刑罚预防目的。然而针对公职人员的贪污受贿罪行,刑罚追求的目的应当是责任性层面的一般预防效果。

---

① 参见刘霜:《终身监禁制度的司法限缩及其路径——以2015—2020年已决案例为样本的分析》,载《法学》2020年第12期。

一方面，作为身份犯，贪污受贿罪犯将不再具有犯罪身份，即失去再犯罪的能力，不论刑罚轻重，其回归社会后都不再具有犯罪构成要件上的再犯可能性，完全没必要执行终身监禁，终身监禁沦为纯粹报应刑的消极特殊预防目的；另一方面，对于贪污受贿情节严重的罪行，执行终身监禁意味着执行环节变相放弃对其改造可能性，由于没有回归社会可能性，相应地易导致罪犯产生消极恶劣的新的犯罪动机，监狱内犯新罪，造成无法挽回的不必要损失，与预防目的背离。

二是认为终身监禁难以实现一般预防的目的。有观点认为，终身监禁制度的引入，在某种程度上是一种惩罚严重贪污受贿官员的特殊条款，针对一般情节的官员，更多起到宣示立法者态度的警示作用，不具有普适性和正当性。在社会机能运行尚为稳定的前提下，纯粹加重刑罚处罚方式而不辅之其他刑事政策，只能对具体犯罪人起到威慑作用，而难以解决社会程度的再犯问题，因此难以实现一般预防目的。

(3)终身监禁本身较残酷，有损人格尊严

针对终身监禁的扩大适用有利于逐步减少、废除死刑适用的观点，反对者认为终身监禁应当限缩适用。主要在于终身监禁与死刑在残酷性上并没有太大的区别，以废除残酷不人道的死刑为理由而设置同样不人道且有损人格尊严的终身监禁刑罚方法，并没有实现废除死刑的目的。此外，提出终身监禁与死刑并没有太大的区别的理由主要是基于人的社会属性。终身监禁割裂了人与正常社会之间的联系，使具有社会性的人再无可能重新回归社会，人之所以为人的其中一个属性被剥夺，这与人失去生命的残酷并无区别。从终身监禁刑罚执行对个人的影响来看，终身监禁造成的痛苦是长期的，而死刑造成的痛苦却是一时的，从这个角度来看，终身监禁刑甚至比死刑对被行刑人而言更为严厉。刑法规定终身监禁制度作为死刑的衔接执行方式，以生命生理性存活为基准，以体现“保留生命”的刑法温度，然而实际上忽视了这一特点。因此，应当限缩适用终身监禁的范围。

(4)执行成本过高

另一支持终身监禁应当限缩适用的理由在于终身监禁意味着终身的

刑罚执行,这将会提高罪犯的关押成本。刑罚执行的终身执行要求监狱部门能达到对罪犯终身监管的能力标准。这对于目前我国的监狱部门来说是一个挑战。原本对贪污受贿犯罪设置终身监禁的原因在于这些犯罪的情节特别严重,损害了国家和人民的利益。而对其执行终身监禁,国家就需要对终身监禁犯进行持续不断的成本投入,且通常情况下,终身监禁犯由于其职务犯罪往往管理成本要高于普通罪犯。由于损害了国家和人民的利益需要判处终身监禁与国家财政需要持续投入用于终身监禁犯是终身监禁的目的和效果之间的矛盾。

针对执法成本的计量,主要考虑以下因素:一是《监狱法》中纳入国家预算的罪犯改造经费、生活经费、狱政设施经费及其他专项经费;二是终身监禁罪犯老龄化的医疗费用;三是高羁押率引发的监狱管理难度;四是终身监禁罪犯引发的高自杀率。尤其是职务犯罪的罪犯不同于一般犯罪罪犯的管理,其成本更高,所以从成本效益原则考量,不应当扩大适用终身监禁制度。

2. 支持扩大适用范围的理由

主张终身监禁应当扩大适用的论者认为,终身监禁可以适用的范围不能仅局限于现有立法所规定的贪污受贿犯罪,而应当进一步扩大终身监禁适用的罪名,并在司法上放宽终身监禁适用的条件,以进一步实现设置终身监禁的目的。

(1)符合我国废除死刑的趋势

有学者认为,终身监禁应当进一步扩大适用的一个重要理由是,终身监禁符合我国废除死刑的趋势,这其实与我国设置终身监禁的理由相一致。在目前我国没有废除死刑的前提下,从保留死刑的罪名中设置终身监禁,可以一定程度上实现废除死刑的效果。该观点具有以下几个前提。一是长期来看,死刑在我国会被保留。废除死刑是一项长期的工作,我国立法设置死刑不但有历史原因也有社会原因,从目前来看,保留死刑是符合我国目前实际需要的,且在未来较长一段时间内,死刑都将在部分罪名中予以保留。二是限制死刑适用是当下我国刑罚体系改革工作的重要内容。保留死刑是为了发挥死刑作为刑罚体系中最严厉的刑种对于罪行极其严重的犯罪的威慑作用;而限制死刑适用则是出于顺应国际社会人权保障的需要。三是适用终身监禁可以实现限制死刑适用的效果,这需要考虑两个方面:终身监禁相比较于死刑更有利于人权保护,同时终身监禁刑的适用能够有效地减少对于死刑的适用。从实现终身监禁制度设置的目的来看,如果要有效减少死刑,那么目前仅局限于贪污受贿犯罪的终身监禁,其适用范围应当进一步扩大,即涵盖其他设置有死刑的罪名。

终身监禁制度符合我国废除死刑的趋势,应当逐步扩大适用。主要有以下几点因素:首先,延长自由刑的本质为废除死刑提供了民众能够接受的替代措施,是有效的死刑废除准备;其次,功能替代具有唯一性且不可替换,没有比终身监禁制度更适合替代死刑废除后的刑罚;再次,终身监禁制度在保证威慑性的同时提供了错案纠正的动力和意义,死刑废除的目的之一是将无法挽回的错案给予公正纠正的可能性,终身监禁不得减刑、假释,但不排除错案纠正程序的提起;最后,终身监禁制度是死刑改革试点成效之一,符合刑法现代化治理理念趋势。

(2)改善我国的刑罚结构

有学者提出了目前我国的刑罚结构存在"死刑偏重,生刑偏轻"的问题,支持终身监禁制度扩大适用者认为终身监禁制度可以有效解决我国目前刑罚结构存在的问题。在我国现有的刑罚体系之下,作为生刑的有期徒刑、无期徒刑与死刑之间的刑罚严厉性存在跳跃式的层级关系。原本无期徒刑应当作为我国有期徒刑与死刑之间的过渡刑罚,以解决我国有期徒刑数罪并罚不得超过 25 年的限制性规定对某些严重犯罪的惩戒力度不足以及我国作为少数保留死刑的国家,适用死刑较严厉的问题。然而我国的无期徒刑并不是真正意义上的"无期"刑,多数被判处无期徒刑的罪犯在执行中可以通过减刑、假释制度实现从无期徒刑到有期徒刑的转换。所以从实际的执行效果来看,无期徒刑在其中起到的过渡作用也是不大的。如果需要合理协调我国目前的刑罚结构,则需要引入一个"真无期"刑种,以实现有期—无期—死刑三级协调的刑罚结构体系。终身监禁刑即是协调完善原本刑罚结构体系所需要增加的刑种。

除以上述及的无期徒刑的实质化效果之外,终身监禁制度还在另一层面上改善我国的刑罚结构。前文涉及的死刑与其他自由刑尤其是无期徒刑在刑罚法律效果配置上差距甚远,在慎用死刑背景下,无期徒刑在实际执行中由于存在其他法定事由刑期缩短,其差距更大。因此终身监禁作为死刑和无期徒刑间的桥梁和衔接机制,能保障刑罚配置的协调性。

(3)打击腐败犯罪的刑事政策考量

终身监禁制度的设立是在我国严厉打击腐败犯罪的背景之下所设立的,为进一步落实我国打击腐败犯罪的刑事政策,应当进一步扩大终身监禁制度在此类犯罪中的适用。终身监禁的实践适用是"反腐"斗争中的特殊刑罚措施,因此在《刑法修正案(九)》中予以正式确立,专门适用于贪污受贿罪而暂不具有普遍适用性。应当认为,坚持法治化和科学化的反腐工作,终身监禁的刑罚功能与我国依法治国总体布局是相互吻合的。随着打击腐败犯罪的刑事政策深入贯彻,刑罚上注重宽严相济政策成为重要方针。终身监禁制度的确立和适用,同样体现了宽严相济政策的指导方向:一是对生命刑增加自由刑的刑罚执行方式,体现人道主义的"宽";二是自由刑不得减刑、假释的实质无期刑,体现了反腐工作刑事惩罚环节的"严"。

另外,从腐败犯罪刚性制度运行角度来说,终身监禁制度在我国正式确立之前,由于腐败犯罪的复杂人际关系更容易在执行环节出现"判而不罚""纸面服刑""违法减假监"现象,不够刚性的法律制度难以实现"把权力关进制度的牢笼"这一反腐法治目标。而规定终身监禁制度之后,形成刚性的法律制度能够有效将监狱执行环节"灰色地带"加以铲除,被决定执行终身监禁的严重罪犯由于不具有回归社会可能性,因此减少了"二次腐败"的发生。因此,终身监禁制度在我国可以考虑扩大适用。

综上可以发现,我国学术界对于终身监禁的适用更多的是持保守态度的,支持其扩张适用的理由远少于支持其应当限制适用的理由。

二、我国终身监禁制度定位选择的原则、方法和要求

(一)我国终身监禁制度定位选择的原则

选择终身监禁制度在我国的定位需要以我国的宪法精神为原则,根

据我国目前的司法环境与现实的社会需要,权衡利弊,在定位选择上考虑合法性、合理性、效益性原则,作出对终身监禁制度定位的最佳选择。而定位选择的方法和要求则难以展开讨论,目前能够检索到的文献对于终身监禁制度在宏观上的讨论主要集中在设计终身监禁制度本身,而非在选择定位过程中的做法。

前文提到,设计我国终身监禁制度的前提是找准终身监禁制度作为一种非刑罚种类还是一种刑罚种类,而正确的定位选择就要求根据我国的实际,遵循一定的原则才能作出。

1. 罪刑法定原则

有观点认为,目前我国的终身监禁制度违反了罪刑法定原则的规定,未来在选择我国终身监禁制度的定位以及完善终身监禁制度的制度设计上应当遵循罪刑法定原则。

一般认为,罪刑法定原则的本质包含三要素,即法定化、实定化和明确化。我国当前终身监禁制度之所以被认为违反罪刑法定原则,多数观点认为是违反了以上三要素的要求:第一,违反法定化要求。行为人的定罪量刑必须有刑法的具体规定作为法律依据才可能据此判处刑罚。而目前终身监禁制度在我国《刑法》总则中的地位空缺,只有分则对该制度的适用加以规定,无疑在刑法内部形成违反法定主义的现象。第二,违反实定化要求。终身监禁制度规定在《刑法》分则严重贪污受贿犯罪的具体条款中,其立法过程不够严谨(在修订稿第三稿第一次出现,后审议通过将该制度正式纳入《刑法》),更多地体现在对反腐刑事政策的积极响应上,缺乏稳定性和长久适用性。第三,违反明确化要求。《刑法》对终身监禁制度适用条件的规定较为原则,在司法实践中由于缺乏可操作性而扩大司法者的自由裁量权,增加量刑难度。例如,该制度适用于严重贪污受贿犯罪的情形有“数额特别巨大”,没有将数额确定化,容易导致同样金额的犯罪数额因犯罪地和犯罪时间不同,影响对数额与情节的认定最终影响公正量刑;再如,“使国家和人民遭受特别重大的损失”由于没有具体司法解释针对性地跟进并细化解释,具体损失程度和标准较为模糊,容易引发同案不同判现象,且难以统一。

因此,在改良终身监禁制度的过程中,应当全程遵循罪刑法定原则三要素,从而让终身监禁制度首先满足合法性原则。

2. 罪刑均衡原则

显然,我国当前终身监禁制度仅适用于贪污受贿犯罪,其保护法益是公职人员的廉洁性和国家财产的所有权。然而,我国刑法中其他犯罪如严重侵犯人身权利犯罪所保护的法益不论从法益本身还是罪行危险性系数而言,其程度都高于贪污受贿犯罪,却没有终身监禁制度适用的明文规定。对于满足"罪行极其严重""对国家和人民利益造成重大损失"条件的罪行,仍不能通过终身监禁的适用保留生命,无疑是对刑法平等性的破坏,有违罪刑均衡原则。

对此,在对终身监禁制度改良中,建议将终身监禁制度纳入我国《刑法》总则并予以明确规定,既解决了终身监禁制度定位选择问题的落实,又能够在《刑法》总则中保障终身监禁制度适用范围内的任何犯罪间的平等性,符合罪刑均衡原则。

3. 成本效益原则

对于成本效益原则的选择,是我国引入终身监禁制度时所忽视的一个问题。根据《刑法》规定可知,我国终身监禁制度特指"不得减刑、假释"的绝对无期徒刑,这与其他国家终身监禁制度根据救济出口的可能性作出区分不同,我国终身监禁制度立法初衷在于死刑措施的替代功能,因此不能随意打开救济出口,否则会影响惩罚教育的作用实现。然而,当前的终身监禁制度的绝对性意味着该制度是纯粹报应刑措施,体现重刑主义思想,背离刑罚人道化,并且由于终身监禁的实际执行,服刑人员心理问题较多,不排除狱中再犯罪的可能性。如此绝对的自由刑,既大量耗费监狱执行成本,又不利于刑罚预防功能的实现,违反了成本效益原则。

因此,未来对终身监禁制度的改良应当着重考量成本效益原则,应当重视该原则在制度改良工作中的作用,适当增设终身监禁制度的救济出口,如将假释、特赦、重大立功减刑等机制合理嵌入终身监禁制度。

(二)终身监禁定位选择的方法

为形成极具中国特色的终身监禁制度,立法机关在改良创新的定位过程中应当结合我国刑罚目的和社会发展需要,选择最适宜我国刑罚体制能够长期稳定的模式,因此,确定我国终身监禁制度定位选择方法尤为重要。这里简要介绍域外终身监禁制度的三种主要立法模式:第一,以德国为例的报应主义模式;第二,以英国为例的轻缓功利主义模式;第三,以美国为例的“报应—预防”综合主义模式。

1. 报应主义模式

报应主义模式是终身监禁制度发展初期大多数国家所采用的立法方式,它是指立法明确规定终身监禁制度执行的绝对性,一般强调不得适用减刑和假释制度,体现纯粹报应刑理念的指导。以德国为例,1949年废除死刑,同时确立终身监禁制度以替代被废除的死刑刑罚,并且为防止刑罚体系不均衡导致死刑废除前后刑罚严厉性下降影响刑法威慑力,故立法机关选择增加“不得假释”以体现废除死刑后的自由刑报应刑理念。我国当前终身监禁制度“不得减刑、假释”的具体要求类似于报应主义立法模式,不同之处在于,纯粹报应主义模式以终身监禁制度作为新的刑种在废除死刑背景下确立并起到完全替代死刑的作用。我国的终身监禁制度目前在《刑法》总则中尚未提及,还不能作为新刑种对待。

2. 功利主义模式

轻缓功利主义模式是基于刑罚人道化和刑罚轻缓化原则而制定的立法方式。它是指终身监禁制度执行并不排除减刑、假释等其他有利于服刑人员重归社会的刑罚执行方式的适用。刑罚轻缓化是在报应刑理念基础之上,随着国际社会对人权保障思想的追求而发展起来的立法思想。以英国为典型,英国的终身监禁制度在设立之初就遵循刑罚轻缓化和刑罚人道化理念,立法机关在废除死刑后确立了可以假释的终身监禁制度(1965年《杀人罪法》)。并从此开始,往后不断对终身监禁制度的有效执行和矫正作出多次改革,从制度内容和程序设计两个层面进行完善。有的国家在刑法实际运行过程中认为,不得假释的终身监禁制度严苛程度甚至大于死刑对生命的直接剥夺,其酷刑色彩较浓,严厉的终身监禁对服刑人员将造成肉体和精神的双重折磨,并且由于不具有重归社会的可能性而难以实现对社会的一般预防作用,违背了刑罚人道主义理念的要求。

因此,终身监禁制度的立法模式慢慢由报应刑理念转变为预防刑理念,不少国家立法机关都从“不得假释”到“允许假释”对终身监禁制度作出了立法方式变更。

3.“报应—预防”综合主义模式

“报应—预防”综合主义模式相较于前两种立法方式而言,并不具有明显的优势,更多的是前两种立法方式的折中。它是指在终身监禁制度设计内容中同时确立可以假释的终身监禁制度和不可假释的终身监禁制度。以美国为例,联邦制国体决定了终身监禁制度有州级终身监禁制度和联邦政府终身监禁制度,广义上呈现“报应—预防”综合立法模式。

综上分析可知,我国引入终身监禁制度是我国内在发展需要和他国法律移植综合考量的结果,这就导致终身监禁制度与我国现有刑法体系容易产生重合。如有观点认为,我国当前终身监禁制度的本质是不给予减刑、假释适用空间的绝对无期徒刑。然而,立法机关的意图绝不是将终身监禁制度作为特殊的无期徒刑加以对待。因此,经过法律移植的终身监禁制度,需要经过本土化改良,才能够在国内形成具有中国特色的终身监禁制度并且得以长久适用。

是故,我国终身监禁制度定位选择的方法,应当从重刑主义转向轻刑主义,可以借鉴德国对终身监禁制度的立法模式进行转变,从报应刑立法模式转变为轻缓功利主义模式,通过立法方式的调整顺应国际发展趋势。

(三)终身监禁定位选择的要求

1. 规定明细化

规定明细化是对终身监禁制度内容设计需要遵循罪刑法定原则的具体要求。当前我国刑法和相应司法解释对终身监禁制度的规定较少,这就导致在法律解释和司法适用过程中出现解读不统一、量刑不一致的情形。因此对于终身监禁制度的本土化改良,应当从具体条文尤其是《刑法》总则层面进行规定(包括但不限于终身监禁制度的适用范围、条件、程序、例外规定),对条文理解不统一的应当及时出台相应司法解释或指导性案例予以明细,强化其可操作性。

2. 适用合理化

除在立法层面要求终身监禁制度的改良需将规定明细化外,在司法适用层面也应当对终身监禁制度作出明确要求。这里主要强调司法机关的刑罚裁量权适用,要求对终身监禁制度相关规定的适用予以合理化对待。而目前由于没有全面系统的司法解释性文件对终身监禁制度适用标准明确规定,因此,需要加紧制定出符合刑罚体系配置的适用标准。

以当前适用终身监禁制度的严重贪污受贿犯罪为例,一方面,对行为人罪责刑的判断,不能唯"数额 + 情节"论,司法适用中不可避免需要考察行为人犯罪前后的态度、行为时的手段和犯罪目的等因素综合判断作为定罪量刑的依据。而这些考量因素对终身监禁的适用来说更加重要。如行为人犯罪数额相同、犯罪情节类似,但若其犯罪目的和犯罪对象不同(如贪污一般国有资产造成国家利益损失和贪污救灾救济款项造成社会稳定性受损的犯罪目的和侵犯法益是不同的),则司法机关在行使自由裁量权时甚至会更加注重数额和情节以外的因素。决定适用终身监禁制度对犯罪分子的惩罚和矫正要求高于其他刑罚,这就意味着被判处终身监禁的犯罪分子主观恶性程度更深。因此,司法机关对可能推定犯罪分子主观恶性的因素考量作用就更大。另一方面,《刑法》规定"可以决定"适用终身监禁,意味着在司法适用环节,司法机关对终身监禁制度有较大的刑罚裁量权,对此可以考虑从立法层面进行控制,从而将终身监禁制度的应然功能发挥到极致。

3. 量刑标准化

量刑标准化是对裁量适用终身监禁制度准确性的要求,也是司法机关在司法实践中对罪责刑相适应原则的具体贯彻。为此,立法机关对刑罚裁量具体规定作出修改时,需要将终身监禁的适用条件纳入其中。

显然,当前终身监禁制度在适用条件设计上较为模糊。我国《刑法》对适用终身监禁制度的一般规定,必须满足:(1)行为构成贪污受贿犯罪且情节能够被判处死刑缓期执行;(2)根据犯罪情节等情况的要求。第一,针对"情节能够被判处死刑缓期执行",应当明确,司法机关一直对判处死缓的适用条件不具有统一判断标准。因此,对于终身监禁制度适用条件之一没有明确标准,反而由于死缓本身的模糊性加重了终身监禁适用条件的模糊性。第二,针对“犯罪情节等情况”,可以被认为这一表述模糊不具有适用可行性。主要原因在于,我国《刑法》第 383 条第 4 款规定实际上对司法而言是变相对行为人的犯罪情节进行了两次评价。可以合理认为,第一条适用条件已经是司法机关需要考量的犯罪情节(包括数额、主观恶劣程度等),否则司法机关无法判断行为人是否满足死缓条件,那么对终身监禁的适用就更加没有标准了。

鉴于此,可以建议立法机关在终身监禁制度的改良方案设计中,对于《刑法》第 383 条第 4 款的表述予以重新修订,或者在总则部分对终身监禁制度的适用条件直接正面作出规定。具体而言,应当对“被判处死刑缓期执行”“其他犯罪情节”的具体考量因素予以细化区分,设计出不同的考量因素并以法律规定或相应司法解释的方式确定下来作为司法机关可以直接适用的量刑标准。

三、改良我国终身监禁制度的关键因素及具体指标

在遵循一定的原则对我国终身监禁制度作出选择之后,还需要根据终身监禁的设计思路以及终身监禁刑罚方法在实际执行过程中的效果,综合几个关键因素及指标,来判断终身监禁制度的设计是否合理,实施是否有效。

(一)改良我国终身监禁制度的关键因素

概括而言,包括以下几个因素:一是终身监禁制度在适用范围的划定上是否合理,适用方式是否恰当。根据罪责刑相适应原则以及刑罚体系逻辑性,终身监禁制度作为死刑的替代刑,应当合理划定适用范围,既不让该制度的作用局限于少部分罪名,也要思考终身监禁制度不扩张适用以致权利受侵。二是考虑终身监禁制度与其他刑种的衔接程度。例如,终身监禁与罚金刑之间的关系,终身监禁是否可以与有期徒刑进行衔接。三是要考虑终身监禁的执行成本问题。四是要考虑终身监禁制度适用对象的社会化处遇问题。

1. 终身监禁制度的适用范围和方式

终身监禁制度的适用范围和方式是其本土化改良的关键因素之一。关于适用范围,我们可以从以下几个方面进行分析,以取得最符合中国国情的终身监禁适用范围的方案。

第一,当前我国终身监禁制度仅在《刑法》分则中对严重贪污受贿犯罪予以规定,适用范围极为有限,适用正当性基础与刑罚均衡原则容易产生矛盾。就侵犯法益的严重程度来说,严重暴力性犯罪的行为人主观恶性程度远高于职务犯罪,但刑罚配置相较于职务犯罪并不完善,未来应当考虑对终身监禁制度的适当扩大适用。第二,为保证终身监禁制度长效在我国刑罚机制的适用,助力废除死刑改革进程的推进,有必要从普遍适用性角度在我国《刑法》总则部分对终身监禁制度加以规定,分别从正面适用和反面排除两方面明确终身监禁制度的适用范围。第三,通过限定终身监禁制度的替代刑作用而限定适用范围,保证终身监禁制度在我国适用的必要性。笔者认为,终身监禁制度作为绝对自由刑,是自由刑中最严厉的刑罚,因此只能限定于替代死刑这一生命刑。结合我国国情和社会发展水平以及其他历史传统因素,尚不能完全废除死刑,社会公众对刑罚轻缓化趋势大多可以接受,但仍有某些历史因素使一部分民众对死刑必要性予以支持,对严重罪行的惩治仍持保守态度,认为死刑立即执行的刑罚方式能够对社会公众遵法守法起到警示和威慑作用。但为了防止故步自封,我国《刑法》在修订过程中必然要与国际社会主流趋势接轨,此时终身监禁制度的引入就具有正当性基础。因此,在社会民众对刑罚的高度期望值与现代法治的进步思想之间去考量适用终身监禁制度的具体罪名,具有合理性。

关于适用方式,是作出终身监禁决定的具体切入点及其操作要领,可以从以下几个方面进行:第一,终身监禁制度的改良过程中考虑设计具有可行性的刑罚出口,包括但不限于附条件的减刑、假释制度或者宪法层面的特赦制度(将在下文详细阐述具体措施设计)。第二,严厉的终身监禁制度终究是为废除死刑过渡阶段的暂时替代措施,从长久适用性和刑法稳定性角度,终身监禁制度的执行还是需要从绝对严厉向相对严厉转变,为终身监禁服刑人员提供重归社会的出口。第三,与我国限制死刑适用情形相比,终身监禁制度的适用方式规定模糊不清,导致司法运用层面难度较大,不具有规范化可行性。因此,有必要在终身监禁制度的立法环节对具体适用方式加以明确具体规范化,尽量避免类似死刑适用标准的模糊用语,如"犯罪情节特别恶劣、后果特别严重,社会危害性极大",防止影响终身监禁制度功能的有效发挥。

2. 终身监禁制度与其他刑种的衔接

终身监禁制度与其他刑种的衔接是其改良的另一关键因素,需要考虑三个方面。

(1)考虑如何恰当协调我国刑罚体系

我国终身监禁制度具有与其他国家相比的独特性,为此需要对当前终身监禁制度的绝对语境进行协调。前文已经分析,学界对我国终身监禁制度能否定位成独立刑种有不同观点,因此协调我国刑罚体系的前提是对该制度作出准确定位。

(2)考虑终身监禁与罚金刑的有效衔接

笔者认为二者是完全不同的刑罚执行方式,终身监禁与其他自由刑性质不同,传统自由刑与罚金刑能够同时适用,但对永久在监狱服刑的终身监禁人员同时适用罚金刑是否影响罚金刑的执行效果和执行意义,值得思考。

(3)考虑终身监禁与有期徒刑的有效衔接

终身监禁制度作为死刑替代措施,其刑罚目的与死刑一致,但执行方式上与无期徒刑类似。能否借鉴无期徒刑的减刑、假释制度将终身监禁与有期徒刑的执行衔接起来,值得思考。

3. 终身监禁的执行成本

执行成本也是对终身监禁制度本土化改良不可避免的考量因素之一。不同于其他国家对刑罚执行机关的多样性,我国政体和社会发展需要决定了监禁刑由监狱进行监管,主要是为了追求社会稳定有序的规范运行效果。换言之,改造罪犯所需要付出的刑罚执行成本,是由其他社会成员包括犯罪行为受害者的税收来承担的,基于我国对终身监禁制度当前的限定适用,其针对贪官的刑罚执行成本必然要高出其他一般罪犯的监狱执行成本,甚至可能超出一般社会人对刑罚改造效果期待性所能负担的限度,因此,我国终身监禁制度的改良必须将执行成本控制在合理支出范围。

4. 终身监禁制度适用对象的社会化处遇

本土化改良终身监禁制度的因素还包括对适用对象社会化处遇的考虑。具有中国特色的特殊服刑人员社会化处遇符合人道主义主流趋势,其背后的理念支撑主要基于预防主义在我国的发展实际。设计特殊社会化处遇的必要性主要体现在三个方面:第一,服刑人员老龄化问题。罪行严重的贪官是当前我国终身监禁制度的唯一适用对象,由于终身监禁制度的刑罚实效是谋求将服刑人员永久关押,因此在狱中出现老龄化、患老年病的服刑人员可能性较高,管理难度和医疗成本就会增加,对这种基本丧失再犯能力的服刑人员提供社会化处遇通道,并不会导致再犯可能性的升高。第二,基于刑罚的教育矫正和社会改造目的,给终身监禁服刑人员提供"生的希望"也是极为必要的,如特赦制度或重大立功减刑制度或严格假释制度的引入,就会遇到社会化的刚需。第三,基于社会层面的一般预防作用,被判处终身监禁的罪犯及其家属实际上也是遭受了极大程度的负面影响的,他们在社会公众面前难以获得好的评价和社会救助。因此,为实现特殊预防与一般预防的刑罚目的,改造罪犯的同时救济罪犯家属,是建立具有中国特色终身监禁制度的关键考量因素。

(二)改良我国终身监禁制度的具体指标

参考司法实务中刑罚裁量环节的具体指标,在我国终身监禁制度的本土化改良时也可以借鉴适用,以便与刑罚体系配置保持同步。确立我国终身监禁制度改良的具体指标,应当契合终身监禁制度本身的执行模式。"不得减刑、假释"确立了我国终身监禁的绝对性,为使报应主义与预防主义相互结合,可以参照域外对终身监禁严厉程度的区分,建立我国终身监禁制度的分层模式,将我国终身监禁制度区分为一般的终身监禁(可以减刑、假释,与无期徒刑本质类似)、相对的终身监禁(限制减刑、假释,与死缓限制减刑类似)、绝对的终身监禁(不得减刑、假释,即当前立法模式)。当然,笔者并不必然将这种区分作为必要改良观点予以肯定,换言之,对终身监禁制度的改良也可以不需要对制度本身进行区分。为有限扩张适用范围,对终身监禁制度的总则化规定才是必要的,其中在《刑法》总则规定项下明确不同罪名适用终身监禁制度的不同情形。现以对终身监禁制度细化区分为例,提出以下具体指标供判断是否适用终身监禁制度时予以考量。

1. 法益侵害的紧迫性

"紧迫性"在正当防卫作为违法排除事由时的判断过程中极为重要,同样,在行为构罪的判断中也极为重要。一般认为,行为所侵犯的法益没有实际危害或者不具有法益侵害的紧迫性,刑法对其不予执行刑罚,更不可能有终身监禁制度的适用空间。换言之,是否适用终身监禁制度,应当从行为实质去判断法益侵害的紧迫性。这种判断不具有绝对性。某些行为即使对 A 罪不具有法益侵害的紧迫性,但对 B 罪法益实际上造成威胁,则也应当肯定 B 罪适用终身监禁的可能性,在此基础之上,全面解读我国刑法对终身监禁制度适用条件的规定,决定终身监禁的适用。若未来终身监禁制度具有普遍适用性,则以劫持航空器罪为例,甲、乙预谋劫持航空器,利用虚假身份登记后主动放弃劫持航空器,转而对普通乘客丙进行抢劫,并利用虚假身份虚张声势对机组人员及乘客进行威胁恐吓。显然甲、乙对劫持航空器罪的保护法益没有造成侵害的紧迫性,但对丙的抢劫行为和对众人的威吓行为,实际上满足抢劫罪加重情节,并对抢劫罪保护法益形成了具体紧迫的危险。不考虑共同犯罪中的责任承担问题,本模型中甲、乙二人实际上满足终身监禁制度的适用条件(未来《刑法》总则有规定且对规定犯罪具有普遍适用性),可以判处一般终身监禁刑(其本质为当前的无期徒刑)。因此对不同法益紧迫性的侵害和不同事实情况决定了不同程度终身监禁的适用。

2. 再犯可能性

所谓再犯可能性,就是判断罪犯对犯罪行为的主观恶劣程度,除此之外,从罪犯的犯罪动机、犯罪手段等也能够推测其再犯可能性大小。应当认为,当终身监禁制度通过改良对适用范围进行扩张后,行为人在适用范围内具体罪名对某些法益造成实害结果,主观方面表现为过失,则再犯可能性较小,不能适用终身监禁制度;若主观方面表现为故意,但故意状态不确定,属于某一时段的故意,一般也不能适用终身监禁制度,否则有违罪刑均衡原则;若主观方面表现为直接故意,则再犯可能性较大,司法机关的自由裁量权将偏向对终身监禁的适用。

3. 人格因素

是否针对所有行为人在满足定罪量刑条件后都适用终身监禁制度不能过于绝对,需要考量行为人的人格因素。司法机关通过专业机构从行为人精神状态和人格表现来判断行为人的人格健康程度。有建议指出,针对不健康人格、反社会人格或天生犯罪人人格的犯罪行为人,只有根据其不同人格才能作出符合罪责刑相适应原则的个别化裁量。如对不健康人格的犯罪行为人即使满足判处终身监禁的客观要件,也不应当判处行为人终身监禁;而对反社会人格以及犯罪人人格的犯罪行为人可以适用终身监禁制度,不得减刑、假释。

4. 品行表现

这一指标类似于再犯可能性对终身监禁适用的影响。一般认为,行为人日常表现尊法守法,社会关系正常,罪行程度是由偶然因素介入引发的激情犯罪,则司法机关对其适用终身监禁制度的可能性较小,反之较可能适用终身监禁制度。

5. 悔罪态度

这一指标有助于司法者对行为人适用终身监禁制度的执行效果进行预判,影响适用终身监禁制度的决定。比如,行为人归案方式、坦白情况、损失弥补的积极性等都可以得到量化。行为人对这些情形表现为积极悔罪具有从宽情节时,司法者一般不会决定适用终身监禁制度;反之,行为人表现为拒不认罪等消极情节,就有可能被判处终身监禁。

6. 多次犯罪情形

应当认为,我国终身监禁制度在适用条件设计方面,累犯情形是一项重要的参考指标。未被纳入终身监禁制度适用范围的罪名,可以根据犯罪行为的再犯情况列入终身监禁制度的适用范围,有效完善了终身监禁制度适用对象不完整而影响罪刑均衡的问题。刑罚裁量原则和刑法具体规定都说明了行为人犯罪次数直接影响司法者对行为人的刑罚裁量和终身监禁制度适用的决定。有观点指出，我国可以借鉴“三振出局”对终身监禁制度的具体适用作出规定。该规则是对累犯次数的规定，认为满足规则确定的最高犯罪次数则应当对行为人执行最高最严厉刑罚。有鉴于此，我国刑法可以有两种改良思路：一是对当前累犯制度加以细化，认为累犯应当包括再犯、三犯和四犯；二是保留当前累犯制度，在终身监禁制度的改良设计中，总则部分具体款项中明确二次、三次和四次分别适用终身监禁制度的可能性和必要性。具体而言，行为人在5年内再犯则依据累犯制度量刑，而第三次犯罪则在上一次犯罪基础之上从重处罚，第四次及以上的应当以第三次为基础从重处罚。其中应当明确，行为人二次以上再犯罪，没有规定时间限制。但对于未来适用终身监禁制度的罪名，其中量刑应当在改良方案设计中明确规定从重处罚的最高刑，不能违反罪刑法定原则。若终身监禁制度细化为三种模式，则应当在《刑法》总则中明确规定不同次数从重处罚的最高刑属于哪一种终身监禁制度，这需要对刑法保护法益作出理智全面的衡量和分类。比如，对严重侵犯人身权利犯罪且造成巨大利益损失的，可以规定从重处罚最高刑为相对终身监禁制度（限制减刑、假释），不能升级从重处罚至绝对终身监禁制度（不得减刑、假释）。[①]

7. 赃款退缴情况

现行终身监禁是针对贪污罪和受贿罪设计的，属于经济犯罪的范畴。而确定经济犯罪行为的刑事责任的主要依据就是犯罪数额的大小，它是衡量经济犯罪社会危害性大小的根本标志。

在经济类犯罪发生后，查处过程中的重要任务就是挽回经济损失，把犯罪所造成的危害性降到最低程度。因此，赃款的退缴情况应当成为考量刑罚轻重的一个重要因素。司法实践中，终身监禁判决的作出已经体现了这一点。

---

① 参见刘良强：《从应然面向到实然建构：终身监禁分等理论的逻辑思考》，载《江苏警官学院学报》2018年第3期。

这里的“退缴”应当包括犯罪分子自己或者其家属亲友代为主动退赃的情况，也包括监察委、司法机关通过法律手段追缴的赃款赃物。当然，主动退赃与追赃的不同，在对犯罪分子量刑时是要有所区别的。

鉴于退缴赃款的行为在刑法中没有明文规定为是法定从宽处理情节，因此需要通过司法解释予以明确，以便于执法的统一性和对终身监禁适用的公平性。

第二节　终身监禁制度创新改良的定位模式

在终身监禁制度中进行分层模式的设计，是指在终身监禁制度内部，根据不同的情况，逐层设计不同严厉程度的终身监禁模式。其中分层模式本身的设计思路，对于终身监禁制度创新改良模式的优化，具有重要影响。

一、终身监禁分等理论与分层模式

（一）终身监禁的分等理论

终身监禁分等理论源于国外终身监禁制度实施过程中的实践经验，其主要内容与我国无期徒刑的刑罚制度有部分相似。具体而言，是将终身监禁制度分为三类：一般减刑假释终身监禁（我国的无期徒刑）、限制减刑假释的终身监禁（我国死缓限制减刑）和不得减刑假释终身监禁（当前我国的终身监禁）。对此，有观点曾对“不得减刑假释终身监禁”的分类命名提出疑问，认为终身监禁分等理论并不同于我国当前的绝对终身监禁制度，其本身强调的是被判处终身监禁的服刑人员除假释和特赦重归社会之外不允许任何减刑，这一救济出口决定了严格意义而言“不得假释”不是终身监禁分等理论下的分类内容，因此应当修改为不得减刑的终身监禁。[①] 而反对者认为，“不得减刑假释终身监禁”的命名是该理论引

---

① 参见刘良强：《从应然面向到实然建构：终身监禁分等理论的逻辑思考》，载《江苏警官学院学报》2018年第3期。

入我国的自然衔接,其对标的就是我国的绝对终身监禁制度,不存在不严谨之说。因为影响司法者决定适用不同终身监禁制度的主要因素包括但不限于具体罪名、法益侵害程度与犯罪次数等。

(二)终身监禁制度分层模式

对于犯罪分层理论在我国终身监禁制度中的适用,有学者认为应当根据我国刑事立法的实际情况,采取四分法的模式进行分层。这种方法是通过对比其他国家的分层模式并结合我国的特色因素后作出的选择。比如,美国所采取的多分法是由其体制所决定。联邦制国家导致州与州之间的刑事立法和适用都不相同,对于犯罪轻重程度的认定标准也不相同,因此对于各项罪名划分时必然要考虑各州之间的统一且要保障个别性差异。另外,其判例法的刑法渊源导致对犯罪层次的划分大多集中于司法实践的具体案例中,对于具体确定划分标准时的原则限制相较于成文法国家要少,因此才会出现犯罪分层足足43级的局面。德国和法国采取二分法和三分法,主要由于这两个国家对重罪、轻罪和违警罪的划分有完整的刑事法体系支撑(包括刑法典、单行刑法和附属刑法)而明确清晰。

具体到我国,针对我国的刑事立法模式和司法现状,无论是制度本身还是国家形态,与美国都不相同,因此不可能全盘引入美国的多级分层模式。而德国和法国的二分法和三分法,对于我国刑事立法模式来说,都不够完善且显粗糙而不能全面包含所有保护法益。另外,基于我国仍然保留死刑的背景,应当从刑罚是否具有死刑法定刑进行区分,仅依靠犯罪本身作出“重罪”“轻罪”区分是不合适的。基于此,目前最适合我国国情和刑法体系的分层模式就是“四分法”,即分为极重罪、重罪、轻罪和轻微罪。[①] 作出这种区分的主要依据是犯罪侵害法益的严重程度和刑罚的轻重(前者是实质标准,后者是形式标准)。刑罚轻重最能直接判断犯罪分层,但并不能全面体现罪名之间的严重性。因此,最主要的是犯罪侵害法

---

① 参见赵东:《我国终身监禁制度研究》,西南政法大学2019年博士学位论文,第150~151页。

益的严重程度,将该实质标准作为主要分层依据,可以引入犯罪情节、数额、后果等量化因素完成犯罪分层的选择和确定。

二、分层模式与层级链接原理的应用

(一)分层模式选择的必要性

前文已经论述,我国犯罪分层模式建议采取“四分法”模式,即极重罪、重罪、轻罪、轻微罪。现阶段我国仍然没有实行犯罪分层,这与大多数国家各种犯罪分层模式的立法现状不同。那么,我国当前选择犯罪分层的必要性是什么呢?

对此有以下几点考虑:第一,犯罪分层模式能够将我国刑法中规制的所有犯罪除侵害法益的类别区分之外,还能够找出较为统一的区分标准,进而区分为少数犯罪大类,为刑罚改革工作适用范围的确立以及犯罪人矫正工作提供更为便捷的思路。第二,将犯罪分层模式的最高层次设置极重罪是完全有必要的。我国仍然属于保留死刑的国家之一,从刑罚设置角度考量,极重罪的刑罚设置必须比其他犯罪分层的刑罚设置要严厉,且与后者要有本质区别,这就是生命刑和自由刑的区分,或者是生命刑、终身自由刑与自由刑的区分。第三,选择犯罪分层模式为我国终身监禁制度的准确定位提供正当性基础,有助于厘清我国当前刑罚体系配置状况。有观点认为,我国刑罚体系生命刑和自由刑之间没有过渡性刑罚种类或刑罚措施,刑罚体系出现断层,因此我国绝对自由刑性质的终身监禁制度使这种断层出现衔接的可能性,某种程度能够认为终身监禁制度就是为建构犯罪分层中重罪与轻罪之间的有效衔接提供保障的。

(二)层级链接原理在我国终身监禁制度中的应用

有关分层模式与层级链接原理的应用,需要厘清犯罪分层模式中极重罪的认定标准与终身监禁制度在犯罪分层模式中的地位的关系。由于犯罪分层模式区分标准有实质标准和形式标准之分,因此对此问题的分析会从实质标准和形式标准两个角度分别展开。

第一,从犯罪分层的实质标准展开。死刑作为我国刑罚体系中最严厉的刑罚方式,法定刑与死刑相关的罪名在犯罪分层时至少也将纳入极重刑中。我国刑法规定了适用死刑的实质条件是强调“罪行极其严重”，而其模糊主观的条件导致我国死刑罪名较多。国际条约对严重性最高的犯罪标准:不应超出具有致命性或者其他极其严重结果的故意犯罪。可以见得,在国际条约层面,“致命性”“极其严重结果”“故意”等关键词将刑事犯罪予以严格限定。相比之下,我国严重性最高的犯罪标准就较为模糊且不可统一量化,若仅以此直接将死刑纳入极重罪,会导致我国犯罪分层中极重罪占比较高。就这个意义而言,极重罪的认定标准不能过于宽松。但由于死刑尚未废止,所以极重罪中一定包含死刑并非只能包含死刑。通过分析,可以认为极重罪的实质认定标准是“罪行极其严重”。正如前文所述,这一标准较模糊,以至于除死刑罪名本身外,还有其他罪行从行为严重程度来说表现为“罪行极其严重”。但从刑罚设置角度,当前并没有任何刑种能够与之相当。所以应当从法律解释方法入手,解释“罪行极其严重”与死刑适用之间的条件关系,进而发现这一标准是死刑适用的必要但不是充分条件,也就是说,并不是“罪行极其严重”的犯罪都应当判处死刑。如此一来,终身监禁制度便有了极重罪法定刑地位的可能性。笔者认为,能够与死刑具有相当性,适用罪行符合“极其严重”又不能直接剥夺生命,且形式标准符合犯罪分层的要求,只有我国引入的终身监禁制度能够承担犯罪分层极重刑的责任。

第二,从犯罪分层的形式标准展开。通说认为,我国刑法法定刑最低刑在 3 年以上的犯罪一般被认为是重罪,法定刑最低刑在 3 年以下的犯罪一般被认为是轻罪。“四分法”犯罪分层模式下将我国刑法中犯罪分成极重罪、重罪、轻罪、轻微罪,故根据形式标准,可推断出极重罪的刑罚标准是法定刑最低刑为死刑和无期徒刑。根据前文论述,适用终身监禁制度的犯罪也应当纳入极重罪;而轻微罪的刑罚标准是法定刑最低刑为管制、拘役等。然而有观点认为,死刑不应当作为犯罪分层模式中极重罪的法定刑标准,认为废除死刑是刑罚改革的主流趋势,把死刑作为极重罪法定刑标准,既不符合刑罚轻缓化趋势,也不利于我国与他国或国际社会间的刑事司法合作。另外也有观点认为,无期徒刑也不应当作为极重罪的法定刑标准。主要理由是,我国当前的无期徒刑由于允许减刑、假释制度的适用，大概率在服刑期间都能够根据狱中表现转变为有期徒刑，且根据我国《刑法》对减刑制度的规定，原判为无期徒刑和原判有期徒刑25年的罪犯，二者在服刑期间经过减刑，甚至实际执行年限基本一致。因此从刑罚执行角度考虑，无期徒刑与有期徒刑实际矫正效果如出一辙。而无期徒刑内部的刑罚执行效果却有很大差距。根据刑法相关规定，重罪死缓犯被判处无期徒刑与其他罪犯被判处无期徒刑（普通死缓犯、重罪罪犯、普通罪犯），在服刑期间经过减刑，服刑最低年限至少差距12年。[①] 通过具体分析，能够发现无期徒刑与有期徒刑之间模糊不清，无期徒刑内部又不均衡，将无期徒刑作为极重罪法定刑标准必然导致极重罪与重罪具体罪名之间出现重合或颠倒。据此，以无期徒刑为例的重刑"名存实亡"现象，是我国刑罚体系当前存在的主要问题之一。

综上所述，终身监禁制度应当作为极重罪法定刑标准，所涉犯罪具有极重罪的地位，如此才能够体现层级链接原理在终身监禁制度中的准确应用。

第三节　改良终身监禁制度的中国方案

一、设计改良方案的指导思想和理论基础

（一）设计改良方案的指导思想

1. 坚持宽严相济的刑事政策

终身监禁制度作为一项实质上的"生刑"，是在贯彻宽严相济刑事政策的思想指导下出台的，是站在"生刑"的位阶上承接了"死刑"的任务。具体而言，终身监禁制度通过增加生刑执行方式而为本应判处死刑立即执行的罪犯提供了刑罚上的体面，是为"宽"；而终身监禁不得减刑、假释的绝对化又表现了刑法对反腐打击力度的加大，是为"严"。但是应当明

---

① 参见赵东：《我国终身监禁制度研究》，西南政法大学2019年博士学位论文，第151～153页。

确，宽严相济刑事政策在社会治理中的运行并非简单的宽严组合，而是基于整体思维下的多元兼容、均衡有序，最终保证公平正义目标得以规范性地逐步实现。①

终身监禁制度本身以宽严相济的刑事政策为指导思想，而实践中制度运行却存在“过严失宽”的现象。有观点指出，这是与其他从严反腐政策结合所引发的，认为依法治国背景下要求必须将刑事政策精神以刑法规定的方式确立，所以终身监禁成为反腐打击重点的应对措施。这一规定在司法运行中实际上加重了自由刑的执行力度，并且作为死刑替代措施，近年来贪污受贿罪被判处死刑立即执行的案件较少（有被虚置之嫌），终身监禁缺乏适用空间的同时，决定适用终身监禁所带来的执行效果也不利于罪犯回归社会。② 因此，当前的终身监禁制度更多地体现了“严”的刑事政策，对于设计改良方案应当从立法设置和司法运行两个层面综合以宽严相济的刑事政策为指导思想。

但也有观点认为，终身监禁制度的“严”符合我国对重罪重刑的处罚原则。当前的终身监禁制度只针对极为严重的贪污受贿罪，属“该重则重”的刑罚，与宽严相济政策的司法运行并不矛盾。③ 尽管执行终身监禁所引发的法律效果具有残酷性和不人道性之嫌，但其适用范围有限，尚不能以终身监禁制度为由肯定我国的重刑主义思想，所以终身监禁的改良基础也已符合宽严相济的刑事政策。

2. 严格限制死刑

终身监禁制度也是在我国限制适用死刑的政策背景之下，作为贪污受贿犯罪替代死刑的一种执行方式而诞生的。因此，在改良我国的终身监禁制度时需要把握的一个很重要的原则就是，终身监禁制度的设计要紧紧围绕限制死刑适用这一政策指导。有关死刑限制适用的理念与思想，同样也应当成为终身监禁制度在适用过程中的指导思想。

---

① 参见姜涛：《宽严相济刑事政策实施的基本原理》，法律出版社2013年版，第17～20页。

② 参见陈兴良：《刑法的刑事政策化及其限度》，载《华东政法大学学报》2013年第4期。

③ 参见闵晓君：《论限制死刑视角下的终身监禁制度》，苏州大学2019年硕士学位论文，第16页。

我国死刑限制适用的理念开始于最高人民法院对死刑核准权的统一收回,而后集中在两个层面:一是程序层面,死刑核准权收归至最高人民法院,将判决死刑的案件层层架设复核程序,从司法运行过程中开始重视并逐步限制死刑案件的判决;二是实体层面,曾适用死刑的犯罪根据刑法修正案逐步减少,包括某些经济犯罪、非暴力性犯罪等死刑罪名成批量减少,从实体判决角度限制了死刑判决,目前我国《刑法》中的死刑罪名已经从68个减少至46个。因此,有观点指出,死刑限制适用的理念也是对我国"少杀、慎杀"政策的具体贯彻,终身监禁制度从死刑替代成永久自由刑,某种程度上契合了"少杀、慎杀"和死刑限制适用的思想。①

基于此,我们需要明确的是,就当前国内社会环境和经济结构等综合因素而言,我国限制适用死刑的前提在于保留死刑。国际环境普遍发展为轻刑化趋势,废除死刑的呼声只升不降,但短期内我国必须保留死刑刑种,尚未存在其他条件(包括终身监禁制度在内)能够完全替代死刑废除后的刑罚体系。这才是"少杀、慎杀"刑事政策的特殊之处。因此,终身监禁制度的设计也要考虑我国现阶段死刑尚还保存的立法现状。坚持《刑法》第48条规定的"死刑只适用于罪行极其严重的犯罪分子",把握第48条规定中的"只"字意味着终身监禁制度在设计的过程中需要考虑对死刑限制的作用。而第48条中的"适用于罪行极其严重的犯罪分子",则要求终身监禁制度在设计过程中需要考虑那些罪行极其严重的犯罪分子。具体而言,就是对于那些罪行极其严重的犯罪分子,同样也应当在终身监禁制度的适用设计中予以排除,对其依法适用死刑。

(二)设计改良方案的理论基础

前已提及,我国终身监禁制度的改良首先要有符合国情的刑事政策作为指导思想,宽严相济政策和"少杀、慎杀"政策为终身监禁制度的本土化改良提供了核心指导作用。而终身监禁制度的立法模式和司法适用还需要基于适当的理论基础,这里主要围绕刑罚人道化原则、适用规范化原则和恢复性司法理念展开论述。

---

① 参见林维:《中国死刑七十年:性质、政策及追问》,载《中国法律评论》2019年第5期。

1. 刑罚人道化原则

我国当前的终身监禁制度仅限适用于贪污受贿罪行严重的罪犯,对此有两种不同的观点:一是认为有助于打击腐败犯罪;二是认为职务犯罪具有身份属性,以终身监禁不得减刑、假释的刑罚力度是盲目增加刑罚成本。而这两种观点的背后有一个统一的认识:终身监禁本身有刑罚不人道的属性。而这种属性在贪污受贿犯罪中能否被特别适用才是争议焦点。对此,我国终身监禁制度的改良方案可以把刑罚人道化原则,作为基本理论基础,以此消解终身监禁制度在我国应否适用的争议。

刑罚人道化原则主要指制度设置和运行的目的应当与立法者对保障人权这一价值取向保持一致。而当前的终身监禁制度的司法运行过程与之有差距。国际社会对刑法目的的基本价值追求就是刑罚人道性,这是刑法人道化的具体体现。刑罚决定权掌握在司法者手中,因此刑罚人道化原则的贯彻落实在某种程度上成为对司法者的具体要求。其中最为重要的就是在具体案件中尊重人权保障人权,在定罪量刑中坚持以人为本,坚持刑法谦抑性。因此,刑法人道化原则的理论基础应当贯穿至终身监禁制度司法运行全过程,具体包含以下几个方面:首先,法官应当严格把握罪行定性。对于贪污受贿犯罪是否严重的认定,应当提高适用法律的准确性,作出公平正义的定性。其次,法官应当准确运用自由裁量权,慎用终身监禁。刑罚体系的阶梯性决定了法官对量刑具有较大的自由裁量权。我国刑法对终身监禁的自由裁量权体现在“可以决定”,因此法官可以在刑法指导下结合刑事政策等因素综合考量决定是否终身监禁,其中刑罚人道化原则是重要的考量因素。再次,对待罪犯的态度应当宽容且包容。刑罚裁量权的合理控制能够将刑罚的轻重与罪犯的罪行达到均衡且能够满足人道性原则的底线,司法者的宽容与终身监禁的严苛相互融合,司法过程的刑罚人道化原则才能得以落实。最后,有观点指出终身监禁由于永久自由被剥夺易导致罪犯在狱内犯新罪,影响刑罚效果,故建议改良方案中可以在决定终身监禁同时配合减刑、假释等回归社会信念。[①]

2. 适用规范化原则

适用规范化原则本质上是在刑罚人道化原则基础上对司法者在司法适用过程中保证程序规范性的具体要求,实际上也是罪刑法定原则。终身监禁立法意图的实现必须依靠刑罚的司法适用,为此,适用规范化原则强调司法机关运用法律合法、量刑合理,从实质和形式上都要满足罪刑法定原则和罪责刑相适应原则,其中主要集中在实现罪犯的教育改造和社会性权利保障等现代刑罚功能以及最大限度提供复归社会性的机会。

司法适用规范化原则,具体表现为以下几个方面:一是提升司法公信力。终身监禁司法适用规范化能够让公民切实感受到司法权威性,其本身的严厉性决定了司法适用应当更加谨慎,否则难以获得社会民众的尊重。如果长期适用终身监禁的刑罚方法虽然不违背反腐工作的刑事政策要求,但可能会严重降低司法公信力;反之,规范化的司法适用在增强司法公信力的同时,还能够激发公众自觉守法意识的养成。二是合法适用刑罚。司法机关应当合法适用刑罚,对决定适用终身监禁的案件必须严格认定其犯罪情节和严重程度,在符合罪刑法定原则的前提下保证罪犯能够对惩罚内容完全信服且自愿接受并感受对其惩罚的严厉性,如此才能有利于对严重贪污受贿罪犯的改造。三是量刑适当且合理。司法裁判者在满足罪刑法定的基础之上罪刑不均衡,将导致刑罚适用不公,罪犯容易在执行阶段产生仇恨和对抗性心理,由于终身监禁不得减刑、假释,罪犯对刑罚不公缺少完善的救济措施,罪犯及其家属的抵触心理将会加重,不利于社会稳定。因此,司法机关应当以司法适用规范化为理论基础,对终身监禁案件的量刑问题需要根据案件本身的特殊性和特点作出谨慎且合理的量刑。

3. 恢复性司法理念

之所以提出将恢复性司法理念作为我国终身监禁制度改良方案的理论基础之一,主要是由于当前的终身监禁制度本身有单向报应刑之嫌,难

---

① 参见马微:《终身监禁制度研究》,武汉大学2017年博士学位论文,第121~122页。

以实现一般预防和特殊预防的目的。传统理念认为,刑罚的目的在于预防再次犯罪,一般能够实现这一刑罚目的的前提是所受刑罚有重回社会的可能性,即一般自由刑或者可以减刑、假释的无期徒刑,这也是实现预防犯罪目的的意义所在。然而,终身监禁制度的永久自由刑性质让刑罚的预防功能失去了实现的前提,因此该制度某种程度上成为纯粹的报应刑手段。有观点指出,通过剥夺自由,一般能够对罪犯产生以下不同的作用:第一,通过内心的自我谴责,真正改造犯罪思想,期盼回归社会并合法地融入社会;第二,内心思想未被改造,但狱内刑罚使罪犯对刑法生畏,感受到刑法的威慑力,不敢再次犯罪;第三,罪行极其严重以至于通过刑罚剥夺自由的方式使罪犯强制性脱离社会,被社会所淘汰从而没有犯罪可能性。这主要是通过主客观推断认为该类罪犯在心理和行为上都不可能对刑罚威慑力生畏,只能予以强制剥夺。对于以上三种作用,罪犯的内心改造是特殊预防的目的所在,而强制性被社会淘汰,剥夺回归社会的可能性是立法和司法不得已而为之的措施。① 因此,终身监禁实际上与特殊预防目的的实现有较大差距。其实无论从一般预防还是特殊预防角度,司法理念从根本上都是通过刑罚手段使犯罪人重归社会,使社会成员自觉尊法守法,而不是集中对罪犯的个人惩罚和改造。刑罚永远是手段而不是目的。终身监禁为人所质疑的主要原因在于除表现手段本身的严酷外,忽视了当前人们所追求的刑罚目的,刑罚选择将罪犯与社会永久剥离,意味着从心理学视角冷落了罪犯面对单向度惩罚性措施的负面变化,而往往是这种心理外化的行为直接背离了刑罚目的,甚至在狱中发生新的犯罪。从犯罪到回归,实际上是罪犯从破坏社会到回归社会的双向动态过程,而监狱实际上也是社会的一部分,狱中也应当体现双向恢复性司法理念,才能真正实现对罪犯的改造,维持社会长久稳定。为此只有在设计改良方案过程中遵循恢复性司法理念,才有可能实现我国引入终身监禁制度的最初目的。

---

① 参见赵东:《我国终身监禁制度研究》,西南政法大学2019年博士学位论文,第128~130页。

所谓恢复性司法理念，是在承认并认可罪犯的社会属性和精神存在的前提下，保证罪犯在无法重新回归社会的情况下对社会作出贡献，提高罪犯的自我认知和社会存在感，消解纯粹报应刑带来的抵触情绪，以保证更好的改造效果。具体而言，由于被判处终身监禁的罪犯原身份在某一区域甚至国内都有举足轻重的作用，不可否认这些罪犯在专业技能和管理技能方面经验丰富，所以可以为其建立跨越空间的沟通机制，针对社会所需发挥所长，为某些难以解决的现象和问题提供咨询和决策意见（当然不代表其有决策权），对社会发展确有推进意义的，监狱内可以设计奖励机制以提高自身狱内生活水平以及社会参与度。长久而来，能够消解罪犯在狱中由于心理问题而引发的犯罪或自杀现象，对犯罪改造效果和社会稳定具有积极意义。[①] 这一理念主要是考量罪犯的心理健康因素提供执行期间的改良方向，而不完善的奖励机制容易引发新一轮的贪污受贿，被剥夺全部职务的罪犯再次发表决策意见容易引发社会民众对公权力的反对，也易引发体制内竞争必要性的疑虑（不少人会认为被判处终身监禁仍然具有公权力实权），因此恢复性司法理念在考量罪犯心理矫正因素的同时，其改良方案也应当同时考量与之相对的社会人心理。

二、设计改良方案的死刑立法现状

设计终身监禁制度的目的之一就是将其作为死刑的替代措施，达到废除死刑的效果。而目前我国虽然在逐步推进废除死刑的进程，但是当下死刑在我国仍被保留。比较终身监禁制度在保留死刑场合与废除死刑场合的差异，以选择适合我国目前保留死刑前提之下终身监禁的方案。具体的方法是比较域外不同国家和地区的终身监禁制度，以发现差异。

（一）终身监禁在保留死刑的场合

国际社会现阶段保留死刑的国家不止中国，现介绍美国、日本、马来西亚、韩国等保留死刑的国家对于终身监禁的刑罚地位是如何看待的。

---

① 参见赵东：《我国终身监禁制度研究》，西南政法大学2019年博士学位论文，第128～130页。

美国是目前尚保留死刑的国家之一，美国不同州和不同地区对待终身监禁的适用条件和范围是不同的。在美国的不同地区，针对终身监禁的罪名规定不尽相同，如有的州规定盗窃罪刑期适用终身监禁刑（如加利福尼亚州），而有的州判例认为盗窃罪不具备终身监禁刑适用的客观必要性因此拒绝适用（如路易斯安那州）。主要是因为美国的终身监禁有绝对和相对两种分法，即死刑作为最严厉的刑罚地位，终身监禁并非死刑的替代措施，而是无期徒刑的一种绝对或相对刑罚种类，其适用效果类似于我国对无期徒刑刑种的适用。

日本是保留死刑的国家，但对是否应该完全废除死刑有长期的争议。在当前保留死刑的阶段，终身监禁在日本刑罚体系中并非绝对自由刑，且其适用条件是罪犯对无期徒刑量刑的叠加，其叠加结果满足终身监禁要求则判处终身监禁，并非某一罪行直接判处终身监禁。也就是说，日本当前的刑罚体系阶梯是死刑之下即无期徒刑，不存在终身监禁介于死刑和无期徒刑之间的地位，终身监禁其实质也属于无期徒刑。除此之外，日本对于终身监禁允许在服刑到一定年限后假释，其最低服刑期比我国短，因此有观点认为在允许终身监禁假释的前提下，应当增加终身监禁的最低服刑年限。

马来西亚在保留死刑的刑罚体系下，在侵犯国家法益的罪名中明文规定了终身监禁刑的地位和适用条件，目前较为符合该国的刑事治理模式和刑罚目的的实现。马来西亚认为严重犯罪的罪犯都具有被刑法判处终身监禁的正当性，有必要将其与社会完全且永久隔离。马来西亚的终身监禁也有绝对和相对两种方式。这些规定主要都是从保护国家统一不受威胁的视角作出终身监禁的刑罚，对严重侵犯个人法益和社会法益的罪行尚不是终身监禁刑打击的主要对象。

韩国也是国际社会保留死刑的国家之一。与我国相似，韩国在刑罚体系的修改层面着重考虑逐步废除死刑，且可能以绝对的终身监禁刑替代死刑的废除给刑事治理带来的影响。韩国一些观点认为，绝对的终身监禁刑与剥夺生命权的死刑之间具有相当性，对罪犯的报应性惩罚，正是对社会民众的宽慰，是提高刑法威慑力和司法公信力的有利措施。但即便如此，也有部分观点认为，终身监禁作为死刑替代措施，长久而言还是要从绝对刑转变为相对刑，因为绝对的终身监禁必然会对个人和社会造成一系列的负面影响，况且绝对的终身监禁也只是对死刑废除后一段特定期间的替代性措施，并不能长久作为刑罚体系的最严厉手段，需要严格限定其适用条件和范围。

（二）终身监禁在废除死刑的场合

在此简要介绍英国、德国、意大利、加拿大等废除死刑的国家终身监禁刑的地位及适用条件，并与中国的终身监禁刑罚措施进行对比。

首先，英国刑法认为，终身监禁刑就是死刑的替代措施，其主要担当与死刑相当的刑罚功能，因此针对的是严重公民人身安全犯罪和财产类犯罪，较为集中地保障个人法益，这与英国注重个人权利保障的传统有关。其次，德国有明文规定废除死刑，并且将终身监禁作为最为严厉的刑罚。在确立终身监禁的刑罚地位的 32 年后，德国刑法通过修改《联邦基本法》正式确立了终身监禁允许假释，要求至少服刑 15 年，并且附带考验期。这一修改是德国刑法迈向刑法轻缓化的重要标志，终身监禁作为最严厉的刑罚手段不再局限于完全绝对的自由刑剥夺，而是逐步建立起一套附条件的人权保障机制，给罪犯提供重新回归社会的可能性。再次，意大利刑法与德国相似，也是将终身监禁作为最重的刑罚手段，但比德国更进一步的是，意大利刑法针对终身监禁的罪犯，允许假释的同时也允许减刑，就某种程度而言，意大利的终身监禁刑与可以减刑、假释的无期徒刑并无根本性区别，尤其规定每 6 个月刑期符合条件即可固定减刑 45 天，是对终身监禁的罪犯最大的宽容，终身监禁制度有被虚置之嫌。最后，加拿大也是允许终身监禁的假释，其最低服刑年限主要根据罪犯所犯罪行侵犯的法益不同而有所不同，一般有 10 年和 25 年之差，这种规定既考虑了罪犯回归社会的可能性，也做到了个人层面不同程度的教育矫正，有助于实现一般预防和特殊预防作用。

对比废除死刑国家的终身监禁制度和保留死刑国家的终身监禁制度，可以发现在废除死刑的国家中，终身监禁作为最严厉的刑罚，往往在适用条件的规定上更为严格。同时，废除死刑的国家的终身监禁制度往往是绝对的终身监禁制度(虽然也有部分废除死刑的国家的终身监禁为相对的终身监禁),即在适用终身监禁后无法减刑、假释。而在保留死刑的国家,终身监禁在适用条件上往往比废除死刑的国家更宽松,原因在于终身监禁在保留死刑的国家中处于刑罚结构中的第二梯队。同时,保留死刑的国家的终身监禁一般为相对终身监禁,即在适用终身监禁后,在服刑特定的年限后可以适用减刑、假释制度。这是由国家社会性质和终身监禁在该国刑罚体系中的地位所决定的。

而对比中外终身监禁制度设计,则主要有两点不同:第一,域外对于终身监禁的适用对象需要考量青少年的问题,而我国对此是绝对禁止的,因为我国的终身监禁制度仅适用于职务犯罪的身份犯,而将其他犯罪行为排除在外;而域外采用终身监禁制度的罪行主要针对个人法益的保护和国家社会的法益保护,对身份要求并不限制,如对盗窃罪满足极为严重的程度也是可以决定适用终身监禁的,因此会存在青少年犯罪引发的终身监禁问题。第二,域外的终身监禁刑为体现刑罚人道化,一般有绝对终身监禁和相对终身监禁之分,其中相对终身监禁允许罪犯在满足法定条件下申请减刑或假释,尤其允许假释是大多数国家的做法。更有国家对终身监禁刑适用特赦制度。而我国不同,我国允许减刑、假释的刑罚一般针对普通自由刑,包括被判处无期徒刑,所以就某种程度而言,域外的相对终身监禁制度可以对标我国的无期徒刑,而我国的终身监禁目前由刑法明确规定不得减刑、假释,且没有明文规定特赦制度。

综上,我国的终身监禁制度一旦有假释可能性,则可以将本制度从贪污受贿犯罪扩张至严重侵犯个人法益和国家法益的犯罪,逐步实现替代死刑的刑罚功能,在刑罚体系中明确其总则性的地位。

三、在保留死刑场合的优化方案

(一)设置合理的价值目标

1. 坚持和维护"少杀、慎杀"的死刑政策

在我国目前保留死刑且废除死刑在短期内难以实现的背景之下,"少杀、慎杀"是当下我国的死刑政策。我国终身监禁制度的一个重要价值目

标就是坚持和维护我国现有的死刑政策。当前唯独考虑引入终身监禁制度的是贪污受贿犯罪案件,针对该罪的罪犯满足要求的可以决定适用终身监禁,以此来取代死刑的直接适用,如此一来既符合司法层面的罪责刑相适应原则,又能够发挥职务犯罪限制死刑适用的作用。

"少杀、慎杀"的死刑政策由司法机关的谨慎司法和立法机关的终身监禁制度结合贯彻落实。这一价值目标还体现在对实质正义的追求上,当前我国司法机关努力纠正各类冤假错案等行为都让人民群众切实感受到正义从未缺席。终身监禁制度弥补了死刑立即执行和无期徒刑之间的差距。通过永久剥夺自由权保留生命权给予司法挽救错误判决的机会。死刑一旦执行,损失无法恢复,但终身监禁既能够向罪犯表现出刑罚对该种罪行的态度,对案件实质正义的追求。

2. 把终身监禁放在整个刑罚体系中进行定位

终身监禁与无期徒刑之间关系的认定事关对终身监禁制度本身的定位。从字面逻辑的角度来理解终身监禁与无期徒刑,二者都具有终身受刑的意思。并且从司法实践的角度考虑,一个被判处无期徒刑的罪犯,如果在对其执行的过程中,该名罪犯没有任何的减刑、假释的情节,那么在执行上产生的效果与终身监禁的效果是相一致的。无论是将终身监禁制度作为任何一种刑罚的执行方式,还是将终身监禁制度作为一种独立的刑罚纳入刑罚体系,其与无期徒刑之间的关系都是一个无法回避的问题。根据对终身监禁本身定位认识的不同,对于终身监禁与无期徒刑在刑罚体系中的关系不同学者提出了不同的观点。认为终身监禁只是刑罚的执行方式的学者提出应当在立法中将终身监禁纳入无期徒刑,在体系上作为无期徒刑的一种执行方式。认为终身监禁是独立刑种的学者提出应当在刑罚体系中,建立有期徒刑—无期徒刑—终身监禁—死刑这样一种层级分明的刑罚体系,重点是将终身监禁与无期徒刑相区分,并不要求终身监禁需要依附于无期徒刑而存在,而是设置一种独立的刑罚。有观点认为,终身监禁不同于无期徒刑,而是作为死刑与无期徒刑间有效衔接的具体刑罚方式。这样认为的原因在于我国的终身监禁明确不得减刑、假释,而我国的无期徒刑是允许减刑、假释的,二者在罪犯重回社会可能性方面规定不同,所以应当加以区分。①

对此,平衡好终身监禁制度与无期徒刑间的关系就成为当前刑罚体系改革的重心。终身监禁制度是否能够纳入无期徒刑中作为严厉无期徒刑的执行方式,决定了我国刑罚体系的稳定性以及各类刑种阶梯间的连贯性能否得到保障。实际上,终身监禁就某种程度而言确实是通过不得或限制减刑、假释或延长服刑期限而对无期徒刑进行的改造。终身监禁制度的改良,最终的目的是能够为我国废除死刑提供清晰可行的替代措施,形成与其他自由刑之间的有效衔接。

为实现以上价值目标,结合我国国情,多数观点认为我国当前对终身监禁制度的立法模式决定了终身监禁在我国更适合作为一种刑罚执行方法而不是独立刑种,否则容易导致我国的刑罚体系混乱不稳定,适用范围难以确立,司法活动难以展开,难以实现司法公平正义。因此,我国的终身监禁制度可以纳入无期徒刑中而不改变当前的刑罚体系。以这一前提为主要改良路径的学者,提出以下几种衔接方式:第一,结合国外立法经验,用终身监禁制度的优势弥补无期徒刑的弱势。国外的终身监禁制度一般存在假释的可能性,也就是罪犯具有再次回归社会的可能性,为此需要至少服刑一定年限才具有假释资格,对比我国一般无期徒刑的执行方式,二者极为类似。但由于我国的无期徒刑在实际执行中同样允许减刑(甚至累犯和其他极为严重的暴力性犯罪的罪犯禁止假释,也不排除减刑)而导致不够严厉,故可以将不允许减刑、假释的终身监禁引入无期徒刑,将无期徒刑分为一般无期徒刑和严厉无期徒刑。② 第二,以赦免为轻缓化突破口,为终身监禁制度建立赦免机制。我国刑法未明确规定特赦和赦免制度,但可以从宪法中找到权利指引,为罪犯提供人道化的人权保障机制,防止终身监禁对罪犯改造和社会稳定造成的负面影响。这也是考虑到大多数终身监禁国家的立法模式,域外的终身监禁制度大多分为

① 参见周少元、王世友:《论我国终身监禁的规范化适用》,载《山东社会科学》2020 年第 4 期。

② 参见赵秉志、商浩文:《论死刑改革视野下的终身监禁制度》,载《华东政法大学学报》2017 年第 1 期。

可假释和不可假释两种执行方式，对于可假释终身监禁一般可以适用赦免，而不可假释终身监禁也不完全排除复归社会的可能性。第三，调整无期徒刑的执行方式，使终身监禁制度内涵自行融入其中。这种衔接方式是改革无期徒刑的刑罚模式，使无期徒刑适用条件更加具有包容性，这点主要是考虑到死刑废除之后无期徒刑的刑罚效果不够严厉从而形成刑罚体系间的差距，而终身监禁制度又不能作为独立刑种长期适用。对此，建议将无期徒刑一分为二，分为一般无期徒刑和严厉无期徒刑，这种观点与第一种类似，但更加细化。这种改革集中在减刑、假释在无期徒刑中的适用，如可以称限制减刑、假释的无期徒刑为严厉的无期徒刑，而可以减刑、假释的无期徒刑为一般的无期徒刑，被判处严厉无期徒刑的罪犯对减刑、假释条件规定应当更为严格，且假释最低执行年限要长于一般无期徒刑（当前法定最低执行年限 13 年），如此既改革了终身监禁制度不得减刑、假释的残酷性，也在总则更正了我国《刑法》对累犯和极为严重的暴力性犯罪的罪犯不得假释的限制性规定，将终身监禁制度合理纳入无期徒刑。①

需要补充说明的是，我国终身监禁制度定位不明晰，部分原因来自其适用条件的限制。当前刑法规定只有严重贪污受贿犯罪才有执行终身监禁的可能性，实际上是证明了终身监禁制度是无期徒刑所延伸出的严厉执行方式。无期徒刑之所以被认为不能作为死刑消灭之后刑罚体系中最严厉的手段，主要是因为实际执行的散漫性。② 因严重的贪污受贿犯罪，被判处无期徒刑的罪犯往往会利用所剩权力申请超出正当法定程序的减刑或假释，最终出现“纸面服刑”“违法减假监”等现象，我国《刑法》主要就是针对这种恶劣的权力寻租，对贪官的“贪”作出根本消除，规定“终身监禁，不得减刑、假释”，因此我国终身监禁制度当前仅适用于贪污受贿犯罪的规定是有必要且恰当的，但并非能够长期解决其他重罪被判处无期徒刑导致“生刑过轻”的现象。所以才应当对终身监禁制度在我国刑罚

① 参见赵秉志：《当代中国刑罚制度改革论纲》，载《中国法学》2008 年第 3 期。

② 参见詹红星：《终身监禁的宪法维度》，载《河南财经政法大学学报》2017 年第 5 期。

体系中的具体定位作出准确的选择。

3. 在贪污受贿罪与重罪累犯、暴力性犯罪的适用上保持平衡

终身监禁适用于贪污受贿犯罪与重罪累犯、暴力性犯罪平衡的问题是基于罪责刑相适应原则的要求而提出的。前文在论述终身监禁制度的适用范围是否需要扩大时就已经论述过该问题。终身监禁在适用范围的问题上需要平衡考虑刑罚对于不同犯罪责任严重程度的适应性。反腐工作虽然是目前我国刑事司法中的一项重要内容,但是对比重罪累犯、暴力性犯罪,其责任程度相比较而言是更轻的。通过扩大终身监禁的适用范围来平衡终身监禁与其他犯罪之间的责任认定,还是根据分层模式对不同类型的可能适用死刑的罪名设置不同程度的终身监禁,是终身监禁制度纳入刑罚体系之中所需要思考的问题。

之所以需要着重考量终身监禁制度的适用范围,主要是因为当前的终身监禁制度仅适用于严重的贪污受贿犯罪而不适用于社会民众所犯的同等严重的侵犯个人法益或国家法益的犯罪,由此造成的结果是社会民众极为严重罪行可以判处死刑立即执行(至少有剥夺生命的危险),而严重贪污受贿犯罪的贪官却因为终身监禁制度的适用可以保住生命。刑罚不均衡导致罪责刑不适应,违反了刑罚平等原则。

终身监禁制度当前的适用范围固然符合我国反腐工作的各项政策,但不是长久之计。仅将适用范围限定在贪污受贿罪的规定,确实无法避免我国当前终身监禁制度有违反刑法基本原则之嫌。因此需要设置合理的价值目标,着重考虑进一步将终身监禁的适用范围扩大到我国《刑法》第 50 条第 2 款、第 81 条第 2 款所涉罪行。这一方向至少符合保留死刑的背景下对死刑轻缓化的要求。我国立法机关对于死刑废除一直持审慎态度,因此终身监禁制度的适用范围适度扩张并不违反立法机关的立法意图。将我国终身监禁制度逐步扩张具有可行性,尤其是我国《刑法》第 51 条第 2 款规定了 8 种严重罪行被判处死缓以及第 81 条规定累犯和 8 种严重罪行被判 10 年以上有期徒刑和无期徒刑,前者限制减刑,后者禁止假释。这两处规定为终身监禁范围的扩大提供了基础。

对于上述解决思路,不同论者有不同的观点:有的认为这种扩张仍然

没有解决违反刑法平等原则的问题，因为其他被判处死刑的罪犯仍然逃脱不了被剥夺生命权的可能性，因此有必要将终身监禁制度扩张的方向拓展至我国刑法中所有的死刑罪名；有的认为针对累犯的终身监禁是否过重有待进一步论证。笔者认为，在解决累犯是否能够引入终身监禁这一问题之前，首先要考虑针对累犯被判处10年以上有期徒刑或者无期徒刑的犯罪分子不得假释的合理性和正当性能否证成。另外，终身监禁制度在我国表述为不得减刑、假释，纵观域外，这种终身监禁类似于严厉的终身监禁。将这种可能违反刑罚人道化的纯粹报应刑刑罚方式不断扩张，将形成变相的重刑主义思想，与国际的刑罚轻缓化趋势格格不入，因此需要持有限扩张的态度。

（二）设定优化方案的基本要素

对于我国终身监禁制度的改良，其核心在于确定终身监禁制度优化的基本要素，为此，笔者分别从制度设计、制度实施、制度评估三要素层面论述如何将终身监禁改良成符合中国国情和刑罚体系发展的全面方案。

1. 制度设计

终身监禁制度的设计环节是本土化适用的根基所在，也是司法机关合理运用刑罚裁量权的具体依据。改良设计终身监禁制度的前提是对终身监禁制度在我国有清晰明确的定位。前文探讨过终身监禁引入我国的最初原因是替代生命刑，但其执行方式与无期徒刑较为类似，因此无论是作为死刑替代措施还是作为无期徒刑的一种严厉执行方式，就我国当前的刑罚体系而言，终身监禁制度难以形成其独立的刑罚体系地位而独立适用于任何犯罪。换言之，终身监禁制度应当纳入死刑刑种或无期徒刑刑种中加以改良。根据前文论述，我国立法机关在刑法中引入终身监禁制度的主要目的是作为死刑替代措施适用，因此针对终身监禁制度的优化方案，建议将其安置于死刑章节中统一规定。

具体而言：第一，终身监禁制度不能仅存在于分则之中作为贪污受贿犯罪的特殊规定，应当安置在总则中起到普遍适用的作用。适用范围扩张之后，终身监禁制度的适用形成一般规定和分则特别规定的双重适用保障。分则可以对终身监禁的适用作出符合刑法基本原则的补充规定；而在总则中确立终身监禁刑，则从制度设计上解决了刑罚不均衡和不平等的问题。第二，终身监禁制度在总则中的规定需要清晰表述。有观点建议将终身监禁制度规定在死刑条款项下，表述为："判处死刑缓期执行的，可以同时决定在死刑缓期执行二年期满依法减为无期徒刑后，终身监禁，不得减刑、假释。"[①]这一表述还影响对减刑和假释适用规定的改变，则应当在刑法的减刑和假释章节分别增加或修改条款，如"不得假释"条款除针对累犯、性质极为严重被判处10年以上有期徒刑或无期徒刑的犯罪分子之外，还应当增加前述被判处终身监禁刑的犯罪分子。

当然，也有观点认为，终身监禁当前的地位只能束缚于死刑或无期徒刑之中是无奈之举，因此我国的终身监禁制度要想合理应用到其他犯罪当中，其自身必须独立，即终身监禁制度应当独立于当前的刑罚体系，作为独立刑种而存在，改变刑罚体系的稳定性而直接单独适用于司法实践。[②] 对此，笔者认为，推行终身监禁制度并不是要完全改变我国的刑罚体系，否则，预防效果将大打折扣。

2. 制度实施

我国作为当前保留死刑的少数国家之一，为结合国情，使终身监禁制度的适用更加本土化，其另一个重要考量要素就是改良的终身监禁制度应当如何实施，即制度实施是第二个要素。一般认为，除死刑作为生命刑之外，终身监禁制度是最严厉的自由刑，为区别于无期徒刑，终身监禁制度应当保障在司法实践中适用的规范性和一致性。其司法实施应当以数额和情节为主要标准，供司法机关自由裁量权的清晰明确适用。

3. 制度评估

在终身监禁制度的适用上还需要建立对于终身监禁制度本身的评估机制。有论者提出终身监禁制度设立的过程本身就违反了我国《立法

① 吴尚聪、万颖颖：《终身监禁对于死刑的"功能替代"及其"总则化"构建——以死刑制度改革为切入点》，载《郑州大学学报（哲学社会科学版）》2020年第2期。

② 参见周越：《论我国终身监禁司法适用的缺陷与完善》，载《哈尔滨学院学报》2018年第1期。

法》的规定,其制度内容亦违反了我国《刑法》的罪刑法定原则。立法程序上,由于终身监禁制度规定在《刑法》分则中并要求不得减刑、假释,而总则并未对减刑、假释的限制适用和排除适用加以同步规定(如第81条第2款,需要对排除适用假释情形在总则中统一规定),违反罪刑法定原则,有违《立法法》规定;立法内容上,表现在分则特殊规定对总则的违反和刑罚自由刑的严厉性超越无期徒刑,前者违反罪刑法定原则,后者违反罪责刑相适应原则。①

因此,终身监禁的改良设计同样需要经过制度评估,才可能最大限度从立法到适用为社会民众所接受。第一,利用大数据形成可靠的民众意见畅行通道。这既是符合《立法法》立法程序的要求,也是提高终身监禁改良的制度科学性和合理性的有效方式。有观点指出,以往我国的刑事立法制度修改广泛集中于对罪行的修改和法定刑配置的完善,难以直接涉及刑罚执行措施或刑种设置的改良。尤其对总则内容的具体修改,直接影响刑法稳定性。对于终身监禁刑种化的改造,可以通过立法机关和专家咨询提供出几条改良可选项供社会公众选择,充分利用先进的科学信息技术手段,提高公民参与度,根据地域分配、选票理由等类型信息调研,为立法机关的改良方案提供最优选项参考。第二,终身监禁制度的具体改良内容需要由立法机关提前预估和论证。显然,终身监禁制度作为一项具体刑罚执行措施,在确定至我国刑法中时并没有严格按照审议草案的三审制谨慎引入(第三审时添加并确立),因此难免在立法和适用层面遭受非议。终身监禁的改良需要引以为戒,由于该制度改良方向从总则到分则进行统一,这就意味着一旦确立之后,该制度的运行将影响着所有满足终身监禁刑罚措施的全部犯罪,如若制度本身出现尚未论证或预估的情况,则影响的可能是即将遭受或者正在遭受终身监禁的所有罪犯,届时必将损害刑法权威性和正义性的彰显。然而,完善的预估机制和论证过程一定会影响社会发展对刑罚需求急迫性的效率,因此,高效完善的

① 参见刘春丽:《反思与重构:我国终身监禁合理性的探析》,载《湖南警察学院学报》2017年第6期。

评估机制不可或缺。第三,深入服刑对象,提前进行效果预估性考察,从用法层面准确评估终身监禁制度的科学合理性。这一评估机制实实在在从服刑阶段考察制度可能产生的刑罚效果和特殊预防目的实现的可能性出发,为制度改良提供更加符合刑罚人道化的人权保障。我国刑法所规定的社区矫正制度就是通过这种评估机制发现纸面规定和实际执行的差距。① 完善本土化改良的终身监禁制度的适用除了考虑国家刑事政策、社会民众意见等因素,还必须要关注服刑人员各项指标的综合评估结果。以此作为基础使改良后的刑罚体系更加具有实操性和可行性。

（三）确定优化方案的具体内容

1. 优化终身监禁的适用范围

根据现阶段终身监禁的立法现状对终身监禁制度的内容进行优化,在适用范围上的优化主要分为两块,一是扩大终身监禁制度的适用范围;二是限制终身监禁制度的适用范围。前文已经提到了扩大适用和限制适用支持者的理由。在适用范围上,扩大适用者提出可以将终身监禁制度扩大至原本可能判处死刑立即执行的案件之中,目的是进一步减少在此类案件中死刑的适用。扩大适用论者重点提到几类需要扩大适用的罪名:(1)严重危害国家安全的犯罪;(2)性质严重的暴力犯罪;(3)黑社会以及恐怖主义性质的集团犯罪。其原因在于平衡该几类犯罪所确定的责任与贪污贿赂犯罪的责任。限制适用论者并没有提出要在现有立法的基础之上继续限制终身监禁制度的适用,而是提出在扩张终身监禁的适用范围上,应当考虑刑罚的人道性,尽量减少终身监禁在其他罪名中的适用。可以认为,对我国终身监禁制度的内容优化无论是选择在罪名上扩大,还是在已扩大罪名中限缩,都应当将其纳入总则中先行统一并指导分则的适用。因此,从这个意义来说终身监禁制度需要扩张其适用范围。

对于终身监禁制度的扩张程度,学界有主要三种观点:一是作为死刑替代措施的终身监禁制度,为保证具有普遍适用性,适用范围应当集中我

---

① 参见赵东:《我国终身监禁制度研究》,西南政法大学2019年博士学位论文,第157~159页。

国刑法目前保留的46个死刑罪名,其中包括严重暴力性犯罪和严重非暴力性犯罪;[①]二是认为不应当参照域外立法,将终身监禁制度扩张适用于严重暴力性犯罪,而应当保守扩张适用至与贪污受贿犯罪同等性质的非暴力性经济犯罪;三是认为终身监禁制度由于其固有的残酷性缺陷,对其扩张既要考虑防止违反刑法平等原则,又要考虑过度扩张引发刑罚不人道后果,故应以短期内废除死刑罪名的可能性为依据,短期内可能废除死刑的罪名不需要适用终身监禁制度,而短期内废除死刑可能性较小的罪名有适用终身监禁制度的必要性。三种观点都有各自较为合理的理由,但从扩张适用的谨慎性和社会公众对刑法的可期待性来说,笔者建议终身监禁的适用范围在第三种观点基础之上进行扩张改良。

为证明选择第三种观点的合理性,现简要对第一种观点和第二种观点作一评论。第一种观点认为,在保留死刑的背景之下,将终身监禁引入刑罚体系中既能够减少死刑滥用,也能够充分发挥法官的自由裁量权,既从立法层面表现了惩治某些犯罪的决心,也在适用层面给社会公众以稳定性安抚。尤其对于案发率较高的严重侵犯公民人身权利的犯罪,保留死刑的前提下必须要增设终身监禁刑。鉴于我国刑法业已规定严重侵犯人身权利犯罪的限制减刑和不得假释的总则情形,终身监禁制度纳入总则适用于该类犯罪应该不至于导致刑罚体系衔接困难。当然,这种观点的不完善之处在于没有将目前保留的46种罪名进行细分,并对之从必要性角度进行充分论证,对适用终身监禁制度前后可能产生后果缺乏有效的比较。事实上,现有死刑罪名的存在,它不是一个摆设或只起宣示性作用,而是能实际适用的。因此如果将终身监禁制度全部扩张适用到死刑罪名中,势必大大增加终身监禁的司法成本。第二种观点认为,将终身监禁制度扩张适用到严重暴力性犯罪的做法是参照域外立法的错误做法,域外立法对终身监禁制度之所以适用范围较广,主要是因为大多数国家已经废除死刑,终身监禁制度作为最严厉的刑罚措施必然需要适用到严

---

① 参见吴尚聪、万颖颖:《终身监禁对于死刑的"功能替代"及其"总则化"构建——以死刑制度改革为切入点》,载《郑州大学学报(哲学社会科学版)》2020年第2期。

重暴力性犯罪和非暴力性犯罪中。而我国国情与之不同,我国以保留死刑为背景,严重暴力性犯罪的刑罚后果需要有死刑立即执行来保证罪责刑相适应,将原本用死刑起到威慑作用的严重暴力性犯罪用终身监禁制度替代执行,可能降低刑罚威慑力。因此终身监禁的适用只能扩张到与贪污受贿罪相近的非暴力经济犯罪中,只有这样,才能将该制度的刑罚意义发挥最大化。这种观点也有值得商榷的地方,其简单地将"终身监禁适用于严重暴力性犯罪"与"死刑废除"相统一,认为不适用于我国保留死刑的背景。但综观其他保留死刑的国家,仍然对终身监禁的适用范围扩张到侵犯个人法益的犯罪场合,区别在于终身监禁的刑罚后果分为可减刑假释和不可减刑假释。所以,也不能以此完全反对终身监禁制度扩张适用范围过大。

首先,为合理改良我国终身监禁制度使之更加符合本土需求,有必要分析当前贪污受贿犯罪最先适用终身监禁制度的正当性理由,才能以此为逻辑基础为终身监禁适用范围的合理扩张提供思路。一般认为,贪污受贿犯罪的死刑实际执行率较低,大多数被判处无期徒刑的贪官在执行阶段依据减刑、假释等法定程序变相执行较少年限的有期徒刑导致罚不当罪,因此从该罪入手可以从实际执行层面解决权力寻租问题,也可以检验终身监禁制度刑罚效果是否能够为废除死刑提供刑罚过渡的基础。因此,选择终身监禁制度适用于贪污受贿犯罪有其合理性。从侵犯法益角度来说,贪污受贿犯罪相较于更加有人身危险性的暴力性犯罪而言法益侵害较轻,当前立法尚未肯定比贪污受贿犯罪更加严重的罪行以适用终身监禁制度,不具有合理性。因此,为防止过度扩张适用或者改良不完善,建议应当排除以下几种具体情形的扩张:一是终身监禁制度限定在最高法定刑为死刑的罪名,非死刑罪名不得擅自适用终身监禁制度,将无期徒刑严格化;二是有废除死刑必要性的非暴力性犯罪;三是起宣示性作用的死刑罪名(实际适用率极低的死刑罪名)。遵循以上原则改良的终身监禁制度就能够有效避免被滥用,否则过度扩大终身监禁制度的适用难以实现其合理的价值目标且造成重刑主义趋势。

其次,确定终身监禁制度在我国的最优适用范围,还应当考量可能适用罪名的行为人的人身危险性。这一考量因素主要是基于罪责刑相适应原则而提出,其要求刑罚设置必须符合行为人的人身危险性,一般认为主观恶性越大的行为人,其人身危险性越强,为该种人身危险性设置的刑罚应当越严厉,法官在掌握自由裁量权时量刑应当越重。简要来说,对于严重侵犯人身权利的暴力性犯罪情节严重的,足以体现行为人的人身危险性较高,引入终身监禁就能够满足除死刑以外的永久自由刑的刑罚效果。基于此,建议以下三种罪行可以引入终身监禁制度:一是情节严重的暴力性犯罪;二是严重危害国家安全犯罪;三是黑社会性质组织及恐怖主义性质的有组织犯罪。以上三类罪行的行为人的人身危险性较其他犯罪高,且主观恶性更大,引入终身监禁刑能够在保留生命的同时永久避免其再犯可能性;否则,被判处死缓或者无期徒刑,极有可能由于强烈组织性重归社会再次犯罪。

结合人身危险性和死刑改革背景,应当赞同终身监禁制度适用于严重暴力性犯罪。我国当前的经济发展和社会治理趋势决定了物质层面的保障已经不再是社会公众的唯一需求,人们更加重视个人的人身权利的保障(包括人格权、身体权、生命健康权)。换言之,对人身法益的保护要高于对财产法益的保护。重惩贪污受贿罪背后所体现的法益保护包括国家工作人员的职务廉洁性以及公有财产的所有权。而严重侵犯人身法益的罪行最严厉的自由刑剥夺方法体现在我国《刑法》第 50 条和第 81 条,认为满足一定条件时限制减刑或不得假释。相比之下,我国立法现状某种程度有违法益保护位阶的次序。因此,只有赞同在总则中落实终身监禁同等适用于严重侵犯人身权的犯罪,才能较好地满足罪责刑相适应原则的要求。

结合终身监禁制度的固有缺陷及人身社会属性,应当反对将终身监禁制度适用于所有死缓场合。这也是对前文第三种观点的呼应。而体现逐步扩大终身监禁的审慎性,不能仅靠激进思路谋求对终身监禁制度的刑罚效果,而是应当更加审慎地甄别不同罪名的犯罪本质,考量其适用终身监禁制度对刑罚执行效果的影响和对社会一般预防作用的实现。前文提及,终身监禁制度本身有较为残酷等固有缺陷,故在满足可预测性条件下应当适用于除贪污受贿犯罪、严重暴力性犯罪之外的危害或侵犯国家法益的严重犯罪以及危害性极大的毒品犯罪。主要原因在于:第一,这几类犯罪都是短时间内不可能废除死刑的罪名,具有死刑替代必要性的立法基础,并且实践层面确有一定比例的死刑执行率。对这几类犯罪引入终身监禁,既能够顺应我国死刑改革政策,有效减少死刑率,体现刑罚轻缓化,也不会造成民众难以接受导致刑法威慑力的降低,从而逐步将这几类犯罪变成备而不用的宣示性罪名,为废除死刑提供实践条件。第二,将终身监禁适用于严重危害国家安全的犯罪,是顺应国际刑罚趋势的做法。无论是保留死刑的国家还是废除死刑的国家,其终身监禁制度都很大程度上适用于对国家法益的保护,对于严重侵犯国家法益的犯罪分子,应当有合理科学的刑罚将其与社会永久隔离,从刑罚上否定其社会属性,以彰显国家安全不容侵犯的态度,能够有助于特殊预防和一般预防的统一实现。第三,将终身监禁制度适用于毒品犯罪是符合我国国情的切实建议。毒品犯罪从来都是我国死刑罪名中着重打击的方向,为此我国从未停止缉毒行动,因毒品引起的社会危害性以及对执法机关地位的蔑视不容小觑。毒品犯罪短期内不可能废除死刑,尤其是走私、贩卖、制造毒品的行为(运输毒品犯罪相对于其他毒品犯罪的危害性较小,鲜有执行死刑的情况,因此不排除短期内废除死刑的可能性)。因此,对毒品犯罪应当适用终身监禁制度以降低死刑立即执行的实行率。

申言之,我国终身监禁制度的改良,目前应当集中于严重暴力性犯罪、严重侵犯或危害国家安全犯罪及严重毒品犯罪,而严重的非暴力性犯罪则会受此影响而加快死刑的废除。

2. 优化终身监禁的适用条件

改良终身监禁制度在我国刑罚体系下的具体适用,确立合理的适用范围之后,就应当从实体角度设计出具有可操作性的适用条件。换言之,需要优化终身监禁制度的适用标准。我国终身监禁制度强调不得减刑、假释的绝对自由刑,因此必须以判处死刑为前提,“罪行极其严重”“必须立即执行”是终身监禁制度适用的两个端点。也就是说,在满足适用范围的罪名定性中,其罪行程度至少需要满足“罪行极其严重”,且无限接近

“必须立即执行”相当性,才有终身监禁制度适用的空间。终身监禁的适用条件必须考虑行为人的个别性,从客观到主观,从行为到行为人才有可能做到准确适用。因此,就需要对两个端点内的罪行情况予以明细化,设法采取可以量化的衡量标准使法官能够最大程度客观化地判断能否适用终身监禁制度。

为此,需要在《刑法》总则中确定适用条件包括客观层面的行为情节、危害后果,主观层面的行为人主观恶性等标准,以供司法机关参考,从而做到主客观相统一。这些从总则中确立的标准需要在分则具体罪名中予以明确或者在司法实务过程中形成的司法解释予以量化。只有从具体罪行中的罪质、罪量和罪责三方面通盘考虑,才能尽可能地满足罪刑法定原则和罪责刑相适应原则的要求,做到罚当其罪。

以贪污受贿犯罪的终身监禁制度适用为例,论述具体应当如何判断终身监禁制度的适用条件。首先,分析客观层面的行为情节。这里得以量化的内容是行为人的犯罪数额。当前对犯罪数额的规定排除了“唯数额论”,替代使用“数额较大”“数额巨大”“数额特别巨大”加以规定,其目的是保证刑法的稳定性,使刑法内容不因经济快速发展而频繁修订,因此司法机关对数额的具体考量需要依靠行为人职务级别和犯罪地经济发展水平等客观因素结合判断属于何种程度,由司法解释加以细化的部分应当参照适用。其次,分析客观层面的危害结果。刑法要求满足“并使国家和人民利益遭受特别重大损失”,由于贪污受贿犯罪的危害结果包括公共财产所有权的具体法益以及公职人员廉洁性的抽象法益,所以不能仅靠可视化的财产损失确定危害结果,还应当考量社会层面对公职人员负面评价的范围及影响力。最后,分析主观层面的行为人主观恶意。一般可以通过客观推测主观恶意,如从行为人的贪污受贿次数、个人悔罪表现、是否存在共同犯罪、赃款处理情况、自首立功情况、认罪认罚情况等综合因素予以考量。这三个方面的具体考察是决定是否对行为人终身监禁的关键条件。有观点认为,即便如此,适用条件的规定仍然过于模糊且抽象,不利于司法机关对类似案件的类似处理,因此建议将适用条件予以全面量化,从而使终身监禁制度的适用得以统一。[①] 笔者认为,这一建议在刑法修改中不易实现,但可以通过指导性案例的不定期发布为全国司法机关类似案件提供统一参考,有利于化解以上矛盾。

因此,对于满足各类适用范围的终身监禁制度的适用,其优化方案中应当尽可能地形成具有实践性的规范化适用条件。抽象而言,应当满足以下原则:首先,以量化为主要原则,以便于司法机关在指导性案例之前作出相对差距不大的刑罚裁量;其次,不能脱离引入终身监禁制度的价值目标,需要将已经设计的适用条件可能达到的刑罚效果与价值目标相互权衡,结合行为人的人身危险性设计出最客观的条件;最后,以罪责刑相适应原则为底线,必须保证量刑均衡,最大程度对司法机关的裁量行为规范化。[②]

3. 优化终身监禁的适用程序

实体上对适用条件的设计无法直接发挥终身监禁制度的执行效果,因此必须对具体程序加以明确规定,保障终身监禁制度科学合理且公正地运行。第一,科学的适用程序要求终身监禁制度的运行不会导致刑罚结果的不合理;第二,公正的适用程序要求终身监禁制度的运行应当公开且体现程序正义,为进一步追求实体正义提供完善机制。

以贪污受贿犯罪为例,决定适用终身监禁制度必须保证程序公开且科学。公开体现在可以由社会公众和新闻媒体(大数据时代的自媒体)及时了解到准确客观的案件信息和司法机关的办理流程和主要适用依据,公开透明的程序能够增加社会对法律的信任和对公职人员廉洁性的对外监督;科学体现在行为人满足被判处死刑缓期执行的法定条件,通过相互沟通机制的畅通,终身监禁制度的适用能够更加合理合法。

为保障未来终身监禁制度的有效适用,优化方案必须结合《刑事诉讼法》相关制度予以同步或增加。从终身监禁制度来说,目前没有专项规定

---

① 参见罗心鉴:《贪污贿赂犯罪终身监禁制度若干问题研究》,载《理论观察》2019 年第 6 期。

② 参见周少元、王世友:《论我国终身监禁的规范化适用》,载《山东社会科学》2020 年第 4 期。

或具体解释针对刑事诉讼程序方面加以完善，基本靠司法者的自由裁量权予以决定。这就引发了相应的程序缺失问题。比如，我国《刑事诉讼法》中对适用终身监禁的罪犯是否因为追求不得减刑、假释的刑罚效果而完全排除了上诉不加刑的适用；再如，我国《刑法》当前规定终身监禁的适用应当使用“决定”，但我国《刑事诉讼法》并未对其同步规定，如明确适用终身监禁的裁判文书正文部分是否需要专门表明其与死刑缓期执行的关联性，是否需要在裁判文书中专门宣告。对此可以参考死缓限制减刑制度确立后的程序完善机制对终身监禁制度的程序缺失予以规定。由最高人民法院出台的《关于死刑缓期执行限制减刑案件审理程序若干问题的规定》，对有关死缓限制减刑的程序问题都进行了规范化的专门明确。

另外，终身监禁制度由于其固有缺陷，导致其真正执行之后的法律效果“覆水难收”，被告人将绝对不得减刑、假释，因此对于适用终身监禁制度的核准制度就需极为审慎。对此，建议应当考虑参照死刑复核程序或者死缓复核程序将终身监禁核准权收归至最高人民法院或者高级人民法院。终身监禁虽作为死刑替代措施，但其实质是对罪犯的自由刑剥夺，因此应当参考死缓复核制度将终身监禁的决定层报至高级人民法院，以消解当前终身监禁制度没有明文规定的尴尬境地。

值得期待的是，随着终身监禁适用范围的扩大和适用条件的明确，相关判决数量会随之增长，届时适用程序的完善则能够参考死缓限制减刑制度的司法解释颁布而得以解决，进而从程序上对被告人和其他相关诉讼参与人提供救济途径和可行方案。

4. 例外规定

终身监禁制度本身执行特点上的终身性就意味着在终身监禁的这样一段长时间的执行过程中，会出现原本立法难以预料的情形。对于在执行过程中产生的部分特殊的例外情形，现有立法由于没有将终身监禁作为独立的刑种加以系统地立法而存在缺失性的规定。多数论者都认为，对于终身监禁在适用时，应当排除精神病人、老年人、未成年人、怀孕的妇女。同时在执行过程中，对于符合《刑事诉讼法》规定的暂予监外执行条件的罪犯,予以监外执行。

(1)适用对象的排除

从终身监禁制度当前的适用范围来看,严重贪污受贿犯罪主体要件中,暗含排除适用精神病人、未成年人、怀孕的妇女,但不能完全排除老年人(终身责任制代表贪污受贿犯罪主体可能包含已经退休的原公职人员)。因此,终身监禁制度对适用对象的排除没有作出具体规定也是具有一定合理性的。但未来随着终身监禁制度的总则改良,其适用范围随之扩张,各类罪名的主体要件不统一,通过分则具体适用罪名的方式推测适用对象的排除已经不可取。因此,需要参考我国《刑法》总则对免于适用死刑的对象规定,即精神病人、怀孕的妇女、未成年人和老年人免于适用死刑,统一排除这几类对象对终身监禁制度的适用。如此规定,则能够有效同步我国刑罚人道主义理念和人权保障价值目标。

(2)暂予监外执行

我国终身监禁制度的引入意味着与传统无期徒刑的区别,不得减刑、假释意味着绝对自由的剥夺。从服刑罪犯视角分析,漫长的自由刑服刑期间,是否在现有诉讼程序体制内存在某种救济途径。笔者认为,暂予监外执行是对终身监禁的服刑人员而言重要的救济途径。从当前立法状况来看,这一途径尚未被明文确立适用,因此学界对此有不同观点。主要集中于应当赋予和反对赋予终身监禁制度对暂予监外执行的适用空间两种对立态度。其中赞同暂予监外执行适用于终身监禁制度的论者内部也有不同观点,可以分为激进型赞同和谦和型赞同。

激进型赞同的学者认为,第一,《刑事诉讼法》有对无期徒刑适用暂予监外执行的法定情形,虽然仅有一种法定情形,但由于终身监禁制度确立在后,就立法意图角度而言,终身监禁制度对暂予监外执行的适用情形不应当受到先前的《刑事诉讼法》的限制;第二,程序法规定了法定情形但没有明确酌定情形,因此可以从有利于服刑人员原则出发,将“严重疾病或生活不能自理需要保外就医”的情形归置到酌定情形中肯定其适用;第三,从监狱执行成本和行刑人道主义理念出发,肯定服刑人员的暂予监外执行既不违反一般预防的目的，同时也符合特殊预防的目的。[①]

谦和型赞同的学者认为，第一，我国《刑事诉讼法》明确对于被判处有期徒刑、拘役和无期徒刑的犯罪分子规定了适用暂予监外执行的具体情形。终身监禁制度的执行效果实际是无期徒刑的绝对刑，因此即使程序法没有明文规定，也可以依据无期徒刑中“怀孕或正在哺乳自己婴儿的妇女”这一情形适用暂予监外执行，但不能同时适用三种情形，因为终身监禁的执行效果显然要严厉于其他任何一种自由刑，越严厉的刑罚暂予监外执行的机会越多，违反了刑罚体系阶梯制度的惩罚目的。第二，行刑人道主义理念固然要考虑，但与此同时还要考虑终身监禁的服刑人员接受暂予监外执行所带来的人身危险性和社会公众为此对刑法威慑力的信任程度，二者需经过衡量后才能得出更加理智的结论。第三，终身监禁制度建立之前，刑罚执行层面就出现“违法减假监”的权力寻租现象，因此终身监禁制度的确立背景之一就是为了遏制这种恶劣现象，从立法意图考量，过于扩大承认终身监禁服刑人员适用暂予监外执行制度基本不具有现实可操作性。基于以上三种原因，认为目前唯一能肯定的情形就是“怀孕或哺乳自己婴儿的妇女”，终身监禁服刑人员满足该条件时应当准予暂予监外执行，如此才能合理将终身监禁服刑人员的救济措施融入现有的程序法规定之中，保证了刑事程序的稳定性。

除了以上肯定暂予监外执行的适用的两类观点，还有论者从宏观角度分析了其合理之处：首先，暂予监外执行制度的适用不违反罪刑法定原则，减刑、假释与暂予监外执行是完全不同的执行制度，因此终身监禁制度不得减刑、假释并未当然否定其他刑罚执行制度的适用；其次，暂予监外执行制度的适用能够缓解终身监禁制度本身的残酷性和报应刑理念，对服刑人员执行期间的人权保障具有积极意义；最后，暂予监外执行的适用对矫正犯罪具有积极作用，给服刑人员提供特殊的监外执行通道，实际上是提供了“念想型改造”的积极心理，使之更加配合服刑工作。

虽然有的学者提出了应当通过暂予监外执行的方式在一定程度上避

---

① 参见张明楷：《终身监禁的性质与适用》，载《现代法学》2017 年第 3 期。

免终身监禁制度的弊端,但仍有学者对此予以反对,并列举了几点理由予以驳斥。认为终身监禁服刑人员不应当适用暂予监外执行制度的主要理由在于:第一,承认所谓的“酌定情形”且据此准予适用暂予监外执行的观点违反公法中“法无授权不可为”的原则,包括暂予监外执行在内的刑罚执行制度的运行原则上都属于刑事诉讼活动,必须严格遵循法定情形予以适用,否则属于违反程序法规定。第二,提出“被判处无期徒刑的罪犯有严重疾病需要保外就医”属于终身监禁服刑人员适用暂予监外执行情形的观点不能成立。根据对我国《刑事诉讼法》2012 年修订前后第 254 条的规定解读,并不能得出被判处无期徒刑的罪犯具有保外就医的适用可能性。第三,不得减刑、假释的终身监禁制度本身就决定了其刑罚执行中的绝对性和残酷性,为此增加监狱管理成本等问题不能期望通过暂予监外执行的方式解决,否则该制度体现的绝对自由刑性质将形同虚设,同时有违终身监禁制度的立法初衷。对此,应当将问题交由执行机关(监狱)来考量,而绝不能通过暂予监外执行将执法机关实质更换为社区矫正机构,尤其在实际执行中可以发现,社区矫正机构难以对服刑人员形成有效监管,尤其贪污受贿犯罪的服刑人员,极其容易依据暂予监外执行的方式逃脱实际狱内服刑,影响对严重罪犯的惩戒和矫正效果。第四,从实际执行方式来说,终身监禁制度与暂予监外执行制度本就存在矛盾,若在制度层面肯定终身监禁服刑人员对暂予监外执行制度的适用,那么从趋利避害的视角分析,被判处终身监禁的罪犯悔罪程度将大大降低;相反,申请暂予监外执行的服刑人员将大大提高,对于终身监禁制度的实际执行将造成极大的损害。

综上所述,对于准予适用暂予监外执行,就当前终身监禁制度在我国的贯彻目的而言,并不适合。

(四)设置优化的运作机制的建议

1. 赋予终身监禁制度以矫正出口

(1)应当赋予矫正出口的原因

适用我国终身监禁制度要求“死刑缓期执行二年期满依法减为无期徒刑”,其终身监禁自死缓考验期满后开始执行。对此,最高人民法院曾言:“终身监禁一旦决定,不受执行期间服刑表现的影响,不能在死缓执行期满视情况而定。”这一表态体现了立法原意,即死缓考验期间不可能适用重大立功的规定减为 25 年有期徒刑从而逃脱终身监禁的命运。这也是立法没有明确为此规定的原因。结合前文对暂予监外执行的分析,也可看出终身监禁不适用暂予监外执行,因此,一旦被宣告终身监禁,就意味着被社会强制淘汰,难有重回社会的可能性。[①] 如完全不予以终身监禁犯任何矫正的出口,要求其“牢底坐穿”,那终身监禁犯在刑罚的执行过程中将会看不到任何希望,其会在狱中实施何种行为也会变得难以预料。这既不利于对罪犯的改造,也不利于监狱的管理。

笔者赞同赋予终身监禁制度一定的矫正出口的观点,但是在矫正出口条件的规定上,应当设置一个较高的门槛。为终身监禁犯在狱中执行过程中,开一个小口而透露进光芒,使其朝着接受“改造”的光芒在狱中生活,不致堕入了无未来希望的深渊。

从矫正出口的种类上来看,不同的学者在我国现有的刑罚变更的减刑、假释、特赦制度中展开了是否可以在终身监禁制度中适用的论证。笔者认为终身监禁制度应当割裂与减刑、假释制度的关系。(有关目前《刑法》第 383 条第 4 款与第 50 条第 1 款以及第 78 条第 1 款之间的关系在后文中有详细的论述,此处不再赘述)在矫正出口的种类选择上,笔者仅赞同将特赦制度作为终身监禁的矫正出口。原因在于,相比较于特殊制度,减刑、假释制度是一种较为常规的、常态的、触发条件较为容易的刑罚变更制度。而如果将终身监禁制度与减刑、假释制度相联系,就使终身监禁制度与无期徒刑制度并没有本质上的区别。对于部分犯罪判处无期徒刑时,尚有限制减刑、假释的规定,如终身监禁执行过程中也可以适用减刑、假释制度,则违反了我们设置终身监禁制度时所构建的“有期徒刑—无期徒刑—终身监禁—死刑”这样一种责任逐级上升的刑罚体系。而特赦制度是一种非常态化的刑罚变更制度,适用的次数较少、难度较大。适

---

① 参见赵秉志、商浩文:《论死刑改革视野下的终身监禁制度》,载《华东政法大学学报》2017 年第 1 期。

合作为终身监禁制度应当“开一个小口子”这样一种赋予矫正出口的方式。

(2)终身监禁矫正出口的方式

关于终身监禁的矫正出口的方式,多数学者都提出在不减损终身监禁刑罚本身对相关犯罪的威慑力度的前提之下,通过适用重大立功的相关规定来赋予终身监禁犯矫正的出口。

前文已经详细论述了我国终身监禁制度的固有缺陷,其残酷性主要体现在纯粹报应性刑罚性质,不得减刑、假释的强制性规定相当于否定了被判处终身监禁的罪犯重回社会的可能性。不符合预防性刑罚目的是反对终身监禁论者最大的理由。我国的终身监禁制度其执行效果将导致服刑人员无任何被释放的希望,这是笔者认为应当赋予终身监禁制度以矫正出口的本质所在,也是前文反对较大程度扩张适用终身监禁制度的原因所在。对此,“重大立功”对于解决这一问题有较大积极作用:一是有助于服刑人员帮助深入开展反腐工作。由于实务中职务犯罪的身份犯属性,较容易形成串案,因此通过肯定“重大立功”的矫正出口,一定会形成积极检举、揭发其他特重大犯罪的局面,这是终身监禁制度的独特优势。二是符合“重大立功”的标准较为严格,一般不会导致形成终身监禁制度的执行漏洞,且待到终身监禁制度予以扩大化适用,监狱执行成本和压力必定成正比地增长,此时“重大立功”规定就能有效减缓压力,综合而言该矫正出口的方式利大于弊。

除我国现行《刑法》对“重大立功”减刑情形的列举,为保障终身监禁制度的实际执行,还可以采取以下具体措施:第一,引入“内展义工”概念。加拿大对被判处终身监禁刑的服刑人员,提供了“内展义工”措施,以促进刑罚执行效果并起到教育矫正的实际作用。简言之,“内展义工”(至少5年没有犯罪且具有模范作用的被实行社区矫正的终身监禁人员)为终身监禁服刑人员制订改造计划,作为其固定联络人,跨越物理空间向终身监禁服刑人员定期介绍社会变迁的局面,对“内展义工”而言也是其社区矫正的考核项目之一,据此通过双向互动达成积极向上的矫正目的。由于我国的终身监禁制度执行机关只能是监狱,因此引至我国的

"内展义工"概念应当仅指被社区矫正的服刑人员。第二,借鉴我国司法部曾于2018年同意服刑人员回家过年后收监的做法,既体现了中国特色的人情味,又保障了刑罚执行的温度。就当前立法现状而言,被判处终身监禁刑的罪犯都是学识较高的原公职人员,因此从即时人身危险性角度来说,这些服刑人员的危险性要小于其他暴力性犯罪的服刑人员,因此将这一措施针对终身监禁服刑人员形成制度化成为可能。

综上,虽然现阶段我国刑法对于终身监禁制度的定位模糊且适用范围有限,不能适用重大立功的规定,但值得期待的是,终身监禁制度改良后就具有了矫正出口适用的可能性,并且可以在总则中这样规定:被判处终身监禁的犯罪分子,应当/可以适用重大立功的相关规定。

2. 明确减刑、假释制度对终身监禁制度的应用

笔者认为,死刑缓期执行期间的重大立功应当适用于减刑规定。首先,终身监禁的决定时间是在对贪污、受贿行为定罪判决下达的同时决定的,执行时间是从死缓依法减为无期徒刑后开始的,即只有进入无期徒刑之后,终身监禁才能实际运行并真正实现。所以,在死缓执行期间,犯罪人还可以通过重大立功表现绕开终身监禁的执行。其次,适用"重大立功"有助于司法实践中促使特重大贪污受贿犯罪分子积极检举、揭发其他特重大犯罪,有助于我国反腐败工作的深入开展。因而在进一步扩充死缓犯终身监禁制度的罪名范围时,不宜对其禁用"重大立功"减刑的规定,而应当给予判处终身监禁的死缓犯以出路,这也有助于发挥该制度对于治理犯罪的积极作用。

需要特别强调的是,在无期徒刑不得假释的场合,如果需要给予罪犯假释的机会时,应当进行一定期间的服刑考察。通常情况下,被判处无期徒刑(无论是直接判无期徒刑还是死缓改判为无期徒刑)的罪犯,要获得假释的机会,往往是已经经过了一段较长时间的服刑期。但是,对于这个较长时间的服刑期,是否应当有一个明确的最低年限,是需要考虑的。笔者认为,在刑罚个别化的要求下,对无期徒刑的假释条件规定一个完全确定的时间,是比较困难的,有时候甚至是不合理的。因为人的寿命长短是不一样的,加之健康状况的差异,规定一个确定的刑期作为假释的条件,

并不一定是公平的。

针对减刑、假释制度在终身监禁中的应用问题,现分述如下:

(1)明确减刑制度在终身监禁制度中的应用

对于被判处终身监禁的服刑人员具有减刑可能性,概括起来,大致有以下五条理由:第一,根据利益衡量原则,给予终身监禁服刑人员特殊的减刑制度能够提高其在执行期间的积极改造性,我国刑法现有刑罚变更措施中只有重大立功可以为减刑提供可能;第二,重大立功减刑与普通减刑事由不同,前者更加具有偶然性和不确定性,刑法通过重大立功发生在不同阶段(缓期执行期间和终身监禁服刑期间)决定能否减刑,变相引起服刑人员的功利心态;第三,肯定重大立功减刑与终身监禁制度的死刑替代措施作用都体现了刑罚轻缓化的趋势,相互不矛盾,并且严格禁止其他减刑、假释制度的适用;第四,从人身危险性角度考虑,终身监禁服刑期间的重大立功由于改造时间远远长于死刑缓期执行期间的重大立功的改造时间,显然终身监禁服刑期间的人身危险性更小,更有助于重大立功减刑的功能体现;第五,现行《刑法》明确规定终身监禁不得减刑,但从改良方向出发,修法活动中可以增加对终身监禁服刑人员的减刑条款。[①] 综上,通过重大立功引入特殊减刑机制不违反终身监禁制度立法本意,并且有助于刑罚均衡的实现。

然而,多数论者对我国终身监禁制度的引入作出了符合立法原意的法律解释,认为我国的终身监禁制度不允许也不应当适用减刑、假释制度,并且应当在《刑法》总则中予以明确排除。我国严重贪污受贿犯罪条款(《刑法》第 383 条第 4 款)适用终身监禁制度,其明文强调“终身监禁,不得减刑、假释”,就意味着我国的终身监禁制度是严格意义的绝对的终身监禁,从立法层面已经排除减刑、假释的适用可能。若为刑罚人道化改革终身监禁制度非要适用减刑、假释制度,则属于明令违反罪刑法定原则,其适用效果难以达到作为死刑替代措施的作用,并且与当前无期徒刑

① 参见[美]哈伯特·L. 帕克:《刑事制裁的界限》,梁根林等译,法律出版社 2008 年版,第 360~361 页。

并无本质区别,即使对终身监禁制度引入重大立功应当减刑的特殊机制,也是违反了立法者的立法原意,难以在制度本身对严重犯罪分子起到宣示和威慑作用,以至于执行期间为权力寻租提供可操作空间,不利于预防目的的实现。

而从实际执行角度出发,显然,绝对禁止减刑制度对于服刑人员的心理容易造成很大影响,“减刑无望”的负面心理容易损害对罪犯特殊预防目的的实现。因此有观点建议,针对当前严重贪污受贿犯罪的服刑人员,其终身监禁在执行期间应当将“不得减刑”的绝对性改良为“限制减刑”的相对性。但这种观点未能够将终身监禁制度和死缓限制减刑制度的设立背景区分开来,如此变更则可能导致终身监禁制度的设立无异于死缓限制减刑制度,则某些死刑罪名的死刑替代目的就没有实质性进展。

(2)明确假释制度在终身监禁制度中的应用

同理,当前终身监禁不得假释的规定将终身监禁人员重归社会的念想直接打破,因此有必要通过某种修改将假释制度附条件地适用到未来的终身监禁制度中。

针对这种制度困境,首先应当论证并肯定假释制度固有价值在终身监禁制度中仍然存在且对终身监禁人员的改造更具鼓励性。其次需要找寻最适宜终身监禁制度立法原意的改良思路,设置针对性的制度或者对终身监禁制度本身拆卸限制条件,使假释制度在终身监禁制度中有适用可能。

具体而言,有两种具体改造思路:一是从假释制度入手,将现行《刑法》对假释制度适用的除外条件进行修改,在总则中确立适用假释的除外规定,使其起到宣示性作用,或者从正面对所有适用情形予以增加明确或合理修订;二是从终身监禁制度入手,未来将终身监禁制度引入《刑法》总则的同时,放宽其限制条件把“不得减刑、假释”修改成“限制减刑”或“限制假释”,并将其他规定与刑法刑罚执行体系同步并统一适用。有学者提出:“添加一个可以假释的终身监禁刑是简单可行的。更重要的是,它将在量刑中嵌入基本公平和个别化的考量,而这正是我们当下的终身监禁法律所缺乏的。”①这一观点恰好体现了改良我国终身监禁制度的重要考量要素是给予公平的个别化差异，有助于在改良过程中保证该制度本身的公平正义和实际可操作性。

3. 以特赦制度作为终身监禁制度的救济手段

其实，被判处终身监禁的犯罪分子通过死缓期间的重大立功来实现绕开终身监禁的这种情况可能性很低，实现重大立功不是那么简单，一般情况下，犯罪分子最终归宿还是终身监禁，不得减刑、假释。

所以，如果在我国《刑法》中扩大终身监禁制度的适用范围，从有利于该制度长远发展和刑事法治进步的角度考量，可将赦免制度作为终身监禁制度的救济路径。赦免制度能够弥补终身监禁制度的不足之处，为罪犯提供了一条重新获得自由的希望之路。

域外不可假释的终身监禁罪犯，仍然具有赦免的可能性。如德国在1949年5月23日通过《联邦基本法》第102条废除死刑后，就是用不可假释的终身监禁代替死刑，但同时也规定了此类罪犯可以被特赦。

笔者赞同借鉴域外的做法，赋予被判处终身监禁的死缓犯赦免请求权，以缓解终身监禁制度的弊病。这需要我国立法机关适时配套完善赦免制度的相关规定，以赦免制度作为终身监禁罪犯之救济路径。2015年8月，为了纪念抗日战争暨世界反法西斯战争胜利70周年，全国人大常委会审议通过了关于特赦部分服刑罪犯的决定，该决定促进了赦免制度的法治化重构及其常态化运作。但此次特赦并未将贪污受贿罪犯纳入赦免对象范围。所以现在我国应当以赦免制度的常态化、制度化为契机，促进死缓犯终身监禁制度的合理化实施。

目前我国《刑法》明文规定了终身监禁不得减刑、假释，从分类上来看，我国的终身监禁制度属于绝对的终身监禁。绝对的终身监禁制度具有经济成本大、刑罚残酷性高等诸多弊端。因此，特赦制度应当是终身监禁制度的配套制度，否则终身监禁制度在实际效果上成为某种变相剥夺

① [美]哈伯特·L.帕克：《刑事制裁的界限》，梁根林等译，法律出版社2008年版，第360～361页。

他人生命的“死刑”。与传统死刑相比，只是将生命刑的直接剥夺转变成“牢底坐穿”的间接剥夺。为终身监禁人员设计改良的特赦制度，能够给人以改造的希望。建议引入特赦制度，主要有三个层次的考量：一是特赦作为宪法性制度，为终身监禁制度提供了指引性作用的正当性基础，不会在法理层面违反刑法的罪刑法定原则；二是比较域外，特赦制度已经被纳入各国和地区的终身监禁制度中予以适用，为我国引入特赦制度提供了借鉴意义；三是落到我国刑法规定，我国对于终身监禁制度的引入，强调“不得减刑、假释”但未明确排除特赦的适用，为特赦制度在刑法中的设立提供了立法条件。

我国刑法没有对特赦制度的专门规定，但有涉及赦免制度的提法，可以借此作为终身监禁制度过于严格化的解决思路，遵循“宽严相济”刑事政策。为此，完善我国终身监禁制度还需要考量赦免制度的科学配置以及规范常态化改良，以给终身监禁服刑人员重归社会的希望为目的，立法时要严格限制适用条件的设定。

将特赦制度作为终身监禁的配套制度，具有以下几点原因。

(1)赋予罪犯改过机会，实现刑罚的预防目的

刑罚的目的是实现让受罚者不会再犯的目标，通过执行刑罚让服刑人员认罪悔罪，重新塑造其适应社会化的可能。当前终身监禁制度不得减刑、假释直接否定了服刑人员重归社会的可能性，而实践和研究的经验都表明，长时间的服刑难以对罪犯改造起到积极作用，反而只会毁坏终身监禁服刑人员的社会生活能力和正常人格的发展。特赦制度可以有效化解终身监禁作为刑罚手段在实现刑罚目的上的不足与弊端，为终身监禁的罪犯提供获得自由的机会，实现“虽被终身监禁但不必定牢底坐穿”的效果。

(2)人道主义的要求

终身监禁是一项极为严厉的仅次于死刑的刑罚，如果不给予终身监禁犯回归社会的机会，不但无法实现刑罚的预防目的，同时也是极其不人道的。适用特赦制度为终身监禁犯创造回归社会的机会同样也是人道主义的要求。正如有学者言，“特赦制度的价值意义在于能够使从前的法外

行动得以依法处理，或在于使已触犯法律的责任之个人得以依法救济”。①

《公民权利和政治权利国际公约》第 6 条第 4 项规定：“任何被判处死刑的人应有要求赦免或减刑。对一切判处死刑的案件均得给予大赦、特赦或减刑。”在我国现有的立法体系下，终身监禁制度适用这一条的规定。应当按照国际公约中的人道主义要求，与国际社会趋势保持同行，符合国际人权公约对公民基本权利的保障。

当然，有观点对特赦制度的存在也有不少质疑，主要理由是认为特赦制度增加了刑罚的不确定性，容易使罪犯和社会公众对刑法威慑力产生怀疑。然而，应当从更为宏观视角分析，任何国度的任何绝对性刑罚，都应当基于人权保障需要为其设置刑罚执行的救济途径，这是一种人道主义的刑罚救济出口，否则纯粹的重刑主义是不符合现代刑法轻缓化的发展的。

（3）缓解监狱管理和改造成本的压力

立法机关在引入终身监禁制度并明确“不得减刑、假释”的刑罚效果时，就意味着对于监狱执行机关而言，需要在执行、监管、医疗、养老等各类问题上对终身监禁服刑人员作出相配套的国家财政开支，这必然导致由终身监禁制度产生的执行成本大大升高。并且，由于对终身监禁制度可能性的改良，其适用范围和适用条件可能扩张，由此产生的执行成本将更高。而我国地域有限，扩大执行地建设和各类硬软件设施都将在某一时刻形成饱和状态。届时，监狱饱和而新的终身监禁服刑人员仍在增加，监狱超负荷的执行监管压力将反向影响矫正执行效果。

因此有必要引入具有严格适用条件的特赦制度，由监狱机构对特赦请求权进行首关审核，借此解决监狱管理和改造成本的压力，这种措施既符合我国宪法规定，也保障了基本人权，且符合国际主流刑罚轻缓化和人道主义原则。

---

① ［英］戴雪：《英宪精义》，雷宾南译，中国法制出版社 2001 年版，第 127 页。

4. 控制我国终身监禁的执行成本

(1)在源头上审慎适用终身监禁制度

终身监禁应当被适用于罪行极其严重(本应判处死刑立即执行)的犯罪,人民法院在裁定终身监禁时,应当严格根据法律规定、基于事实情况等,充分考虑犯罪情节等,这样才能保障罪责刑相适应原则。

(2)合理调控资源配置,并保障服刑人员的基本生活需求

前文已经详细论述了终身监禁制度在我国当前刑罚体系中的重要地位,认为其是符合了废除生命刑主流趋势的制度引入,被认为是有效的死刑替代措施。就当前的终身监禁制度适用范围和适用条件而言,司法机关对终身监禁制度的适用较为审慎,且服刑人员一般在社会身份和基本素养方面都较其他犯罪服刑人员优越,短期内对监狱执行成本不会造成过多压力。然而正如前文所述,由制度改良引发的终身监禁扩张化,长久而言必然导致监狱系统执行成本的繁重。除以上提出特赦制度通过减少服刑人员的方式减轻监狱压力外,实际上也可以通过对刑罚实际执行期间的具体执行方式改造而合理控制我国终身监禁的执行成本。

对此,创新并完善监狱监管制度和服刑人员劳工制度,有望合理控制我国终身监禁的执行成本。首先,创新并完善监狱监管制度主要有以下优势:第一,终身监禁服刑人员容易产生负面心理压力,在执行场所方面应当建立专门监狱,防止与其他自由刑罪犯共同关押导致阻碍其他罪犯犯罪心理矫正、社会性改造的刑罚效果;第二,专门监狱的专门关押,有助于集中管理下的犯罪心理经验汇总,根据看押经验有效解决个人化心理问题,降低监狱机关看押难度。其次,确立终身监禁服刑人员劳工制度主要有以下具体措施:第一,因人而异要求服刑人员参加劳动。当前我国终身监禁制度主要惩治重大贪污受贿犯罪,因此服刑人员很可能都是年龄较长、职务较高的原公职人员。因此对于这些特殊的服刑人员,执行机关应当根据个人能力和身体状况综合考量安排不同岗位要求劳动,从而使服刑人员在心理和精神层面不至荒废消极。第二,为上述服刑人员的劳动酌量基本报酬,该报酬可用于狱中花费、家属寄回、罚金抵扣等。第三,参与劳动所创造的社会财富,可以从实物方面或报酬方面上缴一部分供

监狱机关执行成本的控制和执行机制的顺利运行。

综上,值得期待的是,通过有效的刑罚执行方式改革,终身监禁执行期间的执行管理成本能够得到控制或降低,且终身监禁人员犯罪心理问题能够得到有效矫正,我国刑罚制度立法和执行将在不断探索中更加完善。

四、我国终身监禁立法司法的改良

(一)扩大终身监禁制度的适用范围

在指导思想上,当代中国的立法(包括修正和废止)活动,都应当坚持四个方面:一是坚持正确的政治方向,牢牢把握习近平新时代中国特色社会主义的基本要求,将党的刑事立法政策贯彻到刑事立法修法中去;二是要坚持"以人民为中心"的理念,以《宪法》尊重和保障人权为目标,将维护人民利益作为立法的核心追求,全面、真切回应人民群众的呼声,把"宽严相济"的刑事政策融入每个阶段的立法活动中去;三是要坚持实事求是、从中国实际出发的原则,在充分调查研究的基础上,顺应时代修改刑法规范;[①]四是坚持古为今用、洋为中用的原则,在批判地借鉴域外终身监禁立法经验的基础上,结合当前国际刑罚发展趋势,有选择地加以运用。

在适用范围上,应当适当扩大终身监禁的对象。对于是否需要通过立法扩大终身监禁的适用范围,学界众说纷纭。一种观点认为终身监禁的范围不宜扩大,因为:(1)终身监禁制度存在不可避免的缺陷。主要理由是:终身监禁的严厉性并不亚于死刑,而死刑是不需要替代措施的;[②]终身监禁对犯罪人的个人威慑效果非常有限,在特殊预防上没有意义;[③]终身监禁的教育和改造目的难以达成,且有违反人道主义的责难,所以不

---

① 参见谭波、赵智:《习近平法治思想中立法理论的立场指向与思路》,载《河南财经政法大学学报》2022年第3期。

② 参见张明楷:《终身监禁的性质与适用》,载《现代法学》2017年第3期。

③ 参见车浩:《刑事立法的法教义学反思——基于〈刑法修正案(九)〉的分析》,载《法学》2015年第10期。

宜扩展至更多犯罪。[①] (2)我国尚未对扩大适用范围做好准备。我国的终身监禁制度在立法上存在缺陷,在司法上没有明确的司法标准且适用不多,在执行上会增加监狱的管理难度和经济成本,等等。

另一种观点赞成立法扩大终身监禁的适用范围,认为终身监禁的已有立法已经取得了一定经验,无论将终身监禁制度作为刑罚适用制度还是刑罚执行制度或其他措施,我国还存在一些更为恶劣的犯罪需要适用这种制度,这是基于限制死刑适用、落实"少杀、慎杀"的刑事政策的必然要求。[②] 针对我国刑罚制度生刑与死刑不协调和无期徒刑有期化的问题,现实中确实很容易对严重犯罪扩大死刑的适用。[③] 同时,通过立法明确扩大终身监禁的范围,将危害国家安全、公共安全的严重犯罪纳入终身监禁的适用对象,也有实际意义。[④]

因此,笔者认为,为了加强在司法中死刑适用的限制,除了贪污受贿犯罪外,把其他犯罪纳入死缓犯转为无期徒刑后的限制减刑、假释中去,是完全必要的。

(二)完善终身监禁司法实践操作标准

1. 不得减刑、假释的终身监禁的适用对象排除未成年人

从世界范围内来看,绝对的终身监禁和死刑具有相仿的严厉性,基于对人权的保护,终身监禁不得适用于未成年人。这从法理上是因为(绝对的)终身监禁是以死缓为基础的,死缓作为死刑的执行方式仍然属于死刑的范畴,而未成年人是不适用死刑的,当然也就不能判处基于死刑(死缓)而转来的终身监禁。

2. 将不得减刑、假释的终身监禁规定在《刑法》总则中

《刑法修正案(八)》和《刑法修正案(九)》分别增设了死缓犯的限制

---

① 参见闫雨:《终身监禁的性质、适用与前景》,载《江西社会科学》2019 年第 2 期。

② 参见杨俊:《无期徒刑如何兑现"无期"——以死刑替代功能之充分发挥为着力点》,载《法学论坛》2022 年第 3 期。

③ 参见陈兴良、张明楷、车浩:《立法、司法与学术——中国刑法二十年回顾与展望》,载《中国法律评论》2017 年第 5 期。

④ 参见杨俊:《无期徒刑如何兑现"无期"——以死刑替代功能之充分发挥为着力点》,载《法学论坛》2022 年第 3 期。

减刑制度和终身监禁制度,两种制度的地位和适用要求都有差别。终身监禁是依赖于减刑、假释制度的,是分则的适用前提加上总则的具体条件。基于同样的理由,既然立法机关通过对总则的修订在《刑法》第50条第2款规定了对部分暴力犯罪的减刑限制,也完全可以在《刑法》第50条增加第3款规定对新的犯罪的终身监禁。这样一来便解决了增设终身监禁后《刑法》总则与分则不相适应的问题,同时也为未来扩充适用终身监禁的罪名做好准备。

3. 完善不得减刑、假释终身监禁的裁决主体

可以适用终身监禁的案件都属于严重犯罪的案件,基于对刑罚适用严谨性的考虑,有学者建议将该终身监禁的案件纳入审判委员会审理的范围,①认为这对于准确适用终身监禁有很大帮助。笔者认为,该观点不完全正确。第一,审判委员会不是独立的审理机构,其对于某些案件组织讨论,是在合议庭审理基础上的"把关"行为,不是独立的审理行为。第二,由于减刑、假释制度是一项普遍适用的刑罚执行制度,各种案件都可以适用减刑、假释,在现有制度框架里,审判委员会也只是讨论疑难复杂的重大案件。而终身监禁案件属于重大案件,需要由审判委员会讨论决定,这是无疑的。第三,对于减刑、假释,特别是假释,人民法院是否可以直接作出"死缓减为无期徒刑后不得假释"的决定,还是需要成立一个专门机构来行使"终身监禁"的决定权,是需要研究的。

4. 细化不得减刑、假释终身监禁的适用规则

终身监禁的适用权在法院,这是我国终身监禁的特点之一。尽管终身监禁的执行场所还是在监狱,但由于终身监禁不是在执行中确定的,而是在人民法院作出判决时"同时决定"的,因此,它的主要特征是"法律适用作出的决定"。但迄今我国尚未有对法院如何适用终身监禁作出具体规定和解释,这就需要通过对实践经验的总结,逐步制定和确定终身监禁案件不得减刑、假释的条件、程序和操作要求。

---

① 参见安文霞:《国外终身监禁制度的适用对象及执行》,载《河南司法警官职业学院学报》2019年第1期。

5. 积极推进终身监禁的刑罚结论的规范化

终身监禁刑罚决定的作出,在一般规则上,与普通刑事案件无异。但由于终身监禁对于犯罪人利益有特别重大的影响,就需要对终身监禁的"量刑"进行有别于普通刑事案件量刑的特别要求。概括起来,大致需要做好以下几个方面:

(1)遵守比例原则,慎用终身监禁

根据我国《刑法》第383条第4款、第386条,最高人民法院、最高人民检察院《关于办理贪污贿赂刑事案件适用法律若干问题的解释》第4条第2款的规定,终身监禁应当以"受贿数额特别巨大,犯罪情节特别严重,社会影响特别恶劣,给国家和人民利益造成特别重大损失,论罪应当判处死刑"为标准,适用于原本可能判处死刑立即执行,但判处死刑缓期二年执行能够做到罚当其罪的情况。[①]

(2)加强对终身监禁的裁判说理

对于法律规定模糊的"犯罪情节特别严重""真诚悔罪""犯罪情节等情况"等考验法官裁量能力的不确定性法律概念的运用,应当加强法官说理的必要性,重视法官说理的重要性,使判决书能够准确适用法律,使被告人心服口服。

(3)强化量刑辩论

对于终身监禁的量刑,在取得必要经验的基础上,应当将其设置成为一个独立的"量刑辩论程序"。这个程序依照现行《刑事诉讼法》的规定,可以仍然由人民法院主持,由控辩双方进行辩论后确定。如果假释的决定主体发生了变化,比如设立独立的假释委员会,那么决定是否适用终身监禁,就可以设立独立的法律规范(包括实体和程序),予以适用。

(4)发布指导性案例

及时编写、发布指导性案例,为终身监禁的司法运用提供示范作用。目前终身监禁案件适用太少、适用标准模糊,不利于规则判断,需要逐步

---

① 参见刘霜:《终身监禁制度的司法限缩及其路径——以2015—2020年已决案例为样本的分析》,载《法学》2020年第12期。

改进。

(三)关于终身监禁制度的体系衔接

1.对终身监禁衔接问题的争议观点

(1)终身监禁在死刑框架里衔接

有学者认为,我国的终身监禁制度的设立,构建了从“死刑立即执行”到“死缓犯终身监禁”再到“普通死刑缓期执行”的有序衔接格局。[①]这种观点是不够全面的。理由是:第一,从域外的终身监禁刑来看,我国对应的是无期徒刑。无期徒刑是在死刑(死缓)之下的刑罚措施。因此,不存在“死缓犯终身监禁”这一制度设计。第二,在刑法关于死刑的执行上,只有死刑立即执行和死刑缓期(二年)执行之分,不存在“死缓犯”中再区分“普通死缓犯”和“特殊死缓犯”的问题。第三,“死缓犯终身监禁”如果是从实际后果的角度来说,它应该是“死缓犯”被减为“无期徒刑”后的“终身监禁”,是“无期徒刑犯终身监禁”。第四,“无期徒刑的终身监禁”,无论从实体角度还是程序角度,都是轻于“死缓犯”的。因为死缓犯还存在不确定的被立即执行死刑的可能性,也面临不被立即执行死刑而实际被终身监禁的可能性,两种可能性都存在。

(2)终身监禁在刑罚体系中衔接

有学者提出,我国的刑罚体系需要进行合理调整,优化刑罚种类的结构,建立“一元多层次”的刑罚体系,“认为我国终身监禁的立法体例应当选择‘总则+分则’的形式,即将终身监禁作为死刑、无期徒刑或有期徒刑一样的刑罚,其既可以在总则中规定,也可以在分则中适用于具体的个罪”[②]。

这种观点,混淆了终身监禁与无期徒刑的概念,把终身监禁放在死刑和无期徒刑之间,等于是把终身监禁作为一个独立的刑种对待,突破了我国现行刑罚结构体系,需要进行充分的论证和一段时间的实践,才能判断其是否能够得到支持。即使在效果上它具有一定的可取之处,但从我国

---

① 参见赵秉志、商浩文:《论死刑改革视野下的终身监禁制度》,载《华东政法大学学报》2017年第1期。

② 马微:《终身监禁制度研究》,武汉大学2017年博士学位论文,“摘要”。

刑法的对外交流和国际合作来讲，必定会与其他国家的终身监禁刑相冲突。也就是说，在国际社会中，终身监禁是终身监禁刑的预设结果或者实际后果，它不具有将执行结果上升为刑罚类别的可能性。因此，“将终身监禁作为死刑、无期徒刑或有期徒刑一样的刑罚”的观点能否成立以及如何在立法中应用，还需要深入研究。

2. 笔者对终身监禁制度衔接的观点

根据我国的终身监禁制度在刑罚制度中的定位及法律性质，可以通过与死缓制度、无期徒刑制度之间的衔接来进一步完善终身监禁制度，使之更具有体系化。

(1)将终身监禁制度从死缓制度中独立出来

鉴于终身监禁制度的立法原意，以及推动贪污罪、受贿罪死刑废除的需要，部分学者认为，终身监禁制度应当与死缓制度相分离，使之成为独立的刑种或者通过改造现有的无期徒刑予以适用。

第一，保留死缓制度，将终身监禁作为无期徒刑的一种形式。其一，将终身监禁制度从死缓制度中剥离，将其作为无期徒刑的执行方式，从重刑到轻刑形成完整而连贯的主刑体系。主刑体系具体如下：①包含立即执行和缓期执行的死刑；②包含不得减刑假释的无期徒刑、限制减刑的无期徒刑、普通无期徒刑；③有期徒刑；④拘役；⑤管制。[①] 这样的主刑体系填补了死刑与无期徒刑之间的巨大刑罚落差，有效避免了现阶段无期徒刑减刑、假释容易被滥用的问题。其二，由《刑法》分则所规定的具体罪名来决定死缓考验期满后减为无期徒刑的类型。该具体罪名死刑以下最高无期徒刑类型为不得减刑、假释的，减为不得减刑、假释的无期徒刑；最高无期徒刑类型为限制减刑的，减为限制减刑的无期徒刑；最高无期徒刑为普通无期徒刑的，减为普通无期徒刑。多档的无期徒刑执行方式于法官更方便适用，于老百姓也更容易理解，而无期徒刑作为重刑名副其实，可以更好地脱离司法判决对死刑立即执行的依赖。其三，改变重大立功

① 参见赵赤：《〈刑法修正案（九）〉中的终身监禁制度探析》，载《净月学刊》2016 年第 3 期。

表现的减刑形式,在死缓减为具体无期徒刑类型以后再向下减一个一级。比如,死缓减为不得减刑、假释的无期徒刑又有重大立功表现的,再减为限制减刑的无期徒刑。这样的方式妥善避免了重大立功在犯罪人适用终身监禁后完全被架空的尴尬。

第二,通过改造现有的无期徒刑制度,将终身监禁嵌入无期徒刑之中。其一,区分绝对无期徒刑和相对无期徒刑和普通无期徒刑。在《刑法修正案(九)》制定之前,我国刑法学界基本将终身监禁归类于无期徒刑的种类之一。学者将无期徒刑分为两类,一类是不得减刑、假释的无期徒刑,称为绝对无期徒刑或终身监禁,这是真正意义的"无期徒刑",作为死刑替代措施维持死刑废除后的刑罚威慑力。另一类是可以适用减刑、假释的无期徒刑,称为普通无期徒刑,这就是目前刑法所规定的无期徒刑。① 此外,再将限制减刑制度纳入无期徒刑的类型之中,称为相对无期徒刑,形成层次分明的三档无期徒刑。将现有终身监禁制度纳入绝对无期徒刑之中,作为无期徒刑的类型之一,符合终身监禁的立法目的和实际效果,将现有不协调的终身监禁制度合理融入刑法之中。

其二,增加无期徒刑不得减刑、假释,限制减刑、假释的概括性规定。对于无期徒刑减刑、假释的适用方式,可以在《刑法》总则中增加一款:"因犯危害国家安全、危害公共安全罪、暴力性犯罪、贪污贿赂犯罪、毒品犯罪等被判处无期徒刑的犯罪分子,人民法院可以对其宣告不得减刑和假释或限制减刑假释。"②在立法上,这一规定保持了刑罚体系的稳定性和流畅性,很好地界定了三种无期徒刑适用的方式,同时避免了在分则中单个立法可能造成的刑罚体系的混乱。在司法上,这一规定使法官在具体案件中可以根据案情裁量是否采用绝对无期徒刑,适用方式也简单明了。

其三,修改《刑法》总则中与终身监禁相矛盾的内容。针对《刑法》分

---

① 参见赵秉志主编:《宽严相济刑事政策在死刑适用中的贯彻研究》,中国法制出版社2015年版,第77、78页。

② 袁彬:《我国民众死刑替代观念的实证分析——兼论我国死刑替代措施的立法选择》,载《刑法论丛》2009年第4期。

则终身监禁内容与总则中减刑、假释制度的冲突，可以在《刑法》第 78 条减刑条件和第 81 条假释条件下增加“本法分则对减刑适用有其他规定的，从其规定”的表述。这样一来，既能使总则和分则关于减刑和假释的规定保持一致，又能为未来其他罪名增设相应制度时扫除障碍。[①]

（2）完善暂予监外执行制度使之发挥应有的作用

根据现行的暂予监外执行制度的规定可以发现，被判处终身监禁的罪犯并不能适用暂予监外执行。终身监禁的犯罪人终其一生在监狱内服刑，监狱不可避免地成为这些犯罪人的“养老机构”，监狱机关养老和管理的人力、物力和财力成本随着服刑人员年龄的增长不断提高，加剧了监狱机关的负担。完善暂予监外执行制度，为暂予监外执行制度划定一个具体年龄，如 65 周岁，在此年龄之上的犯罪人满足实质条件便可暂予监外执行，并将该制度应用于终身监禁。这样一来，一方面减轻了监狱的管理负担，另一方面也体现了刑罚的人道主义精神。

① 参见孙飞：《论我国刑法中的终身监禁》，大连海事大学 2019 年硕士学位论文，第 22 页。

第六章　我国终身监禁制度的配套改革

第一节　完善减刑、假释制度

一、常规意义上的减刑、假释制度的完善

减刑、假释制度的完善,是针对其所存在的问题的。这些问题既包括立法上的问题,也包括司法上的问题,还包括执行中的问题。这方面,许多学者对之进行了研究,并提出了不少建设性的意见和建议。例如,建议设立减刑考验期和撤销制度,[①]监狱成立刑罚变更执行办案中心,[②]完善减刑、假释的检察同步监督机制,[③]等等。对当今学者在这方面的研究成果,本书不再作详细论述。鉴于减刑、假释制度作为刑罚执行制度与刑罚其他制度的关联性,为便于对刑罚制度作整体的系统化分析,在此概括论述以下几个方面。

(一)建立全国统一的减刑、假释标准

由于减刑、假释具有类似于重新审判的意味,其

---

① 参见李保甫:《试论如何完善我国的减刑假释制度》,载《河南社会科学》2010 年第 4 期。

② 参见李豫黔:《减刑假释暂予监外执行的问题与改进探讨》,载《犯罪与改造研究》2022 年第 2 期。

③ 参见刘钰:《减刑、假释同步监督机制之完善》,载《山西省政法管理干部学院学报》2015 年第 3 期。

所产生的结果也是直接与罪犯的自由、财产权利相关的。因此，在公平、公正的判决裁定下，防止和避免通过减刑、假释不当改变生效判决，减刑、假释应确定统一的基本条件。

1. 减刑、假释条件

我国《刑法》第 78 条和第 81 条分别对减刑、假释的适用对象、适用条件和时间限度等都作了明确的规定。但从实践应用的角度来看，还是非常抽象。因此，可以考虑制定一部《减刑、假释实施细则的条例》，将最高人民法院《关于适用〈中华人民共和国刑事诉讼法〉的解释》、《关于办理减刑、假释案件具体应用法律若干问题的规定》、《关于办理减刑、假释案件具体应用法律的补充规定》、《关于减刑、假释案件审理程序的规定》和最高人民检察院《人民检察院办理减刑、假释案件规定》，以及最高人民法院、最高人民检察院、公安部、司法部《关于加强减刑、假释案件实质化审理的意见》中的相关内容整合起来，形成一个系统的规则，以确保减刑、假释工作的标准化、规范化和精准化。

2. 减刑、假释的认定标准

关于减刑、假释的认定，应根据刑法和行政诉讼法相应的规定，对减刑、假释适用的条件进行实质性的审查，把握具体认定的内容、要求和尺度，对罪犯犯罪的性质、情节、社会危害性程度和原判刑罚及生效裁判中财产性判项的履行情况，以及交付执行后的一贯表现等因素，进行全面考察。比如，对于减刑与假释适用的共同条件"确有悔改表现"，如何认定？就需要从认罪悔罪的态度，遵守法律法规及监规、接受教育改造的情况，参加思想、文化、职业技术教育的态度及表现，参加劳动及完成劳动任务的情况等多个方面进行。因此，在考察要素（条件）的基础上，这些要素（条件）具体内容的细化、量化是完善的重点。

3. 减刑、假释的办理程序

我国《刑法》对减刑、假释的适用条件作了比较明确的规定，而对减刑、假释的程序则只在《刑法》第 79 条、第 82 条中作了提示性规定，犯罪分子的减刑、假释，由执行机关向中级以上人民法院提出减刑、假释建议书。人民法院应当组成合议庭进行审理，对确有悔改或者立功事实的罪犯,裁定予以减刑、假释。非经法定程序不得减刑、假释。我国《刑法》就减刑、假释的程序没有作具体规定。即使在我国担当刑罚执行法使命的《监狱法》里,也只有四个条文规定了"减刑",从内容上来看,都是非常原则性的规定,一般由监狱提出意见报人民法院,被判处死缓的罪犯,在死缓执行期间的表现符合法律规定的减为无期徒刑、有期徒刑的条件的,期满时由所在监狱提出减刑建议,报省级监狱管理局审核,提请高级人民法院裁定。

因此,建议减刑、假释的程序由最高人民法院、最高人民检察院、司法部等通过司法解释的形式,仿照刑事诉讼法的程序模式,作出具体的规定,以减少不当减刑、假释的现象出现。

(二)证据审查制度的完善

减刑、假释的法律适用问题,最核心的是减刑、假释条件的设定、考察、核查和价值评估问题。在实践中集中体现在"是否具备了法定减刑、假释条件"。在考核条件明确具体、评分细则具有可操作性的前提下,主要的环节在于用"证据证明达到了减刑、假释的条件"。因此,完善减刑、假释的证据要求及其运用规则就显得特别重要。实践中要把握好三个方面:一是针对减刑、假释案件的证据主要是言词证据的实际,应当全面收集与该罪犯表现相关的言辞证据,包括管教人员、同监室人员,特别是不同时间段相处过的同室人员的证言,必要时可以要求证人出庭作证,以核实事实。二是在"确有悔改表现"的认定上,应着重考察服刑人员的内心状况,通过(包括但不限于)谈话、暗访、心理测试等方法,检验服刑人员是否真实悔改。三是所有减刑、假释案件的审理人员,应当与服刑人员进行面谈,以保证减刑、假释决定的有效性。

(三)监狱与社区的衔接

我国刑法规定假释采用社区矫正的形式进行监管,但监狱与社区之间的衔接不够顺畅,在整个社区矫正工作中,力量跟不上、管理不到位的问题还比较突出。据有关部门调研,目前我国社区矫正存在制度不全、手段单一、人员短缺、保障不力等问题,这些问题需要有力措施予以改良。比如,在《社区矫正法》基础上制定专门的社区矫正实施细则和配套规章制度、给专门配备的社区矫正人员确定编制、保障社区矫正经费的落实，尤其需要明确边缘地区社区矫正人员的待遇标准，以促进假释以及与此相类似的管制、缓刑工作的有效开展。

(四)监督制度的完善

减刑、假释是在生效判决的基础上进行的，减刑、假释其实是对生效判决的执行内容的调整。这种调整，对于判决裁定的公平性、司法结果的公正性和人民法院的司法权威，都会产生重大影响。在一般意义上，改变生效判决裁定，只能通过再审程序进行，否则不能改变。但在执行过程中，法律设定减刑、假释制度可以改变已生效判决的执行刑，其实际效果等同于改变判决裁定，因此需要严格按照法律规定的条件和程序，实施减刑、假释行为。这可以从以下两个方面入手。

1. 加强检察对减刑、假释的监督

尽管从《刑事诉讼法》和《监狱法》的角度来看，检察机关有权参与对刑罚执行的监督，但是就案件实际运行中如何进行有效监督，那是需要重新思考的。笔者认为至少应当对减刑、假释案件的信息公开、证据公示、审理公开等方面进行监督，以防止减刑、假释案件的“暗箱操作”。检察监督应当贯彻考察、提请、审理、执行的全部过程，尤其是在考察阶段对监管机构的计分规则的制定和实施进行的监督，在提请减刑、假释阶段通过阅卷对全部审核条件的监督，在审理阶段对证据审查和证据运用提出的意见，在执行考验阶段对减刑、假释人员的表现进行的调查了解，都是监督的重要内容。同时，通过对减刑、假释的监督，查处在减刑、假释中的职务犯罪，行使侦查职能，实现反腐败等多方面成效。

2. 加强社会对减刑、假释的监督

对减刑、假释的社会监督，主要是通过公开的形式让公众知悉、参与到案件减刑、假释的决定过程中来。一是减刑、假释案件的程序公开，如允许公众旁听和观摩人民法院审理减刑、假释案件的庭审，让公众有监督减刑、假释案件的机会；二是邀请人民陪审员参与到庭审过程中来，发挥人民陪审员对减刑、假释案件的社会监督作用；三是采取公开听证的形式，让专业人员参与到减刑、假释案件的听证活动中，用专家说法的形式，阐明减刑、假释的理由，实现普法目的；四是邀请新闻媒体对减刑、假释的案件进行具体报道，或者制作新闻节目，增强“减刑、假释案件的透明度，扩大普通民众的监督途径，有效遏制司法腐败问题”[①]。

二、与终身监禁配套的减刑、假释制度的完善

研究减刑、假释制度，特别是“可以假释、限制减刑”或者“不得假释、可以减刑”二者与“不得减刑、不得假释”的终身监禁之间的关系，是一个新的课题。

（一）适用于终身监禁的减刑制度的完善

终身监禁作为一种从执行效果考虑而存在的制度，通常需要采用反向形式予以设定，也就是“如果没有……”那么“是否能永久监禁？”这个命题。

终身监禁的减刑，实际上指的被判处死刑缓期二年执行的人，在执行期满没有故意犯罪，或者即使有故意犯罪但不是情节特别恶劣，被减为无期徒刑时，在无期徒刑执行过程中是否可以减刑，以及如何减刑的问题。它不包括从“死缓”减为无期徒刑的“减刑”。

在现行刑法框架里，终身监禁是不能减刑的。因此，我们说要完善适用于终身监禁的减刑制度，是基于与终身监禁的未来发展（展望）相配套的一些措施的完善。这些措施与终身监禁制度本身的改良内容是不同的，它处在基础性或者保障性的地位。从这个角度出发，笔者认为减刑制度需要在以下几个方面进行完善。

1. 赋予监狱（刑罚执行机关）对终身监禁案件提起减刑的特殊权力

如前所述，终身监禁的罪犯在无期徒刑的执行阶段没有获得减刑的权利。然而，作为终身监禁制度的一种救济，应当赋予某些特定机关、组织在全程接受监督的情况下启动申请减刑的权力。这种权力只是一种请求权，是启动对该终身监禁案件进行审查的资格。

---

① 程绍燕：《我国减刑、假释听证制度研究》，载《政法论坛（中国政法大学学报）》2016年第4期。

之所以让监狱行使这种请求权，是因为在刑罚执行，尤其是终身监禁等长期处于监禁状态的环境里，只有监狱最了解罪犯经过长期改造后的变化（未变化）状况，并且按照罪犯改造标准进行专业评估，得出是否具有“撤销不得减刑”（“假释”亦同）而改变终身监禁结论的必要性。监狱之外的其他任何机构，都没有监狱更了解罪犯改造状况。

监狱的这种请求权，需要经过多个不同层次的专业审查和复核，按照法定职权由有关机关或部门依法定程序作出决定。审查、复核的机构，大致可以分为两个层面：一个是监狱及其主管部门，包括监狱、当地司法局（狱政科）、上级监狱管理局；另一个是驻所监察室、人民法院。前者主要是复核，对监狱系统提出的意见进行审查、复核，进行检察监督；后者是对申请“撤销不得减刑、假释”进行审理、裁判。

人民法院对于这种基于特殊赋权所形成的请求，应当依法审查，按照我国减刑制度确立的条件及其精神，作出是否准予减刑的决定。对于这种请求权的审理，应当以“人总是可以改造的”和“化消极因素为积极因素”的思想为指导，进行刑法的创新实践。

2. 赋予罪犯在获得特别重大立功时请求减刑的权利

在我国刑法的基本规定中，有对于特别重大立功的宽恕待遇的规定。《刑法》第 78 条对重大立功的规定为“应当”减刑，第 50 条规定对于“判处死刑缓期执行的，在死刑缓期执行期间，如果没有故意犯罪，二年期满以后，减为无期徒刑；如果确有重大立功表现，二年期满以后，减为二十五年有期徒刑”。这说明，在通常情况下，死缓犯是可以利用“重大立功”打破刑罚格局的，从一般“减为无期徒刑”到“减为有期徒刑”。而“终身监禁”是从“死刑立即执行”而来的，虽然在刑罚强度上应比一般无期徒刑要严一些，但依照这个原理，如果我们把“重大立功”提高到“特别重大立功”（具体标准可以由司法解释设定），那么，对符合“特别重大立功”的罪犯，给予申请减刑的特别权利，也是罪责刑相适应原则的体现。

至于这种申请，应当在程序上设置严格的审查、复核要求，需要经过监狱三级会审；或者在法院开庭审理中加入听证程序，听取各界代表的意见，都是必要的和可行的。

(二)适用于终身监禁的假释制度的完善

1. 假释先行期限的规定

在各国无期徒刑的改良中,大多主张在对无期徒刑的罪犯假释前,进行一定期限的考察,也称之为强制性的羁押期。如规定25年的期限,即25年之内不得减刑或假释的无期徒刑;[①]或者先行关押的期限设置为10年,在10年内罪犯不得被减刑、假释。[②]

日本学者斋藤静敬认为,终身拘役刑是针对那些已经服了15年刑期,并且有显著悔改的罪犯而言的,其被假释还需要以被害人或其亲属的同意为基本要件。[③]

2. 假释机构的建设

我国目前没有专门的假释机构。建议参照英国的做法设立假释委员会,专门处理"终身监禁"的案件。

"假释委员会"的性质是司法行政部门,可以隶属于司法部(厅、局、科),总体上是一个审查复核机关。

就现行中国的刑事执行程序而言,假释的最终决定权是由法院行使的。因此,在职权划分和组织机构设立上,到底是采用在人民法院里面设立"假释委员会"还是在"刑罚执行机关"到"法院审理裁定"前安插一个"专门假释委员会",是可以选择的。

假释委员会的设立,包括由此增加的程序性条件,无疑会对终身监禁的司法适用增加一定内容。通常而言,假释委员会的主要职责是对被判处终身监禁的罪犯的服刑情况进行综合评估,该评估结果将关系到对被判处终身监禁的罪犯是否已具有假释条件的判断,以及按照罪犯处遇等级步入被开放式管理的可能性。

从提出申请到实际假释的决定作出,往往是一个复杂的过程。借鉴

---

① 参见李希慧:《论死刑的替代措施——以我国刑法立法为基点》,载《河北法学》2008年第2期。

② 参见高铭暄、楼伯坤:《死刑替代位阶上无期徒刑的改良》,载《现代法学》2010年第6期。

③ 参见[日]斋藤静敬:《死刑再考论》,成文堂1999年版,第228页。转引自陈家林:《日本死刑替代刑罚研究评价与借鉴》,载《河南省政法管理干部学院学报》2008年第5期。

域外经验,我国对终身监禁罪犯具备假释可能性的综合评估,还应当要兼顾监狱、检察监督、心理专家等方面的意见。

(三)减刑、假释适用对象的扩大

在《刑法修正案(八)》的立法过程中,曾经有不少学者提出要把终身监禁在《刑法》第78条和第81条中作出规定,将限制减刑、限制假释的对象作适当扩大,以放宽减刑、假释的适用对象。比较而言,我国《刑法》第81条规定的假释适用对象与我国《刑法》第72条规定的缓刑适用对象的规定精神是一致的。因此,可以考虑把拘役也纳入假释的适用范围。当然,与此相适应,还要考虑对轻刑犯的假释缩短羁押期间的考察期并采用简易、速裁程序。

第二节　完善死缓制度

一、死缓制度的立法沿革

我国现行《刑法》规定的死缓制度是死刑的执行规定。它适用于触犯死刑罪名但无须立即执行的罪犯。死缓制度通过设置考验期暂缓执行死刑,给罪犯提供生的机会,是保障人权的立法体现。而从立法渊源考察,可以发现这一制度实际上是中国的独创。据文献研究,毛泽东同志于1951年首次提出了"死缓"的概念,他说:"对于没有血债、民愤不大或者虽严重损害国家利益但还没达到最严重的程度,但却最该处死的人,应当判处死刑缓期二年执行,并且强迫其劳动,以观后效。"①死缓制度由此确立,并且通过专业的立法活动成为1979年《刑法》的基本内容。1979年《刑法》第43条基本反映了毛泽东同志的思想:"……如果不是必须立即执行的,可以判处死刑同时宣告缓期二年执行,实行劳动改造,以观后效……"1997年《刑法》经过修订确定现行《刑法》第48条、第50条的规

---

① 张希坡编著:《中华人民共和国刑法史》,中国人民公安大学出版社1998年版,第235页。

定,保留死刑缓期二年执行的传统。

因此,可以认为,我国的死缓制度在不同阶段担当了不同的使命。在1997年之前死缓制度主要承担着减少死刑适用的任务,贯彻了“少杀、慎杀”的死刑政策,目的在于化解矛盾、稳定社会。到了1997年后,死缓虽然还是死刑的一种执行方式,但其任务已从维护社会秩序扩大到了保障人权、保护社会的双重任务,体现了报应理念向预防理念的转变,死缓制度也成为死刑立即执行的缓和措施,贯彻了宽严相济刑事政策的精神。

终身监禁本质上属于自由刑;死缓作为死刑的执行方式,不具有独立刑种的地位,其本质是生命刑。而自由刑与生命刑是性质不同的两种刑罚。因此,用终身监禁替代死刑(包括死缓)只是制度层面的一种设计,是以按照刑罚种类的轻重所作的排列形成的功利选择,而不是在本质上它们具有替代性。我国现行立法把终身监禁配置于严重的贪污受贿犯罪,是以贪污受贿罪可以判处死刑为前提的。也就是说,贪污受贿罪并没有废除死刑,而是一种搁置,是“架空”死刑不用它。这与某一个罪立法上废除死刑后的“高威慑刑”空缺,而选择“终身监禁”来作为替代措施,在刑罚功能上是不一样的。因为,任何刑种都应当有明确的界限,终身监禁是自由刑,它在制度上与生命刑相衔接,但它不是生命刑的执行方式。终身监禁制度的设立在于废除死刑,而一般死缓制度的设立在于减少死刑立即执行的实际适用,“给予犯罪分子生的希望”①。

二、改革死缓制度应当坚持的理念

死缓制度的完善,相对于其他独立刑种的完善要复杂一些,这与死缓制度的地位有关。在逻辑体系上,死缓是一种“从宽处罚”的制度设计,是“不立即执行”“以观后效”。因此,突出对死缓逻辑体系的认识,增强其科学性,是改革的方向。具体该从哪里入手,有两种不同的路径。

第一,从人道主义理念出发,强化人权保障。自从刑法上确立终身监

① 高铭暄:《中华人民共和国刑法的孕育和诞生》,法律出版社1981年版,第75页。

禁以后,死缓制度改革的重心已经集中在前置于终身监禁的死缓制度的具体完善上。终身监禁是否符合人道主义,学界观点不一。第一种观点认为,终身监禁的立法原意是承接死刑的,它的出台是对死缓的完善。"只不过在总则确立该制度之前先适用在具体罪名中"[①]罢了。第二种观点认为,该种制度执行效果具有残酷性,终身监禁"不得减刑、假释"的执行方式产生的精神折磨甚至大于死刑立即执行的生命刑。[②] 第三种观点认为,终身监禁制度的执行虽然残酷,但至少保留了罪犯活着的权利,提供了"生"的希望,因此从长远看符合人道主义的考虑。[③] 笔者认为,在刑罚制度的设计和功能选择上,把保障人权放在首位,是一切法律行动的起点。

第二,坚持恢复性刑罚理念,减少死刑适用。死缓制度的改革应当集中于缓刑考验期的设置和死缓变更立即执行的具体条件。有学者提出,应当在《刑法》第50条第1款中独立表述终身监禁型死缓,形成与一般死缓制度并列的制度规定。这样就可以排除《刑法》第50条第1款当然适用终身监禁的可能性,既无须考虑罪犯在考验期间的重大立功表现,也无须考虑减为无期徒刑之后的减刑、假释问题,从实际效果层面减少了死缓考验期间的执行矛盾。[④] 这一观点虽然顾及了前置于终身监禁的死缓制度的定位与一般死缓的不同,可以影响《刑法》第383条对终身监禁制度的适用解读,但无论是将终身监禁型死缓制度与一般死缓制度并列,还是作为下位制度,都没有解决"死缓的统一性"问题。鉴于现行《刑法》对死缓制度与终身监禁制度之间尚未形成明确且完善的设计理念,缺乏科学的刑罚建构必要性理论,因此应当深入探讨死缓制度"缓

---

① 时延安:《死刑立即执行替代措施的实践与反思》,载《法律科学(西北政法大学学报)》2017年第2期。

② 参见徐永伟:《终身监禁替代死刑之路径与实现——兼论四例终身监禁判决之妥适性》,载《时代法学》2018年第2期。

③ 参见郭理蓉:《死刑废止视角下的"生刑"体系重构》,载《山东警察学院学报》2010年第4期。

④ 参见何显兵:《死缓终身监禁的价值审视及适用规诫》,载《中国政法大学学报》2018年第5期。

期二年执行”规定的科学性和合理性，有必要对缓期年限进行重大改革。诚然，我国现行《刑法》短期内还不能在总则中确立终身监禁的独立地位，但终身监禁就执行效果本身而言确有死刑替代相当性，因此可以从死缓制度出发，对已经被确立的死缓制度作出重大改革，设立含有“终身监禁”执行效果的死刑执行方式，既保证了刑种的统一，又能加快死刑的废除。

三、死缓制度的改革内容

(一)调整死刑缓期执行期限

由于现行《刑法》规定“缓期二年执行”并不具备严格的立法背景调查和科学合理的数据支撑，“二年”不应当默认成为有效的死刑缓刑考验期，因此对死缓制度的重大改革之一是把“缓期二年执行”改成立法分段，结合《刑法》分则不同犯罪情形规定不同的死刑缓期执行年限(如缓期5年执行、缓期10年执行、缓期15年执行等)。这就需要针对《刑法》第48条和第50条进行重大改革，修改死刑缓期执行年限能够在保证减少死刑立即执行适用的情况下推动罪犯在监狱内的改造效果，提高死刑的威慑力，通过增加缓期执行年限的多段设计，可以将尚未在总则确立的终身监禁制度合理嵌入死缓制度，形成“不固定缓期执行期的死缓”，缓解终身监禁制度在我国刑罚体系中的尴尬地位。

我国现行《刑法》保留的死刑罪名分别规定在《刑法》分则十章中。根据《刑法》第48条第1款“死刑只适用于罪行极其严重的犯罪分子”的规定，进入死刑法定刑视野的首先是死刑立即执行，其次才是死缓制度的裁量范围。比如，针对刑法条文明确某些罪行(杀人等暴力犯罪)应当判处死刑的，优先要考虑死刑立即执行，然后再考虑死缓；而对于其他非暴力性犯罪设置死刑的罪名，则可以在纳入死刑裁量范围后优先适用死缓。在确定了死缓刑之后，再根据罪行严重程度、侵害法益程度、社会容忍程度等因素确定死刑缓期执行的年限。这样，对于死刑罪名的刑罚裁量应按立法分段的设计进行“三步走”：第一步考量是否满足死刑立即执行的条件，决定是适用“死刑立即执行”还是“死刑缓期执行”；第二步考量犯罪分子的具体罪行应当如何配置死刑缓期执行的年限；第三步考量已经落入不同缓期执行年限的犯罪分子，在考验期满后继续执行死刑或者判处无期徒刑或者判处有期徒刑。

根据《刑法》分则的死刑罪名规定，建议在死缓制度改革中以死刑罪名的最低刑为死刑缓期执行年限的相对标准而非绝对标准，分别为缓期2年（如第125、127条第1款、232、234、236、263、369、421、422、423、424、439条等）、缓期5年（如第239、240、370、430、431、438、446条等）、缓期10年（如第115、119、121、127条第2款、317、383条等）、缓期15年（如第347条等）。据此确定的死缓年限，至少能满足具体罪行的最低刑期，具有相对公平合理的科学性。而缓期2年执行、缓期5年执行、缓期10年执行、缓期15年执行的具体适用，并不与对应的死刑罪名具有绝对关联性，可以由法官根据罪行的严重程度行使自由裁量权。上述裁判结果，并不影响法官对其中的累犯以及因故意杀人、强奸、抢劫、绑架、放火、爆炸、投放危险物质或者有组织的暴力性犯罪被判处死缓的犯罪分子的限制减刑。这里的“二次评价”不等于“重复评价”，因此无须对《刑法》第50条第2款进行修正。

这种改革内容形成的执行效果一般可以分成：第一，考验2年至15年后执行死刑。第二，考验2年至15年后减为无期徒刑，其中死刑缓期15年执行期满后减为无期徒刑，就是在总则层面确立了“不固定缓期执行期的死缓”，因为根据《刑法》第78条第2款第2、3项的规定，一般无期徒刑减刑后实际执行的刑期不得少于13年，限制减刑的死缓执行期满后减为无期徒刑的犯罪分子，实际执行不得少于25年。也就是说，死刑缓期15年执行的犯罪分子，实际服刑年限至少为28年至40年，它突破了我国刑罚自由刑的最高刑期，具有终身监禁之效果。第三，考验2年至15年后减为25年有期徒刑。

改革后“缓期15年执行”与现行“缓期2年减为无期徒刑”的区别：第一，实际服刑年限不同。前者缓刑考验期为15年，根据现行《刑法》规定，缓刑考验期内不允许减刑，被判处死缓15年的罪犯无异于既被判处不得减刑的有期徒刑15年又被判处附条件的死刑。后者缓刑后减为无期徒刑一般允许重复减刑(《刑法》第 50 条第 2 款限制减刑情形除外),如果罪犯在服刑期间表现优异,则可以重复减刑。第二,裁量效果不同。前者较后者更为严格,罪犯最终是否被判处死刑,需要等待长达 15 年的超长缓刑考验期,对罪犯狱内表现要求极高,就某种程度而言,罪犯在考验期内的表现只能影响其最终能否被免除死刑。后者相较于前者对生命刑更加具有确定性。换言之,后者在被减为无期徒刑时意味着确定性保留生命和确定性服刑,罪犯的狱内表现可以多次受到"奖励"从而更快走向社会。因此,缓期 15 年执行的死缓情形应当适用于重刑犯。总之,缓期 15 年执行与缓期 2 年后减为无期徒刑,虽有结果上的差异,但具有服刑年限的相当性,有效衔接了死缓制度与终身监禁制度的内在联系。

据此,改革后的《刑法》第 48 条应表述为:"死刑只适用于罪行极其严重的犯罪分子。对于应当判处死刑的犯罪分子,如果不是必须立即执行的,符合以下情形可以判处死刑同时宣告缓期执行:(一)侵害程度较轻,认罪态度较好,可以宣告缓期 2 年执行;(二)后果较为严重,再犯可能性较大,可以宣告缓期 5 年执行;(三)社会危险性高,可以宣告缓期 10 年执行;(四)罪行严重,后果无法估量,可以宣告缓期 15 年执行。"

可以看出,这种改革方式实际上是将死刑立即执行方式逐步通过执行自由刑的方式进行替代。相较于分则中孤立的终身监禁而言,这种对死缓制度考验期限的改革扩大了自由刑适用范围。

(二)严格死缓变更立即执行的条件

死缓制度的完善,除了对死缓执行期限的科学分段式立法,还应当考量在死缓执行期满后变更为立即执行的条件,粗糙且主观的条件容易造成自由裁量权的滥用,难以实现死缓制度限制死刑立即执行的功能。因此,应当集中在《刑法》第 50 条第 1 款的规定,尤其是"故意犯罪、情节恶劣"的条件改革。

对于这一问题,学界提出了不同的改革建议,但基本集中在死缓执行期间在押罪犯再次触犯的罪行性质(学界主要有这几种观点:其一,再次触犯的罪行是死刑罪名,符合"情节恶劣";[①]其二,再次触犯的罪行是《刑法》分则规定的恶劣程度较高的犯罪,符合"情节恶劣";[②]其三,再次触犯的罪行属于严重的故意犯罪,符合"情节恶劣")而忽视了在押罪犯所触犯的原本罪名性质。因此,对于如何加严死缓变更立即执行的条件,可以从两个方面改革。一方面,对"故意犯罪,情节恶劣"进行细化,对现有条文进行修正;另一方面,增加设定犯罪分子原有罪行对死刑立即执行的排除条件。二者结合才能最高效地减少死刑立即执行案件,符合人道主义理念。

第一,细化现有条件。曾有学者根据上述三类观点总结提出列举式"故意犯罪,情节恶劣"的标准,但从社会复杂性和长远角度来看,列举式解释看似细化了较为粗糙的条文设置,使案件具有更强的可行性,但是仅通过某一标准确定故意犯罪的定性或者情节恶劣的定性,难以覆盖综合考量实质上具有恶劣故意犯罪的情形。因此,可以将不同犯罪类型的危害程度作为主要标准,其他因素作为综合考量的其他标准,认定是否符合"故意犯罪,情节恶劣"的条件。从我国《刑法》规定的故意犯罪类型来看,可以大致分为三类:轻微的故意犯罪、较重的故意犯罪(被判处5年以上有期徒刑)、严重的故意犯罪。以较重的故意犯罪为区分界限,能够把情节轻微、社会危害性显著不大的故意犯罪与严重的故意犯罪区分开来,把"5年有期徒刑及以上"作为死缓变更为死刑立即执行的细化条件符合我国国情,具有可操作性。

第二,增加原本罪名条件。可以认为,对于非暴力性犯罪触犯死刑的犯罪分子,综合考量被判处死缓之后可以默认排除执行死刑的可能性。这种条件设定或许存在同一罪名重复评价之嫌,因为对于判处死缓的裁量就是对犯罪分子原本罪名的评价结果,而考验期满是否需要变更执行死刑主要是考量该犯罪分子的改造情况,是否具有再犯可能性、社会危险

① 苏彩霞:《国际人权法视野下的我国死刑立法现状考察》,法律出版社2005年版,第77～80页。

② 付丽洁、郑丽萍:《论死缓制度的完善》,载陈兴良、胡云腾主编:《中国刑法学年会文集(2004年度)第一卷:死刑问题研究》(下册),中国人民公安大学出版社2004年版,第113页。

性高低等。为防止原本罪名对是否执行死刑有决定性作用,导致考验期作用架空,可以建议前后两次犯罪性质综合分析,若犯罪分子原本触犯罪名为非暴力性犯罪,在死缓考验期内触犯罪名为相同或类似性质且未造成严重后果,那么该犯罪分子就可以排除最终死刑立即执行的可能性。这在最大程度上实现了减少死刑立即执行数量的功能,且体现了保障人权的理念。

综上,通过严格限定死缓向死刑立即执行转化的条件,可以有效降低死刑执行率,死缓制度才能逐渐演变为一种偏向于"生刑"的刑罚执行方式,以逐步实现其对死刑立即执行的替代。

第三节 优化赦免制度

我国在1954年《宪法》中规定了赦免制度包括大赦和特赦,但实际上自新中国成立以来,大赦制度从未实施过。1982年《宪法》将大赦制度删除,保留了特赦制度。因此,本书对于赦免制度的探讨,仅限定在特赦制度的范畴中。

一、优化赦免制度适用对象

(一)将重刑犯、重罪犯及死刑犯纳入赦免制度的适用对象

1. 重刑犯、重罪犯可成为赦免制度的适用对象

新中国成立后,我国共进行了九次特赦,其中1959年至1975年的七次特赦,主要是针对战争罪犯所实施的;第八次、第九次特赦对参加过中国人民抗日战争、中国人民解放战争,或者年满75周岁、身体残疾且生活不能自理的重刑犯(罪刑严重的罪犯)、重罪犯(罪名严重的罪犯)均未排除适用。由此可见,即使是重刑犯、重罪犯也是能够成为赦免制度的适用对象的,且目前已有实践先例,证实其未对司法制度和社会秩序产生不良影响。

就重刑犯问题,在我国第九次特赦时,罪犯可基于功勋获得特赦资

格，但剩余刑期在10年以上的和仍处于无期徒刑、死刑缓期执行期间的罪犯不得特赦。但是该“不得特赦”的前提，是“对本决定施行之日符合上述条件的服刑罪犯，经人民法院依法作出裁定后，予以释放”。也就是说，因为第九次特赦的法律后果是“释放”，所以全国人大常委会对重刑犯的适用标准作了相对应的提高。如果未来我国的赦免制度进一步发展，出现赦免性减刑和赦免性假释，那么对于重刑犯特赦的适用限制或许也将进一步缩小。

目前，基于对腐败问题“零容忍”的政策要求，我国第九次特赦明确限制了贪污受贿罪犯的特赦主体资格，但是相较于故意杀人、强奸、抢劫、绑架、爆炸等犯罪而言，贪污受贿犯罪的罪犯人身危险性较小，终身监禁制度的实施也使该类罪犯看不到重获自由的希望，若是将其完全排除在赦免制度的适用范围之外，有可能导致其丧失教育改造的积极性，加重监狱管理的负担。因此，在未来的特赦实践中，可以将贪污受贿罪犯作为适用对象，设置相较于其他特赦对象更为严格的条件，并给予赦免性减刑或赦免性假释的法律后果。

2. 建立死刑赦免制度，将死刑犯纳入赦免制度的适用范围

联合国《关于保护面对死刑的人的权利的保障措施》第7条规定，任何被判处死刑的人均有权寻求赦免或减刑；所有死刑案件均可给予赦免或减刑。虽然我国的赦免制度并不适用于死刑犯，但是学界已有不少建立死刑犯赦免制度的呼声，提出可以增设死刑赦免程序，完善办理死刑案件刑事诉讼制度，限制死刑。[①] 在制度上给予死刑犯申请赦免的权利，有利于贯彻“少杀、慎杀”的死刑政策，进一步限制死刑的司法适用。

因此，可以将死刑犯纳入赦免制度的适用范围，延长死刑执行等待期，设置相对严格的赦免条件，并对具备相应赦免条件的死刑犯给予赦免性减刑。

---

① 参见刘仁文：《论我国赦免制度的完善》，载《法律科学（西北政法大学学报）》2014年第4期。

(二)将高频适用轻罪的罪犯纳入赦免制度的适用对象

我国第八次特赦将被判处3年以下有期徒刑的未成年罪犯纳入特赦对象,第九次特赦则进一步将被判处3年以下有期徒刑的丧偶且有未成年或需本人抚养、生活不能自理的子女的女性罪犯也作为特赦对象。由此可见,我国立法机关对于犯轻罪的特殊人群(未成年人、女性、老年人等)的赦免是持支持态度的。

根据最高人民检察院发布的检察业务数据显示,危险驾驶罪、盗窃罪、帮助信息网络犯罪活动罪、诈骗罪、开设赌场罪已经成为我国检察机关起诉人数最多的五个罪名。在上述高频适用的罪名中,危险驾驶罪和帮助信息网络犯罪活动罪,虽属于轻罪,但囿于国家对醉驾、网络黑灰产业链的打击力度的加大,这两类犯罪的罪犯数量显著上升。这种高频适用罪名的罪犯,也可作为赦免的对象,用以解决运动式执法、"严打"所造成的打击面过大、社会对立面扩大、重刑主义泛滥的局面。

部分域外国家或地区已将赦免的适用范围扩大到行政处罚领域。2002年,为了庆祝世界杯首次在亚洲(韩国、日本)举行,韩国为约481万名公民减免违章累积记分。把这种理念和思路运用于轻罪中,将高频适用的轻罪的罪犯作为赦免制度的适用对象,这对于贯彻"宽严相济"刑事政策是非常有必要的。

二、优化赦免程序

我国的赦免制度缺乏明确详尽的法律规定,实践中不乏对特赦"随意化""不规范化"的批评之声。对此,呼吁立法机关尽快出台独立的《赦免法》,对赦免的相关程序作出明确的规定,使赦免能够有法可依。赦免可以通过定期和不定期两种方式开展,均需要经过申请、决定、颁布、执行、监督五个环节。

(一)申请赦免环节的程序设置

1.建立定期开展的赦免申请

定期开展的赦免制度需要确定赦免的频次。过于频繁的定期赦免会挑战司法的权威性,不利于营造遵纪守法的良好社会风气;过于稀少的定期赦免又会使该制度陷入沉睡,不利于发挥赦免制度的有利作用。我国的国民经济和社会发展规划以5年为周期,第八次和第九次特赦之间的间隔时间也在5年左右,因此,定期开展的赦免制度可以暂且设置为每5年举行一次。

定期开展的赦免可以由全国人大常委会通过立法从政治、外交、人道主义等角度对赦免条件和标准作出规定,由全国人大常委会设置专门的赦免委员会出台赦免的具体操作流程和指引。

定期开展的赦免可以走"自上而下"的途径,由司法行政机关、中共中央、人大代表团等作为申请主体向赦免委员会提出申请。

2. 建立不定期开展的赦免申请

对于不定期开展的赦免可以采取"自上而下"和"自下而上"相结合的方式进行申请,即赦免的申请主体既可以包括服刑人员本人、近亲属及其委托的律师,也可以包括作出生效判决的司法机关、刑罚执行机关、公安机关等,从而充分保障服刑人员的赦免申请权。

不定期开展的赦免申请主体需要服刑人员的刑罚至少已执行过半之后方可提起,在提起赦免申请被驳回后,需要根据剩余刑期的长短安排间隔期,间隔期满后方可再次提起赦免申请。

(二)决定赦免的程序

1. 建立定期开展赦免的审核机制

定期赦免的申请主体将申请材料递交赦免委员会后,由赦免委员会进行初步审查,并出具审核报告。若赦免委员会同意实施,则递交全国人大常委会进行审议,作出最终决定;若赦免委员会不同意实施,亦需告知不予实施的具体理由。

2. 建立不定期开展赦免的审核机制

若申请人为服刑人员本人、近亲属及其委托的律师,则申请人需将申请材料先递交给刑罚执行机关,由刑罚执行机关审核是否符合赦免的形式要件。若符合赦免的形式要件,则刑罚执行机关需将材料递交给司法行政机关再次进行审核,司法行政机关审核后,可提交赦免委员会,由赦免委员会对申请材料进行实质审查,并作出审核报告。若赦免委员会的审核报告倾向于实施特赦，则可递交全国人大常委会进行审议，作出最终决定。

全国人大常委会作出的决定，既可以是释放罪犯，也可以是减刑或者假释。

(三)颁布、执行、监督赦免令的程序

无论是定期开展的赦免还是不定期开展的赦免，全国人大常委会作出赦免决定后，由中华人民共和国主席发布特赦令。

特赦令颁布后，最高人民法院可以据此对符合条件的服刑罪犯依法作出裁定，既可以裁定释放罪犯，也可以裁定减刑或者假释，并将裁定交给下级人民法院。下级人民法院须将裁定移交给刑罚执行机关或公安机关，由其落实赦免的执行。检察机关则对人民法院、刑罚执行机关和公安机关的执行进行法律监督。

三、优化赦免制度适用条件

(一)赦免制度的适用需要考虑政治、外交和人道主义因素

1. 依据国内政治的需要进行赦免

我国从 1959 年至 1975 年的七次特赦，释放了当时所有的在押战争罪犯；2015 年 8 月 29 日，为了纪念中国人民抗日战争的胜利，也为了彰显现代德政和恕道，我国时隔 40 年，再次启动了赦免制度；2019 年 6 月 29 日，为了庆祝新中国成立 70 周年，展示新时代执政自信和制度自信，弘扬全面依法治国理念，我国实行了第九次特赦。

从上述特赦实践中可以看出，我国的特赦充满了浓郁的政治色彩，每次的特赦都是基于当时我国的国内政治现状、政治需求所作出的，因此，设置赦免制度的适用条件时，必须充分考虑政治因素，根据当时的政治现状、政治需求设置合理的赦免条件，如果当时国内正在进行扫黑除恶专项斗争，那么可以将黑恶势力犯罪的主犯作为不予赦免的对象；如果当时国内反腐败斗争有所缓和，那么可以将贪污受贿罪犯重新纳入赦免的对象。

2. 根据外交的需要进行赦免

第八次特赦不仅是为了纪念中国人民抗日战争，也是为了纪念世界

反法西斯战争胜利70周年；第九次特赦也进一步树立了我国开放、民主、法治、文明的国际形象。由此可见，外交作为国家政治的重要组成部分，也是赦免标准的重要影响因素之一。国家需要根据当前奉行的外交政策的需求，与时俱进地细化赦免适用标准，对可能引起重大外交事故的人员实施特赦。

3. 根据人道主义的需要进行赦免

第八次和第九次特赦对象中，均包含未成年罪犯，75周岁以上、身体严重残疾且生活不能自理的罪犯；第九次特赦对象中，还包括了丧偶且有未成年子女或有身体严重残疾、生活不能自理且需本人抚养的女性罪犯。上述特赦实践均显示了我国人权司法保障水平，人道主义已成为我国赦免制度的重要考量对象。

因此，为了进一步完善赦免制度，可以着重考虑人道主义因素，降低未成年罪犯和老年罪犯的赦免条件限制；将怀孕、哺乳期的女性罪犯纳入特赦对象中，可对其进行特赦性假释；将家有年迈父母必须由其赡养的触犯轻罪的独生子女纳入特赦对象，可对其进行特赦性减刑、假释或释放等。

(二) 罪犯必须已执行一部分刑罚才可被赦免

如果罪犯尚未执行刑罚就被赦免，可能会大大降低司法的权威性，甚至导致权力的寻租，影响社会的公平正义。只有等罪犯执行完一部分的刑罚后，刑罚对罪犯的惩罚、改造功能和对被害人及其他社会成员的安抚、威慑、教育功能才能得到实现。

因此，对于重罪犯、重刑犯，可以要求等到其已执行原判刑罚的2/3以上方可被赦免；对于一般普通犯罪或者轻罪，可以要求等到其已执行原判刑罚的1/2以上方可被赦免。

(三) 罪犯必须确已悔罪且不具有现实社会危险性

第一次至第六次特赦明确提出了“经过一定期间的改造”“确实改恶从善”的赦免条件，第九次特赦则将“不认罪悔改”“经评估具有现实社会危险性”作为“不得特赦”的情形。由此可见，罪犯若要被赦免，必须具备“确已悔罪”和“不具有现实社会危险性”两个实质条件。

(四)赦免制度的适用不限于自由刑

我国目前的特赦均只针对罪犯的自由刑,尚无针对财产刑和资格刑的赦免。但笔者认为,赦免制度既可适用于自由刑,也可用于财产刑和资格刑。

1. 赦免制度可以适用于财产刑

我国的刑罚既包括作为主刑的生命刑和自由刑,也包括作为附加刑的罚金刑、没收财产刑和剥夺政治权利资格刑。目前,在部分案件中,罚金刑的严厉程度已经超过没收财产刑。如在部分走私大案要案中,法院所判罚金刑高达数亿元,超过了罪犯的所有个人财产。实践中,为了加强对财产刑的执行,司法机关通过司法解释将财产刑的执行情况与罪犯的减刑、假释考核相关联,并存在异化为"未足额缴纳罚金或者未足额退赃则认定罪犯不具有悔改表现,不予减刑、假释"。①

因此,如果经执行机关审查,罪犯确实没有能力足额缴纳高额罚金的,为了不对罪犯家庭成员的生活造成影响,也不对罪犯服刑完毕后继续融入社会、正常生活产生影响,可以将赦免制度适用于罚金刑,对没有能力足额缴纳罚金的罪犯免除剩余罚金刑;如果经执行机关审查,罪犯的家庭成员仅依靠罪犯的个人财产生活,无其他收入来源的,可以将赦免制度适用于没收个人全部财产刑,对罪犯抚养、扶养、赡养家庭成员所需的财产予以赦免。

2. 赦免制度可以适用于资格刑

我国实行的第七次特赦,对实行赦免释放的战争罪犯同时予以公民权,也就是说,资格刑也可以被赦免。因此,可以将赦免制度适用于对判处死刑、无期徒刑的罪犯,使其能够重新享有出版自由,能够将其有利于社会进步、文化繁荣的思想、著作发表;可以将赦免制度同时适用于被释放的罪犯,使其能够自被释放之日起即重新享有公民权,从而得以更好地融入社会,开始新生活。

---

① 何显兵:《我国赦免制度的规范与完善——基于中国传统和域外经验的比较考察》,载《社会科学》2019 年第 12 期。

第四节　推行保外就医制度

一、保外就医制度概述

（一）保外就医的概念

所谓保外就医制度，是指被判处无期徒刑、有期徒刑或者拘役的罪犯，在服刑期间因患有严重疾病，经有关监狱执行机关批准保释在监外执行刑罚，而予以治疗疾病的方法。它属于监外执行的一种形式。

（二）保外就医的条件

保外就医的条件，原先是根据司法部、最高人民检察院、公安部《罪犯保外就医执行办法》（司发〔1990〕247 号）的规定执行的，2014 年 12 月 1 日最高人民法院、最高人民检察院、公安部、司法部、原国家卫生和计划生育委员会联合发布了《暂予监外执行规定》，替代了《罪犯保外就医执行办法》，保外就医的相关内容被纳入新的规定中了。根据新的规定，监外执行（适用于保外就医）分为以下三种情况。

第一种情况是准予监外执行，法定的情形包括三种：其一，对被判处有期徒刑、拘役或者已经减为有期徒刑的罪犯，患有属于本规定所附《保外就医严重疾病范围》的疾病的；其二，怀孕或者正在哺乳自己婴儿的妇女，该项规定适用对象放宽到无期徒刑的罪犯；其三，生活不能自理的罪犯。在现实中，还可以增加一种，即其四，因年老多病，已失去继续危害社会的可能的罪犯。

第二种情况是不准监外执行，包括以下情形：其一，虽然需要保外就医或者因生活不能自理符合了监外执行的条件，但适用监外执行可能发生社会危险性的（包括但不限于自伤自残），不得暂予监外执行。其二，对于患有高血压、糖尿病、心脏病等严重疾病，但短期内没有生命危险的，不得暂予监外执行。

第三种情况是要执行一定的时间才可以监外执行，即对符合“准予保外就医”条件或者属于“生活不能自理的”累犯以及故意杀人、强奸、抢劫、绑架、放火、爆炸、投放危险物质或者有组织的暴力性犯罪的罪犯。对累犯以及故意杀人、强奸、抢劫、绑架、放火、爆炸、投放危险物质或者有组织的暴力性犯罪的罪犯适用监外执行的，分为两种情况：一是生效判决确定为无期徒刑的，或者生效判决是死刑缓期二年执行，期满后减为无期徒刑的罪犯，从执行无期徒刑起服刑7年以上；二是原被判处10年以上有期徒刑的，已执行原判刑期1/3以上。但是，如果罪犯所患的严重疾病短期内有生命危险的，则不受先行执行刑期的限制。以上执行刑期的适用条件，对于未成年罪犯、年满65周岁以上的罪犯、残疾人罪犯，可以适度从宽。

（三）保外就医的程序

根据1990年的《罪犯保外就医执行办法》的规定，保外就医的提出、审批和执行，需要经过多道程序。基本流程是：对需要保外就医的罪犯，由所在监管单位或部门讨论通过，报所在单位狱政部门讨论并邀请驻场检察人员参加，经初审同意后，进行病情评定。保外就医的病残鉴定由监管医院或其他具有关联性的医院进行。对于确定符合保外就医情形的，应当填写《罪犯保外就医征求意见书》，征求罪犯家属和其所在地公安机关意见，办理取保手续。同时，监管单位填写《罪犯保外就医审批表》，连同《罪犯保外就医征求意见书》、有关病残鉴定和当地公安机关意见，报省、自治区、直辖市劳改局审批，经批准后予以执行。对保外就医的罪犯，由所在地公安机关负责日常性监督考察。对于丧失保外就医条件的，及时收监执行。

而根据与《暂予监外执行规定》相配套的2016年8月22日司法部《关于印发〈监狱暂予监外执行程序规定〉的通知》（司发通〔2016〕78号）的规定，对于需要监外执行（含保外就医）的程序包括以下五个方面。

1. 暂予监外执行的诊断、检查、鉴别程序

该程序的主要内容涉及以下几个方面：首先，由监狱根据情况安排对罪犯进行病情诊断、妊娠检查或者生活不能自理的鉴别，罪犯本人或者其亲属、监护人也可以提出申请。其次，诊断、检查或者鉴别应当由监区提出意见，经监狱刑罚执行部门审查，报分管副监狱长批准后进行。最后，

对于罪犯患有严重疾病或者怀孕的事项，应当委托省级人民政府指定的医院进行；对于生活不能自理的鉴别由监狱进行。

2. 暂予监外执行的提请程序

对于罪犯需要保外就医的，应当由罪犯本人或亲属、监护人提出保证人，监狱对保证人的资格进行审查，符合条件的，由保证人签署《暂予监外执行保证书》。随后，由监区提出暂予监外执行建议，经监区长办公会议审核同意后，报送监狱刑罚执行部门审查。经审查，符合提请条件的，刑罚执行部门应当出具审查意见，提交监狱暂予监外执行评审委员会评审；需要调查评估罪犯对所居住社区影响的，应当组织调查，并出具调查评估意见书。监狱暂予监外执行评审委员会经评审同意对罪犯提请暂予监外执行的，原则上应当进行公示（对病情严重必须立即保外就医的可以不公示）。公示无异议的，经征求检察机关意见后，报请监狱长办公会议审议后，报省级监狱管理局审批。

3. 暂予监外执行的审批程序

省级监狱管理局对于提请暂予监外执行的材料，应当进行审查、评审、讨论决定。

4. 暂予监外执行的交付程序

省级监狱管理局批准暂予监外执行后，监狱应当核实罪犯居住地，书面通知罪犯居住地县级司法行政机关社区矫正机构并协商确定交付时间，对罪犯进行出监教育，书面告知罪犯在暂予监外执行期间应当遵守的法律和有关监督管理规定。

5. 暂予监外执行的收监和释放程序

负责监督、考察的社区矫正机构，发现罪犯不符合监外执行（保外就医）条件的，应当及时提出收监建议，经批准暂予监外执行的监狱管理局审查属实的，予以收监。罪犯收监后，监狱应当将收监执行的情况报告批准收监执行的监狱管理局，并告知罪犯居住地县级人民检察院和原判人民法院。

二、保外就医在终身监禁中的适用

（一）保外就医在终身监禁中适用的正当性

当无期徒刑因“不得减刑、假释”而成为“终身监禁”时，就存在是否可以“保外就医”的疑问。如果要将《暂予监外执行规定》适用于终身监禁的罪犯，只有在符合保外就医的条件，尤其是所患疾病具有生命危险时，才可以适用。

这一点与未被判决终身监禁的罪犯的要求是不一样的。在刑罚执行中，从判决生效到判决执行之间往往会有一个时间间隙，这是一般判决都存在的问题。即使是死刑立即执行的案件，如果在没有执行前罪犯身患严重疾病，监狱的医疗条件不能满足救治的需要，就需要启动保外就医。因此，对于终身监禁的罪犯需要保外就医的，应当按照平等原则，给予同等的人道主义待遇。

（二）终身监禁罪犯适用保外就医的条件

1. 罪犯患有严重疾病

根据《暂予监外执行规定》附件所列“严重疾病保外就医规定”的规定，罪犯有下列严重疾病之一，久治不愈，严重影响其身心健康的，属于适用保外就医的疾病范围：(1)严重传染病；(2)反复发作的，无服刑能力的各种精神病；(3)严重器质性心血管疾病；(4)严重呼吸系统疾病；(5)严重消化系统疾病；(6)各种急、慢性肾脏疾病引起的肾功能不全失代偿期；(7)严重神经系统疾病及损伤；(8)严重内分泌代谢性疾病合并重要脏器功能障碍，经规范治疗未见好转；(9)严重血液系统疾病；(10)严重脏器损伤和术后并发症，遗有严重功能障碍，经规范治疗未见好转；(11)各种严重骨、关节疾病及损伤；(12)五官伤、病后，出现严重的功能障碍，经规范治疗未见好转；(13)周围血管病经规范治疗未见好转；(14)非临床治愈期的各种恶性肿瘤；(15)暂时难以确定性质的肿瘤，严重影响机体功能而不能进行彻底治疗，或者身体状况进行性恶化，或者有严重后遗症；(16)结缔组织疾病及其他风湿性疾病造成两个以上脏器严重功能障碍或单个脏器功能障碍失代偿，经规范治疗未见好转；(17)寄生虫侵犯脑、肝、肺等重要器官或组织,造成继发性损害,伴有严重功能障碍者,经规范治疗未见好转;(18)经职业病诊断机构确诊的尘肺病伴严重呼吸功能障碍,经规范治疗未见好转,或者职业中毒,伴有重要脏器功能障碍,经规范治疗未见好转,或者其他职业病并有瘫痪、中度智能障碍、双眼矫正视力 <0.1、严重血液系统疾病、严重精神障碍等其中一项,经规范治疗未见好转;(19)年龄在 65 周岁以上同时患有两种以上严重疾病,其中一种病情必须接近上述一项或几项疾病程度。

2. 罪犯所在监狱的医疗条件不能满足救治需要

监狱根据设置的接受服刑人员的规模和设施、设备条件,会配备相应的医疗机构,或者是医院,或者是医务所。在通常情况下,监狱医疗机构的医疗水平与社会公立医院的水平是一致的,在特别环境下还会配备基于封闭式场所所需要的紧急救助设施和设备。

监狱医务人员的配备也是按照全科与专科相结合的模式组成的。在 24 小时值勤要求下,监狱医生的数量通常是有一定配比的。对于某些疑难杂症,如同社会上的普通医院一样,可以邀请专家进行会诊。

监狱为罪犯所配给的药品,是按照常规标准进行的。凡是日常医疗所需要的药物,都会按需配发。如果需要“进口药”“特效药”,则不属于监狱配发的范围。

因此,当罪犯发生上述严重疾病,在监狱现有医疗条件范围内不能得到有效救治,包括采用会诊、联合救治等方式还不能解决的情况下,可以申请保外就医。

3. 有合格的保证人保证

合格的保证人是保外就医的必要条件。按照《暂予监外执行规定》第 11 条的规定,保证人应当同时具备四个条件:第一,18 周岁以上或者已满 16 周岁以上不满 18 周岁但以自己劳动收入作为主要生活来源的人,具有完全民事行为能力,愿意承担保证人义务;第二,人身自由未受到限制,能够承担照看任务;第三,有固定的住处和收入;第四,能够与被保证人共同居住或者居住在同一市、县,但不以回到户口地为条件。

(三)保外就医适用于终身监禁罪犯的特别程序

在理论上,对于终身监禁的罪犯没有暂予监外执行的理由。但是,当罪犯由于严重疾病而不得不因“就医”需要暂时离开监狱时,这种由于执行“保外就医”而暂时予以监外执行的情形,是出于人道主义的需要。因此,终身监禁的罪犯,适用监外执行中的“保外就医”是存在的。

根据上述对于一般罪犯暂予监外执行“初审→鉴定→提请→审批”的程序要求,我们可以总结出一般罪犯保外就医的程序。此等程序也适用于终身监禁罪犯的保外就医。

而根据终身监禁罪犯的特点,笔者认为除了从严把握对终身监禁罪犯保外就医的条件和审批程序外,可以对终身监禁罪犯的保外就医作出特别程序要求。

1. 申请程序

对于终身监禁的案件,可以提起保外就医申请的主体包括以下四个:

第一,罪犯本人。这是申请保外就医的最主要主体。在必要的时候,律师(含法律援助的律师工作者)可以协助其提出申请。

第二,罪犯的近亲属和关系密切的亲友。近亲属的范围依照法律规定。之所以建议将“关系密切的亲友”作为申请人,主要是考虑到三个方面:一是对终身监禁等长期徒刑犯而言,保外就医是其保持健康、维持生命的重要权利。二是终身监禁的罪犯通常是已经服了较长时间的刑期、年老体弱、疾病增多,保外就医就是在这样的环境下发生的,而此时可能其社会上已经没有近亲属了,需要由其他亲友来代行。三是保外就医通常需要较大的费用支出,罪犯本人往往会出于费用方面的因素不敢提出申请,把范围放宽到关系密切的亲友,就能够较好地处理申请阶段面临的困难。这也是针对终身监禁的罪犯特设的一项规定。

第三,监狱。这是最了解罪犯身体状况的单位,由其提出申请,无论在时效性、必要性和救治路径的选择等方面,都是最佳的。

第四,检察机关。驻所检察担负的一项职能,就是对监狱等劳改场所的执行活动进行监督。这一方面是防止和纠正监狱在刑罚执行过程中的违法乱纪行为,另一方面也是对监狱没有发现而检察机关例行检查中主动发现的情况进行及时的处置,共同保障服刑人员的合法权利。

2. 查验程序

查验程序的具体操作,应当由司法部根据《监狱法》和最高人民法院、最高人民检察院、公安部、司法部、原国家卫生和计划生育委员会联合发布的《暂予监外执行规定》,在调查研究的基础上,用行政规范的形式予以制定、发布。

查验程序的主要环节是对申请保外就医疾病的观察、审查和判断。在这方面,可以确定保外就医的病残鉴定统一由省司法医疗机构组织进行;由罪犯所在监狱出具委托书进行委托。省司法医疗机构进行病残鉴定,可以委托省政府指定的三甲医院进行,并派员跟踪实施。

3. 审批程序

终身监禁保外就医的审批,贯彻从严从紧的原则,凡是能在监狱医院中诊治、判断的病残问题,不得启用保外就医特别程序。对于具有生命危险的疾病和严重伤残,要先进行紧急救治,再依程序申请保外就医。

对终身监禁保外就医申请的审查,应当采用三级会审制,即在申请人(机构)提出申请后,应当先由监狱医院就鉴定的病残情况向省司法医疗机构移交鉴定,经鉴定确定属于保外就医(监外执行)范围的,启动审批程序。三级会审包括实际执行监管任务的监狱分监区办公会议、监狱长办公会议、监狱管理局局长办公会议。会议采取民主集中制的形式,但后一级的会议要重视审查前一级会议中少数人的意见,把它作为后一级办公会议的必查内容。

4. 公示、评估与执行程序

保外就医的申请在分监区呈报前,应当将该终身监禁罪犯申请保外就医的情况在分监区进行公示,并通知监狱所在地同级司法行政机关出具调查评估意见,同时征求罪犯家属或保证人所在地的公安机关意见。经监狱管理局批准后,终身监禁保外就医的情况应当在省级媒体上进行公示,以接受社会的监督。

经公示无异议的,由担保人向监狱缴纳一定的保证金,并办理相关手续。办妥手续后,由监狱将罪犯押送至居住地交于县级司法行政机关指定的社区矫正机构接收，社区依照保外就医的要求对病犯进行日常管理。

5. 监督程序

对于监狱和人民法院就终身监禁罪犯保外就医的每一个环节的活动，人民检察院都有监督的权力。

在监狱对终身监禁罪犯保外就医申请进行审批的三级会审中，检察机关根据情况可以参加任何一级机构的会审。对于人民法院就保外就医（监外执行）依照相应行政规范进行审理裁定时，人民检察院有权派员参加，进行监督。

同时，监狱对终身监禁的保外就医，除了用公示的方式接受社会监督外，在必要时也可以邀请人大政协代表、基层干部、社区群众等召开听证会，听取社会各界的意见，切实把保障人权与严格执法结合起来，以便在反腐败及惩治其他严重犯罪方面，取得最佳的政治效果、法律效果和社会效果。

参考文献

（一）著作

［1］陈兴良：《刑法的价值构造》，中国人民大学出版社 2006 年版。

［2］陈兴良：《刑法哲学》（第 5 版），中国人民大学出版社 2015 年版。

［3］陈兴良：《刑种通论》（第 2 版），中国人民大学出版社 2007 年版。

［4］储槐植：《刑事一体化论要》，北京大学出版社 2007 年版。

［5］高铭暄、赵秉志：《新中国刑法立法文献资料总览》（上），中国人民公安大学出版社 1998 年版。

［6］高铭暄：《刑法学原理》（第 3 卷），中国人民大学出版社 1994 年版。

［7］高铭暄：《中华人民共和国刑法的孕育和诞生》，法律出版社 1981 年版。

［8］高铭暄：《中华人民共和国刑法的孕育诞生和发展完善》，北京大学出版社 2012 年版。

［9］郝英兵：《刑罚正当性根据研究》，法律出版社 2019 年版。

［10］何勤华、夏菲：《西方刑法史》，北京大学出版社 2006 年版。

[11]胡云腾:《存与废——死刑基本理论研究》,中国检察出版社2000年版。

[12]黄风、凌岩、王秀梅:《国际刑法学》,中国人民大学出版社2007年版。

[13]《俄罗斯联邦刑法典》,黄秀道等译,中国法制出版社1996年版。

[14]姜涛:《宽严相济刑事政策实施的基本原理》,法律出版社2013年版。

[15]雷建斌:《〈中华人民共和国刑法修正案(九)〉释解与适用》,人民法院出版社2015年版。

[16]李晓明:《刑法学总论》,北京大学出版社2016年版。

[17]梁根林:《刑事制裁:方式与选择》,法律出版社2006年版。

[18]刘仁文:《贪污贿赂犯罪的刑法规制》,社会科学文献出版社2015年版。

[19]楼伯坤主编:《刑法学》,浙江大学出版社2021年版。

[20]马克昌主编:《刑罚通论》,武汉大学出版社2006年版。

[21]茅仲华:《刑罚代价论》,法律出版社2013年版。

[22]邱兴隆:《刑罚学》,群众出版社1988年版。

[23]邱兴隆:《关于惩罚的哲学——刑罚根据论》,法律出版社2000年版。

[24]邱兴隆:《刑法理性导论——刑罚的正当性原论》,中国检察出版社2018年版。

[25]沈家本:《历代刑法考》(一),中华书局1985年版。

[26]苏彩霞:《国际人权法视野下的我国死刑立法现状考察》,法律出版社2005年版。

[27]杨春洗:《刑事法学大辞书》,南京大学出版社1990年版。

[28]阴建峰:《现代赦免制度论衡》,中国人民公安大学出版社2006年版。

[29]袁彬:《死刑民意研究》,北京师范大学出版社2012年版。

[30]臧铁伟主编:《中华人民共和国刑法修正案(九)解读》,中国法

制出版社 2015 年版。

[31]张明楷:《外国刑法纲要》,清华大学出版社 1999 年版。

[32]张明楷:《刑法学》(第 6 版),法律出版社 2021 年版。

[33]张明楷:《责任刑与预防刑》,北京大学出版社 2015 年版。

[34]张希坡编著:《中华人民共和国刑法史》,中国人民公安大学出版社 1998 年版。

[35]张秀玲:《无期徒刑研究》,法律出版社 2015 年版。

[36]张亚平:《法国刑事执行法》,法律出版社 2014 年版。

[37]张远煌:《宽严相济刑事政策与刑法改革研究》,中国人民公安大学出版社 2010 年版。

[38]张正新:《中国死缓制度的理论与实践》,武汉大学出版社 2004 年版。

[39]赵秉志:《当代刑罚制度改革研究》,清华大学出版社 2015 年版。

[40]赵秉志主编:《宽严相济刑事政策在死刑适用中的贯彻研究》,中国法制出版社 2015 年版。

[41]赵秉志:《死刑改革探索》,法律出版社 2006 年版。

[42]赵秉志:《英美刑法学》,科学出版社 2010 年版。

[43]《最新法国刑法典》,朱琳译,法律出版社 2016 年版。

[44][德]伊曼努尔·康德:《法的形而上学原理》,沈叔平译,商务印书馆 1991 年版。

[45][美]哈伯特·L. 帕克:《刑事制裁的界限》,梁根林等译,法律出版社 2008 年版。

[46][美]卡斯东·斯特法尼:《法国刑法总论精义》,罗结珍译,中国政法大学出版社 1998 年版。

[47][美]理查德·波斯纳:《波斯纳法官司法反思录》,苏力译,北京大学出版社 2014 年版。

[48][美]迈克尔·贝勒斯:《法律的原则——一个规范的分析》,张文显译,中国大百科全书出版社 1996 年版。

[49][日]团藤重光:《死刑废止论》,有斐阁 2000 年版。

[50][意]切萨雷·贝卡里亚:《论犯罪与刑罚》,黄风译,北京大学出版社 2014 年版。

[51][意]杜里奥·帕多瓦尼:《意大利刑法学原理(注评版)》,陈忠林译评,中国人民大学出版社 2004 年版。

[52][意]恩里科·菲利:《实证派犯罪学》,郭建安译,商务印书馆 1987 年版。

[53][英]戴雪:《英宪精义》,雷宾南译,中国法制出版社 2001 年版。

(二)期刊论文

[1]安文霞、郝玥:《加拿大终身监禁服刑人员"生命线"项目介绍及其启示》,载《中国司法》2017 年第 5 期。

[2]安文霞:《国外终身监禁制度的适用对象及执行》,载《河南司法警官职业学院学报》2019 年第 1 期。

[3]白海娟:《论反腐视野下终身监禁的改良》,载《齐齐哈尔大学学报(哲学社会科学版)》2016 年第 11 期。

[4]蔡军、牛燕:《正义观的历史演变与我国死刑的废除》,载《公民与法(法学版)》2015 年第 5 期。

[5]车浩:《刑事立法的法教义学反思——基于〈刑法修正案〉(九)的分析》,载《法学》第 2015 年第 10 期。

[6]陈宝友:《〈刑法修正案(九)〉对监狱执行刑罚的影响分析——以终身监禁为例》,载《犯罪与改造研究》2017 年第 1 期。

[7]陈家林:《日本死刑替代刑罚研究评价与借鉴》,载《河南省政法管理干部学院学报》2008 年第 5 期。

[8]陈胜、朱玉文:《谦抑性与正当性:刑法终身监禁的合理定位》,载《合肥工业大学学报(社会科学版)》2019 年第 4 期。

[9]陈兴良、张明楷、车浩:《立法、司法与学术——中国刑法二十年回顾与展望》,载《中国法律评论》2017 年第 5 期。

[10]陈兴良:《刑法的刑事政策化及其限度》,载《华东政法大学学报》2013 年第 4 期。

[11]陈章旭:《对终身监禁制度设立的思考》,载《大庆师范学院学报》2018 年第 5 期。

[12]陈志海:《终身监禁刑思考》,载《犯罪与改造研究》2016 年第 10 期。

[13]董玉庭:《主观超过因素新论》,载《法学研究》2005 年第 3 期。

[14]杜以静:《关于终身监禁入刑的批判性思考》,载《广西政法管理干部学院学报》2016 年第 4 期。

[15]付丽洁、郑丽萍:《论死缓制度的完善》,载陈兴良、胡云腾主编:《中国刑法学年会文集(2004 年度)第一卷:死刑问题研究》(下册),中国人民公安大学出版社 2004 年版。

[16]封韬:《终身监禁制度在我国的现实意义与未来走向》,载《四川职业技术学院学报》2018 年第 4 期。

[17]高铭暄:《略论中国刑法中的死刑替代措施》,载《河北法学》2008 年第 2 期。

[18]高铭暄:《死刑 60 年:新中国死刑立法的变迁与展望》,载《国家人文历史》2010 年第 20 期。

[19]高铭暄:《我国的死刑立法及其发展趋势》,载《法学杂志》2004 年第 1 期。

[20]郭家林:《终身监禁制度带给监狱行刑工作的思考》,载《中国监狱学刊》2019 年第 2 期。

[21]郭理蓉:《死刑废止视角下的"生刑"体系重构》,载《山东警察学院学报》2010 年第 4 期。

[22]郭融融:《对我国现行死刑政策的思考》,载《公民与法(法学版)》2020 年第 11 期。

[23]韩轶、张桧功:《贪污受贿犯罪终身监禁的配置与适用问题研究》,载《江淮论坛》2016 年第 5 期。

[24]何龙、张宝:《论刑法中的复权制度》,载《安阳师范学院学报》2010 年第 6 期。

[25]何荣功:《"重刑"反腐与刑法理性》,载《法学》2014 年第 12 期。

[26]何显兵:《死缓终身监禁的价值审视及适用规诫》,载《中国政法大学学报》2018 年第 5 期。

[27]何显兵:《我国赦免制度的规范与完善——基于中国传统和域外经验的比较考察》,载《社会科学》2019 年第 12 期。

[28]胡冬阳:《贿赂犯罪“数额 + 情节”模式运行实证研究——以 J 省 2016—2017 年的判决书为研究样本》,载《湖北社会科学》2017 年第 10 期。

[29]胡江:《贪污贿赂罪终身监禁制度的规范解读与理论省思——以〈刑法修正案(九)〉为视角》,载《西南政法大学学报》2016 年第 6 期。

[30]胡学相、洪莉鸥:《人格刑法理论视域下终身监禁的裁量因素分析》,载《暨南学报(哲学社会科学版)》2017 年第 9 期。

[31]黄京平:《终身监禁的法律定位与司法适用》,载《北京联合大学学报(人文社会科学版)》2015 年第 4 期。

[32]黄明儒、项婷婷:《论〈刑法修正案(九)〉“终身监禁”的性质》,载《湘潭大学学报》2016 年第 5 期。

[33]黄应生:《〈关于刑法修正案(九)时间效力问题的解释〉的理解与适用》,载《人民司法》2015 年第 7 期。

[34]黄永维、袁登明:《〈刑法修正案(九)〉中的终身监禁研究》,载《法律适用》2016 年第 3 期。

[35]贾宇、舒洪水:《论行政刑罚》,载《中国法学》2005 年第 1 期。

[36]江峰、汪德超、胡鹏:《论总体国家安全观视野下监狱对终身监禁形势的有效应对》,载《中国监狱学刊》2020 年第 2 期。

[37]姜涛:《死刑制度改革与文化守成改造》,载赵秉志主编:《刑法论丛》2013 年第 1 卷,法律出版社 2013 年版。

[38]雷一鸣:《构成要件知识本土化视角下受贿罪的数额与情节新解》,载《法学评论》2018 年第 6 期。

[39]黎宏:《死刑缓期执行制度新解》,载《法商研究》2009 年第 4 期。

[40]黎宏:《终身监禁的法律性质及适用》,载《法商研究》2016

年第3期。

[41]李灿:《终身监禁制度的理论探讨与规范诠释》,载《安徽警官职业学院学报》2017年第3期。

[42]李曾求:《从限制到废止:我国终身监禁制度的应然选择》,载《宜宾学院学报》2017年第8期。

[43]李贵方:《自由刑原理论纲》,载《社会科学战线》1992年第1期。

[44]李海滢、王延峰:《贪污罪与受贿罪二元式法定刑的立法形塑》,载《甘肃政法大学学报》2022年第2期。

[45]李文献:《反腐败犯罪刑事政策研究》,载《山西省政法管理干部学院学报》2020年第1期。

[46]梁根林:《贪污受贿定罪量刑标准的立法完善》,载《中国法律评论》2015年第2期。

[47]林维:《论死刑缓期两年执行制度的异化》,载《河北法学》2005年第7期。

[48]林维:《中国死刑七十年:性质、政策及追问》,载《中国法律评论》2019年第5期。

[49]刘春丽:《反思与重构:我国终身监禁合理性的探析》,载《湖南警察学院学报》2017年第6期。

[50]刘德法、范再峰:《论复权制度在限制减刑中的适用》,载《河南师范大学学报(哲学社会科学版)》2014年第6期。

[51]刘良强:《从应然面向到实然建构:终身监禁分等理论的逻辑思考》,载《江苏警官学院学报》2018年第3期。

[52]刘良强、刘梅:《终身监禁的法律定位与司法适用》,载《广西警察学院学报》2018年第2期。

[53]刘仁文:《贪污受贿定罪量刑的修改与评析》,载《江淮论坛》2017年第5期。

[54]刘霜:《终身监禁制度的司法限缩及其路径——以2015—2020年已决案例为样本的分析》,载《法学》2020年第12期。

[55]刘松:《贪污、受贿罪数额与情节的法律适用研究》,载《刑事法判解》2020 年第 1 期。

[56]刘宪权:《刑事立法应力戒情绪——以〈刑法修正案(九)〉为视角》,载《法学评论》2016 年第 1 期。

[57]刘新华:《"巨贪"将把牢底坐穿?——聚焦刑法修正案(九)草案首次对重特大贪污犯罪增设"终身监禁"》,载《海南人大》2015 年第 9 期。

[58]刘毅:《"终身监禁"的法律定位及其对刑罚执行权的影响》,载《河南司法警官职业学院学报》2019 年第 2 期。

[59]刘正全:《"终身监禁"制度司法适用问题探究》,载《湖南警察学院学报》2018 年第 1 期。

[60]罗心鉴:《贪污贿赂犯罪终身监禁制度若干问题研究》,载《理论观察》2019 年第 6 期。

[61]欧阳本祺:《论〈刑法〉第 383 条之修正》,载《当代法学》2016 年第 1 期。

[62]裴显鼎等:《〈关于办理贪污贿赂刑事案件适用法律若干问题的解释〉的理解与适用》,载最高人民法院刑事审判第一至第五庭主办:《刑事审判参考》总第 106 集,法律出版社 2017 年版。

[63]商浩文、赵秉志:《终身监禁新规法理争议问题论要》,载《现代法学》2017 年第 4 期。

[64]石经海、刘桂源:《"终身监禁"的困境释读与司法改善——以刑事政策和刑法的体系化适用为视角》,载《中国应用法学》2019 年第 3 期。

[65]时延安:《死刑立即执行替代措施的实践与反思》,载《法律科学(西北政法大学学报)》2017 年第 2 期。

[66]舒洪水:《论终身监禁的必要性和体系化构建———以恐怖主义、极端主义犯罪防控为视角》,载《法律科学(西北政法大学学报)》2018 年第 3 期。

[67]苏文聪:《终身监禁制度在我国的适用问题及完善》,载《怀化学院学报》2019 年第 3 期。

[68]孙国祥:《贪污贿赂犯罪刑法修正的得与失》,载《东南大学学报(哲学社会科学版)》2016 年第 3 期。

[69]谭波、赵智:《习近平法治思想中立法理论的立场指向与思路》,载《河南财经政法大学学报》2022 年第 3 期。

[70]陶野:《终身监禁合理性质疑——以罗克辛刑罚目的观为视角》,载《云南警官学院学报》2016 年第 5 期。

[71]涂欣筠:《终身监禁制度实现刑罚目的的可能性之探讨》,载《青少年犯罪》2021 年第 3 期。

[72]王岸东:《论终身监禁适用的判断》,载《湖南警察学院学报》2020 年第 2 期。

[73]王刚:《关于贪污罪适用终身监禁的思考》,载《重庆科技学院学报(社会科学版)》2016 年第 8 期。

[74]王合永、宋要武:《国家功利之刑的法哲学批判——对〈中华人民共和国刑法修正案(九)〉贪腐犯罪终身监禁的审视》,载《黑龙江生态工程职业学院学报》2017 年第 6 期。

[75]王洪芳、静之:《无期徒刑取代死刑的思考》,载《四川警官高等专科学校学报》2002 年第 3 期。

[76]王菁、李敏:《论终身监禁之弊端》,载《淮海工学院学报(人文社会科学版)》2018 年第 4 期。

[77]王利、王一卒:《论我国〈刑法修正案(九)〉终身监禁制度的内涵及功能》,载《菏泽学院学报》2017 年第 3 期。

[78]王齐睿:《终身监禁制度的评析与适用》,载《江西社会科学》2017 年第 6 期。

[79]王世友、周少元:《论我国终身监禁的刑罚属性》,载《重庆社会科学》2021 年第 4 期。

[80]王志祥:《贪污、受贿犯罪终身监禁制度的立法商榷》,载《社会科学辑刊》2016 年第 3 期。

[81]王志祥:《死刑替代措施:一个需要警惕的刑法概念》,载《中国法学》2015 年第 1 期。

[82]吴尚聪、万颖颖:《终身监禁对于死刑的"功能替代"及其"总则化"构建——以死刑制度改革为切入点》,载《郑州大学学报(哲学社会科学版)》2020 年第 2 期。

[83]吴永辉:《刑事政策视野下终身监禁制度之检视》,载《河南司法警官职业学院学报》2020 年第 1 期。

[84]吴雨豪:《论作为死刑替代措施的终身监禁》,载《环球法律评论》2017 年第 1 期。

[85]吴玉萍:《终身监禁正当性之检讨》,载《法学》2020 年第 10 期。

[86]吴宗宪:《试论非监禁刑及其执行体制的改革》,载《中国法学》2002 年第 6 期。

[87]武晓雯:《再议死刑之存废与替代——以欧美等国废止死刑的历史实践为切入》,载《河北法学》2016 年第 11 期。

[88]夏伟:《宽严相济刑事政策视野下贿赂犯罪的处罚边界》,载《河南大学学报(社会科学版)》2018 年第 4 期。

[89]谢望原:《欧陆刑罚改革成就与我国刑罚方法重构》,载《法学家》2006 年第 1 期。

[90]徐永伟:《终身监禁替代死刑之路径与实现——兼论四例终身监禁判决之妥适性》,载《时代法学》2018 年第 2 期。

[91]闫雨:《终身监禁的性质、适用与前景》,载《江西社会科学》2019 年第 2 期。

[92]杨奔放:《终身监禁制度的反思与完善》,载《华北水利水电大学学报(社会科学版)》2018 年第 1 期。

[93]杨俊:《无期徒刑如何兑现"无期"——以死刑替代功能之充分发挥为着力点》,载《法学论坛》2022 年第 3 期。

[94]姚建龙、李乾:《贪污受贿犯罪终身监禁若干问题探讨》,载《人民检察》2016 年第 2 期。

[95]殷圣欣:《终身监禁探析——性质、司法适用与两种可能的规定路径》,载《福建警察学院学报》2018 年第 1 期。

[96]俞相:《"终身监禁"制度的法律属性及其功能审视》,载《法制

与经济》2018 年第 2 期。

[97]喻海龙、陆弈霖、刘玉萍:《死刑存废争论及我国对死刑废除的态度》,载《政法学刊》2015 年第 5 期。

[98]袁彬:《我国民众死刑替代观念的实证分析——兼论我国死刑替代措施的立法选择》,载《刑法论丛》2009 年第 4 期。

[99]詹红星:《终身监禁的宪法维度》,载《河南财经政法大学学报》2017 年第 5 期。

[100]詹奇玮:《关于我国终身监禁制度的批判性思考》,载《信阳师范学院学报(哲学社会科学版)》2016 年第 6 期。

[101]张明楷:《死刑的废止不需要终身刑替代》,载《法学研究》2008 年第 2 期。

[102]张习华:《司法中情感的功能及评价研究》,载《重庆社会科学》2019 年第 11 期。

[103]张雅丽:《终身监禁的基本问题》,载《研究生法学》2017 年第 3 期。

[104]张兆松:《贪贿高官量刑规范化研究——基于 2013 年—2017 年省部级以上高官刑事判决的分析》,载《法治研究》2019 年第 2 期。

[105]赵秉志、郑延谱:《美国刑法中的死刑限制措施探析——兼及其对我国的借鉴意义》,载《江海学刊》2008 年第 1 期。

[106]赵秉志:《当代中国刑罚制度改革论纲》,载《中国法学》2008 年第 3 期。

[107]赵秉志:《论中国贪污受贿犯罪死刑的立法控制及其废止——以〈刑法修正案(九)〉为视角》,载《现代法学》2016 年第 1 期。

[108]赵秉志:《贪污贿赂犯罪定罪量刑标准问题研究》,载《中国法学》2015 年第 1 期。

[109]赵秉志:《中国死刑替代措施要论》,载《学术交流》2008 年第 9 期。

[110]郑朝旭、徐久生:《“终身监禁”的问题分析》,载《海峡法学》2017 年第 3 期。

[111]郑海珍:《边沁功利主义死刑观》,载《安庆师范学院学报(社会科学版)》2010年第4期。

[112]卢建平:《“有组织的暴力性犯罪”辨析》,载《国家检察官学院学报》2012年第1期。

[113]周光权:《〈刑法修正案(九)〉(草案)的若干争议问题》,载《法学杂志》2015年第5期。

[114]周越:《论我国终身监禁司法适用的缺陷与完善》,载《哈尔滨学院学报》2018年第1期。

[115]周振杰:《刑事政策视野中的终身监禁》,载《中国应用法学》2019年第3期。

[116]朱建华、甄航:《“不得减刑、假释”终身监禁适用的溯及力证成》,载《西南政法大学学报》2017年第6期。

(三)学位论文

[1]曾林君:《论我国刑法中的终身监禁制度》,华东政法大学2019年硕士学位论文。

[2]曾少璐:《论我国终身监禁》,上海师范大学2020年硕士学位论文。

[3]陈世光:《〈刑法修正案(九)〉之终身监禁制度探析》,深圳大学2018年硕士学位论文。

[4]侯玉婷:《论我国刑法中的终身监禁》,山东大学2017年硕士学位论文。

[5]冀留航:《〈刑法修正案(九)〉中的终身监禁研究》,河南财经政法大学2017年硕士学位论文。

[6]焦健:《终身监禁制度若干问题探讨》,烟台大学2018年硕士学位论文。

[7]柯孟苒:《内涵、价值与实践:终身监禁的法理诠释》,辽宁师范大学2018年硕士学位论文。

[8]廖嘉成:《论我国终身监禁的定性与适用》,中国社会科学院研究生院2016年硕士学位论文。

[9]刘梦玲:《终身监禁——一个中国问题的思考》,南京师范大学2017年硕士学位论文。

[10]刘彤宇:《完善我国终身监禁制度的相关问题研究》,吉林财经大学2017年硕士学位论文。

[11]刘晓华:《“中国式”终身监禁:不宜提倡的刑罚制度》,内蒙古大学2017年硕士学位论文。

[12]马微:《终身监禁制度研究》,武汉大学2017年博士学位论文。

[13]孟庆媛:《终身监禁制度的定位与适用》,北京理工大学2017年硕士学位论文。

[14]孙飞:《论我国刑法中的终身监禁》,大连海事大学2019年硕士学位论文。

[15]孙亚超:《论我国刑法上的终身监禁制度》,广东财经大学2019年硕士学位论文。

[16]王思雅:《终身监禁制度研究》,江苏大学2018年硕士学位论文。

[17]于亚英:《论我国终身监禁的改革》,西南政法大学2017年硕士学位论文。

[18]张长青:《论我国刑法中终身监禁的性质及反思》,南昌大学2018年硕士学位论文。

[19]赵曼:《论我国的终身监禁》,河南师范大学2017年硕士学位论文。

[20]郑小训:《国外终身监禁制度及其对我国制度完善的启示》,江西财经大学2017年硕士学位论文。

[21]闵晓君:《论限制死刑视角下的终身监禁制度》,苏州大学2019年硕士学位论文。

[22]赵东:《我国终身监禁制度研究》,西南政法大学2019年博士学位论文。

后　记

就本课题而言，在经过了5年多的艰难研究历程后，一个以“中国特色终身监禁制度”为主题的研究成果，总算完成了。这是我对国家社科基金项目的了结，也是我对即将淡出学术圈的一个交代。多少次在申报课题的努力中，期盼“中标”；而一旦中标，又感到压力山大。在无穷尽的纠结中，用牺牲不再年轻的时光中的（似乎是很不值钱的）脑细胞为代价，追求着学术上的那么一点点长进。

在20多年的学者生涯中，每一个省部级和国家级课题的完成，都得益于一群志同道合的课题组成员的参与，从申报书各板块内容的填报，到课题总体思路、研究框架和核心内容的设计，以及调研任务的分头落实，他们都付出了大量心血。我很庆幸，在不同区域、不同系统有一群不同身份的良师益友的参与支持，至今已经完成了16项国家级、省部级研究课题，基本涵盖了国家社科基金项目、教育部人文社科规划项目、最高人民法院审判理论重大项目、最高人民检察院检察理论研究课题、司法部国家法治与法学研究项目、中国法学会部级法学理论研究课题等对法学学科而言全部重要课题来源。所以，对不同时期参与我主持的课题研究的各位成员，都表达崇高的敬意。

这个“终身监禁制度研究”课题，从构思开始到最终完成，中间在不同阶段参与课题申报、研究、结题工作的人员，包括北京师范大学法学院教授刘志伟、浙江工商大学杭州商学院教授孙红卫、浙江省高级人民法院刑一庭副庭长（现浙江大学光华法学院特聘研究员）梁健、浙江省人民检察院研究室主任王晓霞、澳门科技大学法学院助理教授满涛、浙江工商大学法学院博士生李想、浙江农林大学暨阳学院讲师李瑶瑶、中共杭州市纪律检查委员会干部陈致远等。在课题研究过程中，辅助我主持课题进行事务性工作的人员，还有我指导的浙江工商大学法学院刑法硕士研究生李芸芷、卢志磊、金潜、吴浩，北京大成（杭州）律师事务所律师王天娇、莫康迪、朱子昂等，在此表示衷心的感谢。

本论著的出版，除了国家社科基金的资助外，还得到了浙江工商大学法学院的专项资助，在此一并致谢。

由于终身监禁制度在中国刑法理论上的研究还处于初级阶段，本论著的相关观点，尤其是实践中对于终身监禁案件裁判理由的系统化比较分析，都还略显粗浅，因此，对于论述中涉及的内容表述存在不够准确、恰当的问题，敬请读者予以批评指正，以便日后修订完善。

楼伯坤

2024 年 2 月